# EXPOSITION

DES

## PRODUITS DE L'INDUSTRIE

A LAVAL;

Pose de la première Pierre

## DES GALERIES DE L'EXPOSITION;

## FÊTES,

COMPTE RENDU DE L'EXPOSITION;

LISTE DES LAURÉATS;

**Par Charles-Marie MAIGNAN.**

LAVAL,

IMPRIMERIE DE J. FEILLÉ-GRANDPRÉ, RUE RENAISE, 44.

1855.

# EXPOSITION

## DES

## PRODUITS DE L'INDUSTRIE

### A LAVAL.

# EXPOSITION

## DES

## PRODUITS DE L'INDUSTRIE

### A LAVAL ;

POSE DE LA PREMIÈRE PIERRE

## DES GALERIES DE L'EXPOSITION ;

## FÊTES ;

COMPTE RENDU DE L'EXPOSITION ;

LISTE DES LAURÉATS ;

### Par CHARLES-MARIE MAIGNAN.

LAVAL,

IMPRIMERIE DE J. FEILLÉ-GRANDPRÉ, RUE RENAISE, 44.

—

## 1852.

# PRÉLIMINAIRE.

L'Exposition de l'Industrie de la Mayenne, et les fêtes auxquelles elle a donné lieu, prouvent une fois encore qu'en notre pays le mot *impossible* n'avait jamais été et ne pouvait jamais être français. Il arrive sans doute qu'une bonne idée mise en avant ne rencontre pas aussitôt la sympathie qu'elle mérite d'exciter parmi les hommes d'une même cité ; elle est accueillie froidement, repoussée même ; tôt ou tard néanmoins elle reparaît, se fait jour, s'empare de tous les esprits, et produit les merveilles dont nous avons été les bienheureux témoins.

En 1842, un anonyme écrivait les lignes suivantes dans l'*Echo de la Mayenne* (feuille du 7 mai, N° 19) :

« Les journaux de la plupart des départements contiennent
« l'annonce ou l'espérance d'une exposition prochaine au chef-
« lieu des produits de l'Industrie, de l'Agriculture et de l'Horti-
« culture locales. On doit leur savoir gré de leurs efforts pour
« entretenir le feu sacré de l'émulation. Une seule chose est à
« craindre peut-être, c'est que la multiplicité de ces utiles
« institutions ne fatigue et ne blase à la fin la curiosité publique,
« et qu'on ne manque, en le dépassant, le but qu'on se propose.
« Ne vaudrait-il pas mieux que les conseils généraux de plusieurs
« départements s'entendissent pour une exposition sur de larges
« bases, qui aurait lieu tous les ans, mais alternativement au
« chef-lieu de chacun de ceux qui y concourraient. Les déboursés
« seraient moindres pour eux quoiqu'ils ne dussent pas moins en
« obtenir les utiles résultats qu'ils auraient droit de s'en pro-
« mettre. Nous laissons à de plus experts que nous le soin de
« résoudre cette importante question. Quoi qu'il en soit, on ne
« peut nier que la vue et surtout la comparaison entre eux des
« travaux d'art, des merveilles, objets antiques et produits de
« l'industrie manufacturière exposés ne soient fort propres à
« agrandir les idées des industriels et ne tourne au profit des

« ouvriers. La preuve, s'il en était besoin, serait la vieille cou-
« tume pour ces derniers de faire leur tour de France et d'aller
« au loin étudier le faire des bons ateliers établis dans les grandes
« villes. C'était peut-être, avant que des expositions rassemblas-
« sent en un seul lieu une foule de chefs-d'œuvre en tous genres,
« le seul moyen qu'ils eussent de devenir habiles. Resterons-
« nous long-temps encore en arrière de nos adroits voisins pour
« les encouragements à donner aux efforts hardis de nos fabri-
« cants, aux progrès de nos ouvriers, de nos agriculteurs aux-
« quels les comices agricoles (celui de Laval excepté, qui n'a
« pas encore donné signe de vie), ont fait faire quelques pas dans
« l'emploi de meilleurs instruments aratoires, d'assolements plus
« convenables, aux stériles et par conséquent rares essais de
« nos jardiniers. Notre amour-propre n'aurait point trop à souffrir
« dans les bazars où seraient réunis les produits si variés des
« pays limitrophes. Si, sous certains rapports, nous leur sommes
« inférieurs, sous d'autres nous les égalerions et les surpasserions
« même. Les dessins si divers de nos tissus, leur qualité, la
« perfection avec laquelle ils sont fabriqués, les chefs-d'œuvre
« qu'enfanterait cette sorte de lutte ne rendraient-ils pas à nos
« tisserands ce renom de supériorité, cette vogue auxquels ils
« ont tant de droits (*) ; et, quoique ce soit là notre industrie
« principale, nos forges, nos fonderies, nos ardoisières, nos
« marbreries, ont-elles donc tant à craindre de la concurrence
« étrangère ; n'avons-nous pas d'habiles menuisiers, ébénistes,
« serruriers, etc., qui, eux aussi, voudront se faire connaître
« et écouler leurs produits à des prix avantageux. »

Une fois émise, la pensée d'une Exposition de l'Industrie à
Laval fit travailler quelques têtes. Deux ans après, à propos de la
loterie de Saint Vincent de Paul, j'écrivais moi-même dans
l'*Echo de la Mayenne* (feuille du 13 avril 1844, N° 18) ces
paroles : *Le temps approche, nous ne craignons pas de le
dire, ou la loterie de Saint Vincent de Paul deviendra une
sorte d'*EXPOSITION DES PRODUITS DE L'INDUSTRIE LAVALLOISE ; non

---

(*) Nous avons pu admirer il y a peu de jours une toile d'une valeur inappré-
ciable, fabriquée à Evron, par les soins de M. Bletteau, fils aîné, et destinée à
enrichir les galeries de l'Exposition du Mans. Nous n'avons jamais vu un plus
éblouissant produit ; aucune batiste ne lui est comparable, et c'est un chef-
d'œuvre dont se serait enorgueilli l'industrie mayennaise, et qui va profiter
uniquement à la gloire de nos voisins.        ( Extrait du *Journal de Mayenne*).

que j'espérasse alors voir bientôt notre beau pays sortir de l'apathie où il était plongé, mais parce que, répété souvent, le mot même d'*Exposition de l'Industrie à Laval* devait à la fin prendre racine dans tous les cœurs et produire les plus heureux fruits.

Cependant des années s'écoulèrent sans qu'on parût songer sérieusement à une Exposition de l'Industrie dans notre ville. Le journalisme avait chez nous quelque chose de plus pressé à faire. Il devait se mettre à la hauteur des haines particulières, trancher de l'insulte, et, monté sur un âne, cravacher tout le monde pour jeter, moyennant pécune et en ricanant, le trouble dans la cité.

Quelques bons citoyens toutefois, ne s'arrêtant point aux luttes politiques des journaux dans notre pays, conservaient et entretenaient, dans la paix de leurs patriotiques réunions, le feu sacré qui devait vivifier l'industrie Mayennaise. Un projet d'organisation d'une société départementale de toutes les industries, réunissant, dans une commune association, le cultivateur, le manufacturier, l'artiste, l'entrepreneur de travaux, et enfin les ouvriers de toutes conditions et de tous états, fut conçu et arrêté. « Au mois de « septembre 1850, M. J. CHAMARET, secrétaire de la chambre « de commerce de l'arrondissement de Laval, se hasarda à « prendre l'initiative à ce sujet. Il convoqua une réunion de « quelques notables commerçants, industriels, agriculteurs et « propriétaires des trois arrondissements de la Mayenne. Dans « cette réunion, on posa les bases d'une association. » (Extrait du premier bulletin de la société).

Une commission provisoire fut nommée, et un règlement adopté, qui fut envoyé dans toutes les communes du département après avoir reçu l'approbation de M. le Préfet de la Mayenne.

Les souscripteurs arrivèrent en foule ; MM. les Représentants de la Mayenne, le Préfet, les Membres du conseil général, les Sous-Préfets, les Conseillers de préfecture, les Conseillers municipaux de Laval et grand nombre d'hommes de toutes classes donnèrent leur adhésion.

Une assemblée générale des souscripteurs ayant été convoquée le 16 juin 1851 dans la grande salle de notre hôtel de ville, le règlement fut accepté par acclamation, et la *société de l'Industrie de la Mayenne* procéda ensuite à la nomination de son conseil d'administration.

Après quelques délibérations, il fut arrêté par ce conseil qu'une Exposition de tous les produits naturels et industriels du département de la Mayenne serait faite à Laval au mois de septembre 1852. Le conseil municipal de notre ville s'empressa de concourir à la réalisation de ce projet, et vota dans sa séance du 20 août « une « somme de 16,000 francs pour l'appropriation de la halle aux « toiles, avec charge à M. le maire de transmettre cette délibération « à M. le Préfet, en le priant de proposer au conseil général le « vote de 6,000 francs pour le même objet, et à vouloir bien « insister vivement pour obtenir du conseil cette marque de « sympathie. »

Le conseil général, de son côté, vota en effet, sur la demande de la Société de l'Industrie présentée par l'administration municipale de Laval, la somme de 6,000 francs pour contribuer aux besoins de l'Exposition projetée.

Comme il arrive toujours en pareilles circonstances, des esprits inconsidérés ou malades firent une opposition bien triste aux projets et aux plans conçus dans l'intérêt de notre industrie départementale. Hélas! est-ce donc un si grand bonheur que de blâmer et de nuire? Quel plaisir peut-on donc trouver à satisfaire un mauvais vouloir par pur sentiment de contradiction, quand il s'agit surtout de venir en aide à tous les intérêts commerciaux de notre pays? Heureusement le public ne tarda pas à faire justice des fâcheuses suggestions au moyen desquelles on cherchait à l'ébranler contre une entreprise qui lui devait être si utile et si honorable. Les contradicteurs furent vaincus, et parmi ceux qui se montrèrent en première ligne pour les combattre avec énergie et courage, nous ne devons pas oublier le journal l'*Echo de la Mayenne*, qui publia une longue suite d'articles en faveur de l'Exposition industrielle à Laval.

# BÉNÉDICTION

ET POSE DE LA PREMIÈRE PIERRE DU BATIMENT DESTINÉ
A L'EXPOSITION DE L'INDUSTRIE DE LA MAYENNE.

Cette belle cérémonie a eu lieu le jeudi 15 avril 1852, à deux heures de l'après-midi, par un temps magnifique.

Parti à une heure et demie de l'hôtel de la préfecture, le cortège, composé du bureau et des membres de la Société de l'Industrie, des corps et métiers assemblés sous leurs bannières, des autorités civiles et militaires, suivit la rue Napoléon, le pont Neuf, la rue Joinville, la rue de Rennes, la rue des Fossés et s'arrêta à l'église de la Sainte Trinité pour y prendre M<sup>gr</sup> l'Evêque du Mans, le clergé de Laval et des paroisses voisines, et se rendre de là processionnellement par la place Hardy, la rue Marmoreau et la place de Hercé au lieu de la cérémonie.

M. Lamerie, ancien maire de Laval, et représentant, en l'absence de M. Léon de Chalais, le conseil municipal dont il fait partie, reçut à l'entrée du portique M<sup>gr</sup> l'Evêque du Mans, M. le préfet de la Mayenne, M. le général Cuny, commandant le département, M. le sous-préfet de Mayenne et le reste du cortège. Il remercia, au nom de la cité, M<sup>gr</sup> Bouvier et M. le préfet de leur concours obligeant et empressé en faveur de toute entreprise conçue dans un but utile, pouvant contribuer à l'amélioration du sort de la classe ouvrière, ou propre à donner de l'importance à la cité chef-lieu du département.

M. le préfet répondit à cette courte allocution par quelques mots bien sentis et qui faisaient allusion à l'excellente administration de notre ancien maire.

Le clergé, les autorités allèrent ensuite processionnellement prendre place sous la tente qui avait été dressée pour les recevoir.

L'assistance était immense ; les dames invitées avaient été, par MM. les membres de la Société de l'Industrie désignés à cet effet, placées à l'ombre dans la tribune du fond et dans les galeries du pourtour qu'on avait ornées de draperies, de guirlandes et de drapeaux ; plusieurs cependant avaient dû s'asseoir dans l'enceinte , n'ayant que leurs ombrelles pour se garantir des ardeurs du soleil. Les abords de la Halle aux Toiles , la place du Gast et les levées de la promenade de Hercé étaient encombrés de curieux.

M. Lamerie lut à haute voix l'inscription sur cuivre qui , avec une pièce de monnaie à l'effigie du prince Louis-Napoléon , président de la République , devait être placée sous la première pierre de l'édifice. En voici la teneur :

*Cejourd'hui 15 Avril, an de grâce 1852,*
*Le Prince Louis-Napoléon Bonaparte étant Président de la République Française , M. le comte de Luçay Préfet de la Mayenne , M. Léon Du Mans de Chaluis Conseiller municipal remplissant les fonctions de Maire de la ville de Laval ,*
*A été bénie , par Mgr Bouvier , évêque du Mans , en présence des autorités civiles et militaires du département et d'une nombreuse assistance , la première pierre des Galeries de l'Exposition de l'Industrie de la Mayenne ,*
*Ladite Exposition fondée en 1851 par une société d'industriels et de propriétaires , sous la présidence de M. J. Duchemin Des Cepeaux ; — M. Chamaret , secrétaire ; M. P. A. Renous , architecte-voyer de Laval.*

Mgr a commencé la cérémonie en prononçant , du haut d'une chaire placée près du cortège , l'allocution paternelle qui suit et qu'on a écoutée dans un profond silence et avec un vif intérêt. Les idées religieuses sont accueillies avec bonheur chez nous ; la Société de l'Industrie , en une pétition qui a été , en quelques heures , couverte de signatures , avait exprimé le désir que la religion fût appelée à bénir et le but qu'elle se proposait et l'édifice que la cité de Laval et le conseil général de la Mayenne mettaient à sa disposition.

« En nous voyant associé à vous , Messieurs , dans cette solennité , vous trouverez naturel que notre langage soit d'accord avec le ministère divin qu'à votre demande nous venons exercer au milieu de vous , et vous exprime en même temps nos vives sympathies.

« Nous n'avons pas attendu cette circonstance pour applaudir au dessein d'une exposition générale des produits industriels , agricoles et artistiques de ces belles et riches contrées , aussi distinguées par l'esprit religieux qui s'y est toujours maintenu que par l'activité incessante qui y règne. Les intérêts du temps qu'on sait y poursuivre avec ardeur n'y font pas oublier les intérêts bien supérieurs de l'éternité. On y comprend la grande maxime de l'apôtre, que les *occupations corporelles sont d'une médiocre utilité*, *mais que la piété* bien entendue, qui n'est que la vraie religion mise en pratique, *est utile à tout*. PIETAS AUTEM AD OMNIA UTILIS EST (1).

« Qu'est-ce, en effet, que l'homme considéré en dehors de la foi, sans rapports avec un être supérieur à lui, sans des destinées futures? Une énigme devant laquelle la raison attristée reste confondue. Dans cette hypothèse, où conduisent ses efforts les plus énergiques? A de vaines illusions. Quel est pour lui le fruit de ses veilles, le résultat final d'une carrière laborieuse, semée de tant de peines et de contradictions? Un abîme impénétrable.

« Mais, que le flambeau de la Foi éclaire son existence et agrandisse son horizon, qu'une pensée religieuse s'élève vers celui qui s'est peint lui-même en disant : *Je suis le principe et la fin* (2), tout se lie et s'enchaîne, tout se coordonne dans un magnifique ensemble, où le travail occupe une place d'autant plus honorable qu'il s'exerce par des vues plus hautes, et que le travailleur, agissant sous les yeux de Dieu, n'oublie jamais ni la sublimité de son origine ni l'excellence de la fin à laquelle il doit tendre.

« Alors, l'univers dans sa splendeur présente aux esprits attentifs le spectacle le plus ravissant. Partout l'action divine s'y rend sensible par des effets non interrompus. Elle s'étend au ciel et sur la terre ; elle embrasse dans son immensité ce qui est le plus élevé et ce qu'il y a de plus petit ; la reproduction et la multiplication des êtres organisés, le mélange des éléments matériels, leurs rapports si variés, leurs combinaisons plus variées encore. Les intelligences créées ne sont pas soustraites à son influence universelle : c'est en elle, dans ce que les anciens philosophes appelaient la grande âme du monde, mais en altérant souvent une idée vraie, qu'elles puisent la lumière, la force, la puissance et l'habileté.

« Pénétrés de ces sentiments, l'industriel dans ses ateliers, entouré des matières premières et des instruments au moyen desquels il les élabore, l'agriculteur au milieu de ses champs où tant de

(1) I. Tim. 4. 8.
(2) Apocal. 1. 8.

merveilles s'étalent sous ses yeux , l'artiste en méditant les règles du beau et en étudiant la nature , l'ouvrier même dans le concours qu'il prête au génie dont il réalise les conceptions , tous s'abaissent profondément devant la majesté suprême du Créateur , reconnaissent et adorent sa providence , invoquent son appui , lui font hommage de leurs succès et lui en rendent d'humbles actions de grâces.

« Cette alliance , traditionnelle pour vous , Messieurs , de la foi religieuse avec l'industrie et les arts qu'elle dirige et sanctifie , reçoit aujourd'hui une nouvelle consécration. Dans l'esprit éminemment chrétien qui caractérise cette cité et les populations qui l'environnent , vous avez voulu que des travaux commencés sous votre intelligente administration , dans les vrais intérêts du pays , pour une fin aussi noble qu'utile , fussent sanctifiés par nos prières.

« C'est avec empressement , Messieurs , avec joie et plein d'espérance , que nous venons répondre à un vœu si digne de vous.

« Nous allons appeler les bénédictions célestes sur cette entreprise elle-même , sur tous ceux qui vont y concourir à quelque titre que ce soit , sur ceux qui bientôt pourront y exposer le produit de leurs labeurs.

« Mais qu'ils nous permettent de leur rappeler , en nous servant des expressions de l'apôtre , que *celui qui plante et arrose n'est rien , mais que Dieu , qui donne l'accroissement , est tout* (1): que les ouvriers employés à la construction d'un édifice travailleraient en vain si Dieu ne les assistait dans leurs travaux. *Nisi Dominus œdificaverit domum , in vanum laboraverunt qui œdificant eam* (2).

« A quelque degré de l'échelle sociale que nous soyons placés , souvenons-nous tous , Messieurs , que le travail est une expiation imposée aux enfants d'Adam , sans nulle exception ; il est une condition nécessaire de toute prospérité ; le génie même n'en est pas exempt ! Mais il est allégé pour nous par la pensée que , glorifié et béni dans la personne de l'homme , s'il est dirigé par l'influence salutaire de la Foi , il nous conduira à un repos délicieux et éternel. »

Monseigneur Bouvier est allé ensuite bénir processionnellement

---

(1) I. Cyr. 3. 7.
(2) P. S. 129. 1.

la première pierre et toute l'enceinte qui doit recevoir les constructions.

Quatre épreuves daguerriennes, saisies à des instants divers, ont été faites par M. Pépin, de notre ville ; elles seront envoyées à la rédaction du journal l'Illustration, avec prière de reproduire celle qui lui semblera propre à donner l'idée la plus vraie de cette touchante et imposante cérémonie.

Cependant la musique de notre ancienne garde nationale, ornement habituel des fêtes et solennités de notre ville, faisait entendre ses accords du haut d'une estrade dressée pour la recevoir.

Quant tout le monde eut repris sa place, M. le Préfet de la Mayenne, qui s'est constamment montré sympathique aux efforts de la Société de l'Industrie, a prononcé le discours suivant, dont la reproduction est en même temps l'éloge.

« Messieurs,

« Si la solennité à laquelle nous assistons aujourd'hui excite une vive sympathie parmi tous les hommes qui se préoccupent de l'avenir industriel et commercial de la Mayenne, elle ne touche pas moins, soyez en certains, celui qui a reçu du chef de l'Etat l'honorable mission d'administrer votre département, d'étudier et de protéger ses intérêts.

« La pose de cette première pierre, à laquelle nous a convié la ville de Laval, inaugure en effet, je puis le prédire, une ère nouvelle de prospérité, et la présence du vénérable pasteur de ce diocèse, qui a bien voulu se rendre au milieu de nous pour bénir notre édifice naissant, le concours si empressé du clergé et des autorités civiles et militaires, l'affluence nombreuse qui nous environne, témoignent assez que mes espérances sont unanimement partagées.

« Jusqu'à présent, il faut bien le reconnaître, la Mayenne n'a pas su prendre, parmi les départements producteurs, le rang que semblent lui assigner ses ressources naturelles.

« La Providence n'a-t-elle pas été envers elle prodigue de ses dons ? Nos carrières de marbre et de granit sont riches et abondantes ; nos mines, nos ardoisières, nos hauts fourneaux, nos papeteries donnent chaque jour de précieux et abondants produits.

« Nos tissus, s'ils n'ont pas su, peut-être, conserver toujours sur les marchés l'ancienne réputation acquise au pays de Laval, sont cependant, grâce à l'habileté persévérante de nos fabricants, arrivés à un degré de perfectionnement qu'attestent les nombreuses transactions auxquelles ils donnent lieu.

« Que dirai-je de notre agriculture parvenue à un si haut point de progrès et de développement sous l'active et intelligente impulsion des comices ?

« Enfin, partout où ils se sont présentés, aux expositions d'Angers, de Paris, aux concours de Poissy et de Versailles, nos fabricants, nos industriels, nos éleveurs, ont lutté avec avantage contre les producteurs des parties les plus renommées de la France ; et je rappellerai ici, avec un juste orgueil, qu'il y a quelques jours à peine des applaudissements unanimes saluaient, dans un brillant concours, les noms de deux de nos agriculteurs les plus distingués, M. Gernigon et M. Chrétien, sept fois couronnés par M. le ministre de l'agriculture et du commerce.

« Malgré tant d'éléments de succès, pourquoi donc la Mayenne, je le répète, n'occupe-t-elle pas un rang plus élevé dans l'industrie française ? C'est qu'il a manqué jusqu'ici un centre commun pour rallier et présenter comme un faisceau les résultats de tant de louables efforts, de tant d'heureuses tentatives ; — c'est que, à défaut de publicité, de concours, d'émulation, les travaux partiels les plus intelligents ne peuvent se généraliser, frapper l'attention des observateurs étrangers, ni conquérir une grande renommée.

« La Société de l'Industrie s'est formée dans le but honorable de faire connaître à tous, par des expositions périodiques, ce que chacun avait, de son côté et isolément, apporté de perfection à l'art, ou à la profession qu'il exerce.

« Elle est venue réaliser un vœu général ! Aussi a-t-elle pris en naissant un développement inespéré. Industriels, commerçants, agriculteurs, fabricants, fonctionnaires même, de tous les points de notre territoire, tous ont voulu concourir à cette œuvre éminemment départementale.

« Le conseil général et la ville de Laval se sont empressés de prendre part au mouvement et ont prêté un concours généreux à la fondation de l'édifice.

« Dans moins de six mois, tous les produits remarquables de la Mayenne étaleront, pour la première fois, leurs richesses sous nos yeux. Espérons aussi que, dans cette arène pacifique, se présenteront les produits des départements voisins, qui viendront ajouter à l'intérêt, à la solennité de la lutte.

« En présence des heureux résultats déjà obtenus et d'une si belle perspective, je croirais manquer à mon devoir si je n'offrais ici publiquement, tant au nom du Gouvernement qu'à celui du département, des félicitations et des remercîments aux honorables fondateurs de l'Exposition.

« Persévérez, Messieurs, dans une si digne entreprise ; le succès récompensera vos efforts, et vous atteindrez en même temps un autre but bien plus satisfaisant encore, celui de faciliter aux populations laborieuses les voies qui mènent au bien-être par le plus saint et le plus légitime de tous les moyens, — le travail !

« Déjà l'annonce seule du concours a produit parmi les fabricants un redoublement d'activité. Cette émulation, consacrée par le succès, entretenue sans cesse par de nouvelles luttes, ne peut manquer d'être féconde et de nous faire entrer chaque jour plus avant dans la voie du progrès.

« Et, du reste, quel temps fût jamais plus favorable pour donner à l'industrie toute l'impulsion dont elle est susceptible ?

« Cette terrible éventualité, qui pesait sur tous sans que personne osât ou voulût la conjurer, qui resserrait les transactions, qui tuait le crédit et nous précipitait vers une ruine générale, s'est inopinément évanouie.

« Une main puissante a su arrêter la France sur le bord de l'abîme, et la replacer à la tête des nations de l'Europe.

« Quelques mois à peine ont suffi à l'élu de la nation pour rendre à la société, à la religion compromises, toute leur sécurité, — à l'autorité ébranlée et presque anéantie par les agitations révolutionnaires, la force et le prestige qu'elle avait depuis si longtemps perdue : — POUR REPLACER ENFIN LA PYRAMIDE SUR SA BASE.

« Mais là ne s'est point arrêté son intelligent et noble patriotisme.

« Les classes laborieuses, du sort desquelles on parlait toujours sans l'améliorer beaucoup, viennent d'être l'objet des plus salutaires mesures.

« Désormais, grâce à la loi sur le crédit foncier, le cultivateur pourra, sans craindre de se livrer à une dévorante usure, introduire sur ses fonds les améliorations nécessaires.

« Désormais, il pourra, ainsi que l'ouvrier, entrer dans ces sociétés de secours mutuels, jusqu'à ce jour détournées de leur but par la politique, et qui, sous la bienfaisante direction de la religion et de l'autorité, lui assureront du pain et des secours pour ses maladies et sa vieillesse.

« L'industrie et le commerce n'ont pas été moins favorisés !

« Le vaste réseau de nos chemins de fer, dont l'exécution est restée trop long-temps suspendue, vient d'être concédé à l'industrie privée, — et l'Etat, en assurant ainsi aux bras inoccupés, à nos forges dépérissantes, un long et lucratif travail, a pu, en même temps, disposer de ses ressources pour d'autres intérêts.

« Une immense opération financière, devant laquelle tous les gouvernements précédents avaient reculé, la réduction de la dette publique, s'est réalisée sans secousse.

« Des décrets sur les *sucres*, les *octrois*, les *boissons*, le *commerce maritime*, ont été salués de l'approbation générale. Enfin, je ne saurais, en voyant s'élever notre modeste édifice, me défendre de rappeler l'exécution prescrite à Paris, dans la même pensée, du superbe palais destiné à l'exposition des produits de la France et du monde entier·

« Louis-Napoléon a bien réalisé ces paroles qu'il prononçait il y a quelques jours à peine :

« *Le devoir du Gouvernement est de tourner tous ses*
« *efforts vers les améliorations intérieures qui peuvent seu-*
« *les procurer l'aisance des classes laborieuses et assurer la*
« *prospérité du pays.* »

« Suivons, Messieurs, autant qu'il appartiendra à notre faiblesse, le chef de l'Etat dans la voie qu'il nous trace si glorieusement.

« Et, pour atteindre le but qu'il se propose, inspirons-nous encore des belles et touchantes paroles qu'il a également prononcées dans une autre occasion :

« *Je veux inaugurer de nouveau une ère d'oubli et de*
« *civilisation, et j'appelle, sans distinction, tous ceux qui*
« *veulent franchement concourir avec moi au bien public.* »

M. Des Cepeaux, président de la Société de l'Industrie, a pris ensuite la parole pour remercier à la fois Mgr l'évêque du Mans de son obligeant concours, de l'empressement avec lequel il s'est transporté à Laval pour y bénir et poser la première pierre d'un établissement qui promet du travail à la classe ouvrière, de l'avenir aux efforts des commerçants de notre pays ; M. le préfet de son active coopération au succès d'une œuvre conçue dans l'intérêt bien entendu des diverses industries de notre département ; le conseil général qui a généreusement voté une allocation dans ce but ; le conseil municipal de notre cité qui, vu l'état de ses finances, fait lui-même un immense sacrifice pécuniaire ; les membres de la Société de l'Industrie qui essaient, par tous les moyens, de faire sortir notre pays de l'état de torpeur où il végète ; l'assistance tout entière pour les preuves de sympathie qu'elle donne aux efforts de la société et des administrations.

M. DesCepeaux a fini par recommander l'œuvre de la Société de l'Industrie à l'émulation de la classe laborieuse au profit de laquelle elle doit tourner, car des ouvriers seuls et des chefs d'ateliers dépend désormais le succès final.

Le cortège a ensuite processionnellement regagné l'église de la Trinité, où il a laissé Mgr l'évêque et le clergé ; puis de là, en suivant le même parcours que pour venir, il s'est rendu à la préfecture, toujours précédé par un piquet de gendarmerie à cheval, les sapeurs, la musique de la garde nationale, entouré d'un détachement de pompiers et du 15e de ligne, et suivi d'un second piquet de gendarmes à cheval.

Pour terminer le récit de cette fête, nous empruntons à l'*Echo* les lignes suivantes extraites d'un article signé de M. Vallin.

« Le département de la Mayenne, riche en productions de toutes sortes, n'occupait pas le rang auquel il a droit de prétendre.

« Avec une population intelligente, un sol fertile, comment concevoir l'état d'infériorité auquel semblait le condamner l'appréciation de nos économistes ; cela ne venait-il pas en grande partie, nous le croyons du moins, de l'isolement, de l'obscurité, de l'état d'inertie dans lesquels il vivait tristement. Les temps vont changer ; grâce à l'activité, au zèle, à l'initiative de magistrats que nous ne saurions trop louer, des expositions périodiques mettront au jour ce que l'on soupçonnait à peine, des matières nombreuses, variées, travaillées avec art et qui pourront soutenir la concurrence des autres départements.

« Qui ne voit les immenses avantages qui résulteront de cet état de choses, 1o augmentation de travail, cette habitude qui contribue tant aux bonnes mœurs qu'elle a fait dire à Mme Roland :

**L'amour du travail est la vertu de l'homme en société.**

2o émulation ; cette rivalité dans le bien, cet aiguillon qui nous pousse à égaler et même à surpasser nos rivaux dans tout ce qui est noble, honnête, louable ; 3o accroissement du bien-être, diminution de la misère et de tous les vices qu'elle amène à sa suite.

« Habitants de la Mayenne , répondez à l'appel qui vous est fait. On vous convie au travail, mettez-vous hardiment à l'œuvre. Le travail! mais c'est la plus belle prérogative de l'homme ! Le travail moralise , le travail sanctifie ; c'est la richesse des nations. Par le travail , vous chassez la misère, vous conquérez l'indépendance , vous arrivez à la puissance.

« Par un travail éclairé , assidu , vous obtenez ces procédés nouveaux qui triplent les produits , les rendent plus beaux , plus féconds ; c'est la richesse qui en est la suite ; c'est encore un pas de fait vers l'indépendance.

« On a remarqué dans les dons qui vous caractérisent un jugement sain, un bon sens exquis, une grande circonspection ; ce sont des qualités très-précieuses qui conviennent admirablement aux travaux d'application : c'est une raison décisive pour entrer avec ardeur dans la voie où vous convie la Société de l'Industrie. En avant donc, marchons à la conquête du bien-être par la prière et le travail. »

( Echo de la Mayenne ).

# EXPOSITION

## DES PRODUITS DE L'INDUSTRIE A LAVAL.

Grâce au ciel, dès qu'elles peuvent se soustraire à la déplorable influence de ce que l'on est convenu d'appeler la haute politique, toutes les classes de notre société se retrouvent animées d'un même amour pour notre bonne cité, d'un irrésistible besoin de se rapprocher dans un même but, celui d'être utiles au pays tout entier, de féconder son industrie, de lui inspirer confiance pour l'avenir, de lui ouvrir une plus vaste carrière en lui prouvant que, sous plus d'un rapport, elle peut rivaliser victorieusement avec l'industrie des cinq départements qui l'entourent. Chacun d'eux va exposer ses produits les plus précieux. Vaincue ici, la Mayenne l'emportera ailleurs, et cette lutte aura pour résultat d'agrandir le cercle de nos idées industrielles, de nous inspirer le goût des arts, qui n'est pas à beaucoup près passé chez nous à l'état de passion; et cette lutte ne laissera aux combattants ni regrets, ni blessures; et des fêtes, des bals, un *banquet industriel* peut-être, ce qui vaut mieux mille fois qu'un banquet dit patriotique, qui ne rassemble que les personnes d'un même parti, viendra réunir souscripteurs et exposants et faire oublier quelques déconvenues, compensées du reste par la vente presque certaine de la plupart des objets exposés.

Si l'on n'avait pas tant profané ce mot, je dirais que c'est au patriotisme de quelques-uns de ses enfants que Laval doit le projet d'une Exposition et les efforts opiniâtres qui en ont assuré le succès. Ce patriotisme-là est désormais le seul qui puisse enfanter des miracles, car, au lieu de nous diviser de plus en plus, il va nous unir; car il liera d'une amitié fondée sur l'estime les rivaux d'un mois, car nous lui devrons une partie de nos progrès dans l'avenir, des jouissances fructueuses, la modification de nos habitudes casanières, l'abandon de la routine, un certain élan industriel.

Je ne sais si je ne fais qu'un beau rêve, mais il me semble qu'une ère nouvelle va s'ouvrir pour notre industrie. Les richesses de notre sol vont être plus connues, mieux appréciées, exploitées avec plus de soin ; les échantillons de nos marbres, de nos grès, de nos fers, de nos houilles, de nos terres à potier, des diverses chaux faites dans le pays, etc., seront examinés, comparés, estimés à leur valeur réelle ; il en sera de même des produits de notre agriculture ; de même encore de nos tissus, nouveautés, croisés, coutils, qu'on vend partout, à Angers et à Rennes comme à Paris, sous les noms de coutils russes, de croisés anglais, comme si ce que produisent les autres nations devait nécessairement être préféré et payé plus cher par les Français. Nos habiles ouvriers ne seront plus condamnés à reléguer au fond d'un magasin poudreux, dans les ténèbres d'un réduit où ils ne pouvaient être aperçus, les merveilles que leur intelligence a conçues, qu'ont enfantées leurs mains. L'Exposition va les mettre en lumière et en relief ; des galeries leur sont destinées où elles pourront attirer les regards des amateurs de bon goût et exciter en eux l'admiration avec l'envie de les posséder. Artisans de toutes les sortes d'industrie, réjouissez-vous et soyez reconnaissants !

Honneur à ceux d'entre nos compatriotes de la Mayenne qui se sont associés dans un si noble but et n'ont pas désespéré de notre pays, quelque sombre que soit la teinte d'encre de Chine dont l'a noirci le pinceau de M. Ch. Dupin.

Honneur aux fabricants, chefs d'ateliers et ouvriers qui exposeront les produits de leur talent et de leurs veilles !

Honneur et reconnaissance au conseil général de la Mayenne et à l'administration de notre ville qui n'ont pas reculé devant des sacrifices d'argent dans l'intérêt de notre exposition !

Honneur à notre jeunesse qui a compris que, pour célébrer dignement la fête de l'industrie Mayennaise, il fallait, cédant à un besoin de reconnaissance, rappeler, par une brillante cavalcade, le souvenir d'une princesse dont la mémoire ne doit pas s'éteindre parmi nous, et dont les bienfaits nous enrichissent encore. Il y a loin de ce qui se fait au sourire dédaigneux avec lequel étaient accueillies les quelques lignes suivantes que j'écrivais pour l'*Echo* du 15 janvier 1842.

« Nous ne sommes ici que l'écho d'un bon nombre de nos
« compatriotes, mais nous nous joignons à eux pour demander
« qu'on se souvienne un peu de notre histoire quand on percera

« de nouvelles rues dans notre ville , et qu'on songera à les bapti-
« ser. Nos murs seraient-ils déshonorés en portant le nom d'un
« Ambroise de Loré, dont l'épée libératrice coucha tant d'enne-
« mis sur notre sol, et nous empêcha, en définitive, de rester
« peut-être à tout jamais Anglais. Nous aurons , il est vrai, la
« rue Ambroise Paré ; mais peut-on penser qu'il nous soit permis
« de laisser de côté un André de Lohéac, une Béatrix de Gavres,
« qui apprit à travailler le lin à nos aïeux et couvrit notre pays
« d'habiles tisserands? A qui devons nous plus qu'à cette femme
« généreuse et entreprenante? Toutes nos richesses ne sont-elles
« pas pour ainsi dire sorties de sa main? Si notre ville se croit
« encore trop pauvre, malgré le gain de tant de millions qu'elle
« lui doit, pour lui élever une statue, que du moins son nom ne
« reste plus désormais enseveli dans notre ingrat oubli ; qu'il soit
« au contraire connu du peuple et apparaisse visible à tous les
« yeux dans la cité qui lui doit en quelque son accroissement et sa
« population. »

Comme il est bon que les travailleurs, qui n'ont pas le temps
de lire de volumineux répertoires, sachent cependant quels souvenirs historiques la cavalcade se propose de leur rappeler, je crois
devoir donner ici une petite notice sur Guy IX et Béatrix de Gavres, son épouse.

Guy IX était fils de Guy VIII et d'Isabeau de Beaumont. La
maison de Laval, dit André Duchesne, Tourangeau, géographe
du roi et historien généalogiste de la maison de Montmorency,
« était ancienne et avait été toujours des plus grandes et riches ,
« fort hautement alliée. Car, afin de ne répéter point son origine
« de la tige masculine de Charlemagne, comme plusieurs ont
« voulu faire, il est certain que Guy III, surnommé le chauve ,
« seigneur de Laval, fut si puissant qu'il obtint pour femme De-
« nyse De Mortaing, fille de Robert, comte de Mortaing en Nor-
« mandie, niepce de Guillaume le Conquérant, roy d'Angleterre,
« et sœur d'Emme, comtesse de Thoulouse, à raison de laquelle
« se trouva depuis liée de consanguinité avec les roys de France ,
« d'Angleterre, d'Escosse et de Castille. » (Hist. chron. de la
maison de Montmorency, imp. de Cramoisy, 1624 , Paris).

Guy IX était un guerrier valeureux. Il épousa , en 1290 (selon
l'art de vérifier les dates, en 1292), Béatrix de Gavres ; mais les
charmes d'une union pleine d'agréments par les qualités de sa jeune
épouse ne lui firent point oublier ce qu'il devait à l'Etat et à son

roi. Il suivit Philippe-le-Bel dans les guerres de Flandre, en 1297, et servit son prince jusqu'à la paix (1320). Il déploya le plus grand courage à la bataille de Mons-en-Puelle (1304). Le siège d'Agen et de la Réolle en Gascogne (1324) le revit à la tête de sa compagnie d'hommes d'armes ( histoire des villes de France par Aristide Guibert, article Laval).

Guy IX mourut le 22 janvier 1333, dans sa maison de Landarau, près Vitré. Son corps fut transporté et inhumé dans l'église abbatiale de Clermont, à côté de son épouse qui l'y attendait depuis 18 ans.

L'épouse de ce seigneur était digne de lui. Elle se nommait, comme on l'a vu plus haut, « BÉATRIX DE GAURE, comtesse de « Faukemberg en Flandre. Cette femme, d'un esprit supérieur, « avait été élevée au milieu des merveilles de l'industrie flamande. « Prévoyant combien ils pourraient être utiles à ses nouveaux « vassaux, elle emmena à Laval quelques tisserands de Bruges : « ceux-ci apprirent aux habitants de la ville et de la campagne à « tirer parti du lin qui croissait sur leurs terres, à le tisser et à le « blanchir. Telle fut l'origine de la manufacture des toiles, à la- « quelle Laval doit sa prospérité, sa richesse et ses développe- « ments. » *( Histoire des villes de France ).*

Béatrix mourut le 4 juillet 1316 (Bourjolly). Son corps fut inhumé dans l'église abbatiale de Clermont.

D'après Bourjolly, neuf enfants étaient issus de son mariage :

1º GUY X, successeur principal ;

2º PIERRE DE LAVAL, 48e évêque de Rennes ;

3º RAZE DE LAVAL, seigneur de Merande et de Morhen en Flan-dre, qui, selon Queruau, épousa la dame de Sicamberge et d'Oriflambergue, mort sans postérité ;

4º GUYON DE LAVAL, marié à Jeanne, fille de Pierre, comte de Chemillé, seigneur de Mortagne et de Brissac ;

5º JEAN DE LAVAL, seigneur de Passy-sur-Marne, marié à Eléonore Lebigot de Luynes, en Anjou ; branche Laval-Passy ;

6º FOULQUES DE LAVAL, seigneur de Chaloyan, marié à Jeanne, fille de Girard-Chabot, baron de Rais ;

7º ISABEAU DE LAVAL, épouse de JEAN, seigneur de Lohéac ;

8º CATHERINE DE LAVAL, mariée à Girard Chabot, seigneur de Faleron et de Froidfond ;

9º JEANNE DE LAVAL, religieuse et depuis abbesse de Saint-Georges de Rennes.

# INAUGURATION DES GALERIES
### LE 1er SEPTEMBRE 1852.

Depuis l'époque de la fondation de notre halle aux toiles sur la place du Gast par un prince de la Trimoille, seigneur de Laval, en 1731, et leur ouverture le 4 octobre 1732, bien des flots d'hommes ont passé dans leur enceinte pour y commercer de fils et de toiles, et fonder, par la vente, l'achat et l'exportation des produits de notre industrie, la fortune publique de notre département, l'aisance particulière des familles et la réputation si honorable des ouvriers Mayennais. A l'origine et jusqu'au commencement de notre siècle, ce vaste local présentait intérieurement l'aspect d'une belle place entourée de trois galeries couvertes, le long desquelles s'alignaient des tables servant à l'aunage des tissus. Seule, la galerie du milieu avait un second étage, dessiné par une rampe de colonettes en bois, et qui était réservé aux fileuses et marchands de fils de la ville et de la campagne. Le milieu de la place et l'espace entre chaque colonne des galeries étaient garnis de comptoirs avec portes, tablettes et bancs à dossiers, ou de tables formées de madriers, sur lesquelles se tenaient debout, pendant le marché, les négociants qui n'avaient pas de comptoirs. De larges contrevents, roulant sur leurs gonds enferrés dans les colonnes, abritaient les auneurs contre la pluie et les rayons du soleil.

C'est dans cette enceinte, transformée aujourd'hui en une sorte de palais national, d'après le plan et sous la direction de l'habile M. Renous, architecte-voyer de notre ville, qu'a eu lieu, hier à deux heures, la cérémonie de l'ouverture des galeries de l'industrie, en présence des membres de cette société, créée dans un esprit éminemment patriotique, ayant pour but et pour mission *de signaler les produits de notre territoire, de rendre compte des travaux agricoles et horticoles; d'appeler l'attention sur nos diverses manufactures, source principale de la richesse de notre département; d'encourager, de favoriser les essais trop rares de ceux qui se sentent appelés à suivre la carrière des arts ou des sciences; d'attirer enfin les regards sur les ouvrages des travailleurs de toutes professions et de faire rendre justice à leur intelligence, à leur savoir, à leur habileté* (1).

---

(1) Extrait du Bulletin de la Société de l'Industrie de la Mayenne. — Première année, première livraison.

M. de Charnailles, préfet de la Mayenne, M. le général Cuny, M. Toutain, faisant fonctions de maire, le conseil municipal tout entier, de hauts fonctionnaires de l'Etat, M. l'abbé Félix Coquereau, aumônier général de la flotte, M. Boudet, MM. les fonctionnaires civils et militaires de la cité, le clergé et de nombreux étrangers et membres des commissions industrielles des départements limitrophes assistaient à cette fête qui était celle du pays entier.

Par une heureuse entente, les commissaires de la fête avaient associé aux drapeaux du Gouvernement, suspendus à la voûte de la salle du milieu des galeries, les bannières des corps et métiers de notre ville.

Si, en ce moment, il nous était permis d'exprimer un regret, nous dirions que les divers corps d'état eussent bien fait de solliciter l'autorisasion de tapisser cette enceinte de banderolles aux armes de leurs professions. On eût vu avec plaisir les armoiries des *CHAPELLIERS et TEINTURIERS, d'or à un chapeau de sinople, accompagné de trois cuves de sable, deux en chef, une en tête;* celles des *MAÇONS, de gueules à une échelle d'or, posée en bande et entourée de deux truelles d'argent, une en chef et une en pointe;* celles des *POELIERS, d'azur à deux poëles d'or, passées en sautoir, accolées aux flancs de deux poëlons d'argent, les queues appointées en chevron renversé et brochant sur les queues des poëles;* celles des *MENUISIERS, d'azur à une équerre d'or, accompagnée de trois villebrequins de même, deux en chef, un en pointe;* celles des *CIRIERS et CIERGERS, d'azur à une sainte Geneviève tenant de sa main dextre un cierge allumé par un ange et soufflé par un diable, le tout d'or;* celles des *MARCHANDS DE DRAPS, ÉPICIERS et MERCIERS, tiercé en fasce d'azur et d'or, le chef semé de vers à soie de sinople, la fasce aussi semée d'amandes ou dragées d'argent, et la pointe pareillement aussi semée d'aiguilles de sable, etc.*

A deux heures, la compagnie des pompiers de notre ville et un détachement du 3e de ligne, précédés de la belle musique du même régiment, conduisaient en grande pompe aux galeries les autorités de notre département, qui ont été reçues à l'entrée par MM. les président et membres de la société.

Pendant la cérémonie, des morceaux d'harmonie ont été exécutés par la musique de notre ville.

Une cantate, avec accompagnement d'orchestre, a commencé

cette belle cérémonie. Nous nous abstenons aujourd'hui de rendre justice aux chanteurs que nous devons retrouver dans une autre occasion, et aussi au compositeur de cette musique qui fait réellement honneur au talent de M. Beauchêne ; mais nous livrons de suite à la publicité, pour ne pas rester en retard près de nos lecteurs, les paroles de cette cantate qui respirent partout un patriotisme aussi qur que bien exprimé.

## Cantate pour l'Exposition

### DE L'INDUSTRIE DE LA MAYENNE EN 1852.

*Paroles de M. A. L., musique de M. Beauchêne.*

« Ainsi qu'une jeune captive,
« Couchée indolente ou craintive
« Dans les palais orientaux,
« Tranquille et murmurant à peine,
« Tu dors, ô ma belle Mayenne,
« Aux pieds de tes riches coteaux.

CHOEUR.

« Reveille-toi ! l'honneur t'appelle
« Au milieu de rivaux brûlants d'activité;
« Le concours est ouvert, la récompense est belle,
« Cer le prix c'est la gloire et la prospérité.

« Expose à nos yeux la richesse
« Que dans ton sein avec largesse
« Renferme la bonté de Dieu,
« Les lins source de ta fortune,
« Tes fers brillants, ta fonte brune,
« Ton beau marbre et ton granit bleu.

Sortis du cœur de tes vieux chênes
Ou du bois veiné de tes frênes,
Montre nos meubles de salon ;
Montre ce qu'un artiste habile,
En fouillant un bois indocile,
Fit pour la chapelle d'Evron !

Reveille-toi, etc.

Par les secours de nos machines,
Arrache du fond de tes mines
Ces charbons, prix d'un dur labeur !
Grâce à tes écluses nouvelles,
Sur tes eaux j'entrevois les ailes
Des bateaux mus par la vapeur.

Tes fours nombreux, pleins de calcaire,
Déjà dévorent la matière
De l'antracite sulfureux ;
Espoir de la moisson prochaine,
Voici la chaux blanche du Maine,
Produit de leurs flancs ténébreux.

« Reveille-toi, etc.

Où sont de ta riche fabrique
Les tissus qui dans l'Amérique
Sont vendus sous des noms anglais,
Et, rivales de la Hollande,
Tes belles toiles que demande
La beauté voilant ses attraits ?

« D'aucuns pays ne sois jalouse !
« N'as-tu pas la verte pelouse
« De tes prés émaillés de fleurs,
« De frais vallons, de doux ombrages,
« De belles eaux sur tes rivages
« Du ciel réflétant les couleurs.

« Reveille-toi, etc.

« En poissons tes étangs abondent ;
« Dans tes bois les échos répondent
« Aux voix des chiens, aux sons du cor ;
« Le sanglier fuit de son bouge,
« Et dans tes champs la perdrix rouge
« Se cache sous les épis d'or.

« Dans les fastes de notre histoire
« Le peuple a gardé la mémoire
« De tes fils au nom vénéré ;
« Apôtres de la bienfaisance,
« Vous avez illustré la France,
« Cheverus, Ambroise Paré.

« Reveille-toi, etc. »

*Nota.* L'étendue de la cantate n'a permis de mettre en musique que les strophes indiquées par des guillemets.

Après la cantate, M. le préfet et toute l'assistance ont parcouru les galeries et contemplé avec admiration les objets exposés. Partout on rencontrait des visages riants et heureux, des toilettes brillantes ; chacun témoignait sa satisfaction, sa reconnaissance pour l'empressement avec lequel les artistes et les industriels des départements voisins ont bien voulu concourir à la gloire et à la renommée de notre exposition.

# FÊTES DE L'INDUSTRIE.

1er JOUR (5 Septembre 1852.)

## Cavalcade historique de charité.

### ENTRÉE
# DE BÉATRIX DE GAVRES
## EN LA VILLE DE LAVAL.

Il n'était, depuis long-temps, point d'ami du plaisir dans tous les départements de l'ouest qui ne s'entretint des fêtes qui ont eues lieu à Laval à l'occasion de notre exposition des produits de l'industrie ; on était loin toutefois de s'attendre à l'éclat qui leur a été donné et qui réjaillira sur tout notre pays.

Nous l'avons dit déjà et on ne peut trop le répéter : Que la politique fasse trève chez nous, et, sans qu'il soit pour personne besoin de faire le sacrifice de ses sentiments, de ses affections, de ses opinions, on verra de temps en temps se reproduire chez nous les merveilles dont nous avons été les heureux témoins. Sans la conciliation entre les hommes, qui ne sait qu'un état doit renoncer à toute supprématie, une ville à toute prospérité comme à toute joie, une famille au bonheur intime sans lequel elle ne tarde pas à se dissoudre.

Nous constatons avec plaisir le changement qui s'est opéré dans nos esprits ; on aurait en vain, il y a dix ans, tenté de réunir ainsi les efforts de toute la jeunesse lavalloise, et d'obtenir, même pour un but aussi louable qu'une fête industrielle au profit des malheureux, le concours universel de tous les habitants de la cité.

Mais je laisse à une plume plus habile le soin de féliciter nos compatriotes de la touchante harmonie dont ils ont fait preuve ; la tâche que j'ai entreprise est de décrire les fêtes dont le souvenir sera chez nous impérissable.

La cavalcade historique de charité avait attiré en nos murs une foule d'étrangers dont bon nombre ont dû chercher gîte dans les bourgs et villages situés autour de Laval dans un rayon de cinq à six kilomètres , nos hôtels étant occupés depuis le rez de chaussée jusque dans les mansardes sous les toits. Nos rues regorgeaient de promeneurs , et l'on attendait avec impatience l'heure annoncée pour le commencement de la fête.

Le temps menaçait. A l'heure de midi , des nuages , déversèrent quelques ondées inquiétantes. Mais , comme si le ciel eût voulu montrer qu'il était d'accord avec nous , les nuages s'élevèrent ou se replièrent en sillons de couleur moins sombre. Aussitôt la cavalcade se développa autour du pré de la Coconnière où avait été dressée , pour les préparatifs , une immense tente à côté de laquelle en était une autre plus petite à usage de café.

## MARCHE DU CORTÈGE.

### 1º Gendarmes a cheval.

### 2º LE COMMISSAIE DE POLICE DE LA VILLE DE LAVAL ,

M. Roussin , sur un cheval magnifique , et en costume officiel , chapeau à claque bordé de plumes , écharpe en bandoulière et épée au côté.

### 3º UN PORTE-ÉTENDARD ,

En robe serrée à la taille , avec toque et plumes à l'écossaise ; l'étendard couleur bleue , portant ces mots : *Pour les pauvres.*

### 4º LA CAISSE

Destinée à recevoir le produit de la quête et placée sur le dos de l'âne des *Petites-Sœurs.* Deux hommes , dans le même costume que le porte-étendard , le tiennent par la bride.

### 5º DEUX CHÈVALIERS ,

| M. E. Toutain, | M. A. Boutreux, |
|---|---|
| Costume de chevalier de Malte , en tenue de guerre , justaucorps , pantalon et brodequins , cotte de mailles , casque en fer poli , manteau en velours rouge doublé de soie blanche , garni d'hermine , épée à deux mains. | Capitaine dès gardes flamands, pantalon collant rouge , bottes en bufle avec éperons et molettes d'or , justaucorps vert , ceinturon or , épée à deux mains, béret vert et or , panaches gris-blancs. |

#### 6º TROMPETTES ,

Chef , M. Henri Moreau ,
MM. Théophile Regereau , Edouard Bridier , Léon Lacroix.
*Costume :* Justaucorps bleu de ciel , croix d'argent sur la
poitrine , ceinturon de cuir jaune , pantalon collant gris de perle ,
berret bleu , rouge et blancs.

#### 7º HÉRAUTS D'ARMES ,

MM. Fournier , Pourriau , Lair , Barré.
*Costume :* Tunique blanche , manche cottes-de-mailles , croix
de Malte sur la poitrine , pantalon collant gris , bottes montantes
avec éperon et molettes , casque à pointe , ceinturon jaune avec
épée. — Chevaux superbement caparaçonnés.

#### 8º COMPAGNIE DE HALLEBARDIERS,

Soldats du 5e de ligne la hallebarde au poing.
*Costume :* Tunique bleu ciel , croix sur la poitrine , pantalon
collant rouge , ceinturon jaune avec dague , casque , col et ge-
nouillère en fer.

#### 9º VENNERIE.

Quatre sonneurs de trompes à cheval ,
MM. Duplessis , Sorbïati , Borème et Gay.
*Costume :* Tunique mérinos vert , boutons d'argent , croix
blanche sur le dos , ceinturon jaune avec dague , botte jaune ,
pantalon collant blanc , casquette jockey vert.

#### 10º PIQUEURS A PIED.

Soldats du 5e de ligne , — chef M. Mouesset.
Costume comme les précédents.

#### 11º TROPHÉE DE GIBIER.

Il était disposé en pyramide sur un brancard porté par des
valets de pied en costume du temps , et se composait des pièces
suivantes : un loup , un chevreuil , un renard , un héron , un
dikmen criard , un faisan , deux perdrix avec entourage de
branches de chêne.

#### 12º VALETS TENANT LES MEUTES.

Même costume. — Chiens nombreux tenus en laisse.

### 13º OISELLERIE.

Fauconniers,

Soldats du 3ᵉ de ligne, chef, M. Levi.

*Costume :* Toque rouge, surtout rouge et or, pardessus rouge armorié, serré à la taille, pantalon gris collant, coturne jaune.

### 14º CORPS DE MUSIQUE.

Musiciens du 3ᵉ de ligne.

*Costume :* Justaucorps rouge, poitrine bariolée de blanc, pantalon bleu, béret rouge, brodequin noir.

### 15º SEIGNEURS A CHEVAL,

Chevaliers violets :

| | |
|---|---|
| MM. Testard, | MM. Chauvin jeune, |
| Delente, | Gerbault, |
| Marie aîné, | La Plante, |
| Marie jeune, | Paumard, |
| Rubillard, | Lefizelier jeune, |
| De Beaucé, | Toutain aîné. |

*Costume :* Toques et plumes variées, surtout de velours noir et violet, enrichi d'or et de pierreries, cape de mêmes étoffe et couleurs, doublée de satin, pantalon gris ou bleu, botte haute, grise et avec éperon, riche épée et ceinturon en drap d'or parsemé de pierreries. — Chevaux richement caparaçonnés, de différentes couleurs.

### 16º GROUPES DE TISSERANDS *de Bruges*,

soldats du 3ᵉ de ligne.

*Costume :* Toques, casaques variées et bouilllonnées sur les bras, pantalons collants et brodequins.

### 17º CHEVALIERS MANCHES D'OR.

| | |
|---|---|
| MM. Godbert fils, | MM. Badault, |
| Lelièvre, | Desrochers, |
| Hirbec, | Béasse, |
| Moulinais, | N. |

*Costume :* Tunique en velours bleu, vert et violet, pantalon collant bleu et rouge, toque en velours bleu et violet, plumes blanches, ceinturon d'or avec épée, botte haute, grise et éperons.

18º FOU,        ASTROLOGUE,        JONGLEUR,

MM. Villespy,        Feron,        un écuyer.

*Costume :* Le premier, en bonnet carré rouge et blanc, justaucorps idem, à dents bariolées, et grelots, collerette en dentelle,
pantalon collant de soie blanche et brodequins rouges, figure diaprée
de rouge et de jaune ; le second, en bonnet en forme de cône de
70 centimètres de hauteur, étoilé, collerette, pantalon collant
rouge, grande robe de velours noir enrichi d'étoiles d'or et
d'argent, un télescope à la main ; le troisième, même costume
que le premier.

### 19º DEUX ÉCUYERS,

L'un portant la bannière aux armes de GUY IX, *d'or à la*
*croix de gueules, chargées de cinq coquilles d'argent, et*
*cantonnées de seize ailerions d'azur ;*

L'autre la bannière aux armes de GAVRES, *d'or au lion de*
*gueules passant, couronné, armé et lampassé d'azur.*

### 20º Le PRINCE et la PRINCESSE.

GUY IX,                    BÉATRIX DE GAVRES,
M. Saint-Aubin.            Mme Pietro Bono.

*Costume.*

Couronne ducale, enrichie de
pierreries, surtout de drap d'or
armorié, relevé de galons, de
pierres précieuses et d'hermine,
ceinturon en drap d'or et épée
parsemée de pierreries. — Cheval
caparaçonné magnifiquement à
ses couleurs et à ses armes.

Couronne, voile lamé d'or,
corsage de trap d'or et hermine,
jupon de satin blanc armorié
et hermine, robe de velours
grenat avec bordure d'hermine.
— Cheval caparaçonné de velours cramoisi brodé d'or.

### 21º DAMES D'HONNEUR, des Écuyères.

*Costume :* Robe de velours parsemée de feuilles d'argent et d'or.

### 22º PAGES,

MM. Hubert fils, Jouet fils, Lenain jeune, Moulinais fils,
et les deux jeunes d'Ozouville.

*Costume :* Toque bleue et plume blanche, justaucorps bleu et
blanc, pantalon collant gris-tourterelle, ceinturon d'argent, épée
à poignée d'argent ; brodequins avec éperons.

23º OUVRIERS DE LAVAL.

Chacun d'eux portait la bannière de la corporation à laquelle il appartenait.

24º CHEVALIERS FLAMANDS ET BRABANÇONS,

*De la suite de Béatrix,*

M. Guichard.

| MM. Métairie, | MM. Bougué, |
| Chauvin aîné, | Pouteau, |
| Marçais, | d'Aubert. |

*Costume :* Casque avec visière, plumes rouges et noires ; tunique en velours bleu, vert et violet, à manches, cottes de mailles, galons d'or garnis de pierreries, ceinturon en drap d'or, épée à poignée de fer, pantalon collant bleu et rouge, bottes hautes.

25º INTENDANT DE GUY,

M. Jules Lefizelier.

*Costume :* Chevalier de Malte en grande tenue, pantalon cotte de maille or, brodequin veau verni noir, justaucorps blanc, croix rouge sur la poitrine, grand manteau blanc avec deux croix rouges, casque en fer poli, panaches rouges, épée à deux mains et poignard à chaînettes.

26º LES CINQ FRÈRES DE GUY (1),

MM. La Beaulucère, Deschamps, Guyard, Boisseau et Dorange.

*Costume :* Couronne ducale et toque en velours rouge, tunique en velours bleu, blanc, violet, rouge, noir, armoiries fleurdelysées, écusson de Guy, de Béatrix, armes de Laval, pantalon collant gris, blanc, rouge, bleu, violet, ceinturon d'or enrichi

---

(1) Ils n'étaient frères que de père, Guy VIII ayant épousé en secondes noces Jeanne de Brienne, fille de Louis de Brienne et d'Agnès de Bourbon, comtesse de Beaumont. Ce Louis de Brienne était fils de Jean de Brienne, roi d'Acre et de Ptolémaïde, et de Berangère de Castille, sœur de Blanche, mère de saint Louis.

Du mariage de Guy VIII et de Jeanne de Brienne naquirent huit enfants :
1º André de Laval, seigneur d'Ollivet, de Sainte-Suzanne et de Montsûrs ;
2º Guy de Laval, évêque de Cornouailles et ensuite du Mans ;
3º Louis de Laval, seigneur d'Aubigné ;
4º Mathieu de Laval, seigneur de Brée ;
5º Thibault de Laval, tué à la bataille de Poitiers ;
6º Philippe de Laval, dame de Princé, mariée à Guillaume de Rochefort ;
7º et 8º Agnès et Marie de Laval, religieuses en l'abbaye de Maupertuis.

(*Extrait de Bourjolly.*)

de pierres précieuses , épée avec fourreau d'or , brodequins or et velours noir.

27º BOURGEOIS ET ÉCHEVINS de Laval.

*Costume :* Toque de velours, justaucorps de velours varié et serré à la taille par un ceinturon , une grande robe de velours ouverte sur le devant, pantalon collant et brodequins.

28º COMPAGNIE D'ARCHERS, l'épée au poing.

Soldats du 3e de ligne.

*Costume :* Toque et costume rouge et or.

Pendant la marche de ce magnifique cortège , dix-huit quêteurs, tous de Laval , et pour la plupart jeunes gens , accompagné chacun d'un soldat en armes , ont fait sur son passage une collecte pour les pauvres. Ces quêteurs étaient MM. Chamaret , le marquis de Montecler , Moulinais , Baptiste Couanier , Pont , Lamotte , Chartier , Rondeau , Alfred Lagrange , Charles Lagrange , Gontier , Joseph Letourneurs , Boullevraye , Chauvin père , Guays-Destouches.

Leur collecte s'est montée à la somme de 5,777 fr. 90 c.

### 29º Char de l'Industrie.

Comment décrire cette multiplicité immense d'objets, de pièces , d'articles divers formant un tout monumental , aussi grandiose que varié ! Tous ceux qui n'ont point vu de leurs propres yeux ce colossal objet d'art , qui ne l'ont point étudié dans chacune de ses parties , ne pourront s'en faire une idée exacte d'après la description que je vais essayer de leur en faire.

Qu'on se figure en effet une epèce de vaisseau en draperies bleues et blanches , garni sur ses bords de balustres à jour , formées avec des fuseaux , des crenelles , des volues et des écheveaux de toutes couleurs et de toutes nuances , depuis le blanc d'argent jusqu'au cramoisi rouge-feu , tantôt unicolore ou diapré comme la gorge du pigeon , tantôt rayé comme la robe du zèbre ou moucheté comme celle du tigre , tantôt veiné comme le marbre , brillanté ou ombré comme les flots de la mer. Un cordon de lances circulait autour des balustres ; chacune d'elles portait le nom d'une ville avec une couronne, ou d'une commune avec une flèche ; et toutes étaient ornées d'oriflammes à deux ou trois couleurs. En voici à peu près le détail.

3

LA BACONNIÈRE (une flèche), oriflamme jaune-pâle et rouge-brun, cordelières blanches et jaunes ;

SAINT-JEAN-SUR-MAYENNE (une flèche), oriflamme brun, bleu et rose, cordelières blanches et violettes ;

LOUVERNÉ (une flèche), oriflamme bleue et rouge, cordelières blanches et bleues ;

AVESNIÈRES (une flèche), oriflamme rose, jaune-pâle et vert, cordelières blanches et violettes ;

COSSÉ (une couronne), oriflamme bleu, cordelières blanches et bleues ;

MAYENNE (une couronne), oriflamme gris-rayé à double carreaux, cordelières rouges et blanches ;

CRAON (une couronne), oriflamme rouge, cordelières rouges et blanches ;

EVRON (une couronne), oriflamme verte, cordelières blanches et violet-pâle ;

CHATEAU-GONTIER (une couronne), oriflamme gris-barriolé de bleu, cordelières blanches et violet-pâle ;

ERNÉE (une couronne), oriflamme jaune, cordelières jaunes et blanches ;

CHANGÉ (une pique), oriflamme verte, rouge et jaune, cordelières roses et bleues ;

MONTSURS (une pique), oriflamme rose et verte, cordelières jaunes et bleu-gris ;

MARTIGNÉ (une pique), oriflamme rouge, bleue et jaune-pâle, cordelières bleues et blanches ;

ANDOUILLÉ (une pique), oriflamme jaune et violet foncé, cordelières bleues et jaunes ;

Et sur le premier plan du Char, LAVAL, à l'oriflamme blanche, décorée des armes de la ville, le LÉOPARD, cordelières blanches et vertes.

Au milieu de cette nef, pavoisée d'oriflammes, s'élevait une pyramide artistement édifiée. Le soubassement était un OURTOIR *chevronné* d'une multitude de chaînettes en colonnades, d'une grande variété de couleurs. Une avalanche de poupées argentées ruisselait de sa partie supérieure au-dessous d'une corniche formée avec des volues engrainées comme des grains de chapelet.

La seconde partie de la pyramide se composait de lames à tisserand, en acier, à bordures dorées.

La troisième était formée de coupons de nos *coutils* que les marchands vendent sous le nom de *russes* ou *anglais* , entremêlés de trois filets de volues.

Cette dernière partie était reliée à la première par des *S* en chaînes de coton d'une variété de tresses et de couleurs du plus agréable effet.

Une couronne, armée dans tout son pourtour de fers de lances, terminait la pyramide. Elle était uniquement exécutée en volues ; mais de son centre partaient des tiges de chanvre qui entouraient le pied d'une royale quenouille, portant à son flanc un bouquet de navettes dorées d'où s'élançaient d'autres petites quenouilles ressemblant à leur mère par leur superbe chevelure d'or.

Au pied de la colonne, sur le devant du Char, un groupe de jolies jeunes filles, vêtues de blanc, filaient au fuseau, la quenouille au côté, au milieu des instruments de broyage, d'espadage et de serans encore garnis de la poignée de filasse du poupelier ; du côté opposé, un ouvrier tisserand, dans son métier, tissait une pièce de toile, en compagnie d'une lisseuse à son ouvrage et d'une autre femme assise entre son rouet et son chatelet, pour la fabrication des volues.

Ce magnifique Char était traîné par six chevaux blancs, caparaçonnés de bleu, avec panaches roses et blancs.

### 30° Char des Beaux-Arts.

Au sommet de ce Char était le génie qui préside aux beaux-arts sous la forme d'un ange aux ailes d'or, tenant en ses mains des couronnes de même métal. Le piédestal, sur lequel s'élevait la statue à la hauteur de huit mètres, portait ces quatre inscriptions en lettres d'or : POÉSIE, PEINTURE, MUSIQUE, SCULPTURE. En face de chacune d'elles, sous des banderolles formant baldaquins, des harpes, basses, chevalets, bustes, chapiteaux, étaient ingénieusement groupés sur la plate-forme, ornée, à ses quatre angles, d'amphores entre lesquels brillaient des écussons aux armes de Laval. Au-dessous régnait une plate-bande fond agate, offrant aux regards, au milieu de guirlandes de fleurs, les noms des célébrités artistiques dont la France est fière, RACINE, GROS, GRÉTRY, PRADIER, CORNEILLE, LEBRUN, J. GOUJON, LULLI, MOLIÈRE, PUJET, LESUEUR, LAFONTAINE, POUSSIN, BOÏELDIEU. Au-dessous de cette plate-bande, sur un plan incliné, le tableau vivant de la musique, de la peinture, de la poésie et de la sculpture, représentées par de gracieuses jeunes filles vêtues de longues tuniques blanches , tenant à la main , l'une une lyre d'or aux étoiles de cristal , l'autre une palette et des pinceaux , avec tableau à ses côtés , la troisième un rouleau de papier et un stylet , à ses pieds un volume ; la quatrième un ciseau et un maillet d'or , avec buste inachevé près d'elle.

Ce char était enveloppé à sa base d'une immense draperie de velours grenat crépiné de rosaces et de franges d'or , rehaussé de guirlandes de verdure. Il était traîné par six chevaux richement caparaçonnés d'or.

Rien ne pourrait dépeindre son majestueux et splendide effet quand le soleil , dissipant enfin les nuages qui avaient , dans la matinée, couvert le ciel, est venu éclairer de sa lumière la blanche statue du génie des arts , et la faire rayonner de tout son éclat.

### 31° Char de l'Horticulture.

Ce Char représentait une corbeille immense , recouverte d'une toison de verdure étoilée de fleurs , sur laquelle ondulaient des draperies de guirlandes enlacées de rubans de graines couleur écarlate. Des oriflammes de gaze , de la nuance la plus tendre , flottaient , couronnées de bouquets de roses , autour de son parterre. Au centre s'élevait , avec ses milliers de bras fleuris, un cèdre entouré d'un trophée de palmiers , d'yuccas , de lauriers-fleurs et d'autres arbustes. Dans la verdure diaprée de ce char se jouaient des petits enfants revêtus d'un costume accusant leurs formes sous une tunique transparente. A la poupe, et couché horizontalement pour retomber jusqu'à terre, se déroulait un rideau de drapeaux de gaze de nuances diverses.

Ce char était traîné par six chevaux élégamment caparaçonnés , et suivi de jardiniers en costume de travail d'une propreté pleine de fraîcheur , et portant sur l'épaule des instruments de jardinage.

### 32° Char de l'Agriculture.

Il était traîné par trois magnifiques attelages de bœufs de la ferme-modèle connue sous le nom du *Camp*, et conduits par des élèves de cette école vêtus en bas-bretons.

C'était la représentation magique du spectacle des champs: maisonnette recouverte d'un chaume doré, costumée de sa robe de lierre qui abrite sous ses feuilles le nid du petit oiseau et ombrage de sa tapisserie mouvante le regard sans reproche et sans peur de la fille du laboureur ; aire à battre les grains , avec sa barrière basculant au moyen d'une grosse pierre placée entre quatre morceaux de bois chevillés à l'une de ces extrémités. L'aire, à chacun des angles de laquelle reposaient des gerbes liées en faisceaux , était limitée par une espèce de haie de branches de chêne entrelacées des instruments de labourage en sautoir. Dans son enceinte on apercevait la charrue, le rouleau , la herse , les jougs et autres objets nécessaires à la culture des champs.

La base du char était enveloppée d'une bordure de bouquets d'épis aussi gracieusement agencés que des fleurs sur une tapisserie de salon.

Mais ce qui surtout donnait une couleur de vérité locale au char emblématique de l'agriculture , c'était tout ce monde laborieux qui forme la famille du laboureur , disséminé dans l'aire et dans la maison , depuis l'aïeul jusqu'à son arrière petit-fils , depuis la ménagère jusqu'à son petit lutin qui s'en va barboter dans la mare avec les oisillons et les petit *canets*.

### 33° Char des Chaufourniers.

Ce colossal édifice , d'une hauteur et d'une pesanteur énorme , était traîné par quatorze forts chevaux caparaçonnés de blanc. Il représentait au naturel un four à chaux dans sa forme circulaire , avec un chemin de fer conduisant jusqu'à sa gueule béante les tombereaux qui y vont déverser leurs charges de pierre. Des gerbes de froment pendaient au sommet ; des brouettes à deux roues étaient suspendues avec leurs charges sur les rails ; et les parapets étaient ornés de quatre banderolles à deux couleurs , bleue et blanche.

Une heureuse idée avait présidé aux décorations des contreforts du plan. Dans un encadrement marbré vert et blanc , on lisait , à droite le nom de la ville de MAYENNE , à gauche celui de la ville de CHATEAU-GONTIER.

Les deux autres contreforts portaient les inscriptions suivantes :

*L'Agriculture me doit sa prospérité.*
*La Bâtisse me doit sa solidité.*

Entre ces deux derniers murs , au-dessus de l'ouverture qui permet l'enlèvement de la chaux , était écrit , au milieu d'une guirlande de feuillage , le nom de LAVAL , couronné de cette devise : *Donner aux pauvres , c'est donner à Dieu !*

Dans la corniche du four apparaissait la statuette de la Madône, que l'homme de peine prie toujours avec confiance et de laquelle il ne sollicite jamais en vain l'appui.

La plate-forme du char était occupée par des civières, des hectolitres, des panniers et tous les instruments nécessaires aux chaufourniers. Les ouvriers tiraient les pierres de chaux du fourneau, dont la base était entourée d'un lambrequin de cuivre, d'où s'échappait une draperie de couleur.

### 34° Char des Mines.

D'un aspect imposant, ce char apparaissait comme une révélation matérielle de mystères de la nuit qui règne au fond des mines, l'exposé lugubre des instruments et machines inventés par le génie humain pour extraire des sombres entrailles de la terre les substances qui contribuent au développement de l'industrie de nos sociétés modernes, à la satisfaction des besoins physiques des individus qui les composent. Quoique coordonnés en trophées et en faisceaux pour notre fête de l'industrie, ces outils divers donnaient, malgré leur agencement symétrique, une idée presque terrible de ce que peut la volonté de l'homme luttant, sans merci ni relâche, contre les obstacles dont le créateur, qui nous impose à tous l'obligation du travail, entoure les richesses que la terre n'abandonne que de guerre lasse à de victorieuses fatigues.

Ce spectacle, certes, aurait, seul, attiré tout Paris et excité les plus vifs applaudissements.

Résonnant comme un parc d'artillerie en mouvement, le char des mineurs était garni sur ses quatre faces d'une double draperie noire sur grenat, qui tombait de son plancher jusqu'à terre. Au-dessus s'alignaient des rampes formées avec des marteaux à deux pointes, en sautoir, et des chaînes de fer capricieusement nouées comme des rubans de modistes.

Sur le premier plan de cette galerie étaient rangés des cables plats en chanvre et des cables ronds en fer, des vagons et des traîneaux aussi en fer, remplis de charbon. Aux deux angles s'élevaient deux trophées composés d'outils de mineurs, haches, piques, marteaux et lampes de sûreté qui pendillaient à l'instar des cristaux d'un lustre.

Sur le second plan s'élevait une seconde galerie avec six colonnettes reliées entre elles par une draperie de lampes de sûreté suspendues. Chacune d'elles était décorée d'un côté de gros cables et de crocs de fer , de l'autre de cartouches de mines dessinées en étoiles ; celles des quatre angles étaient surmontées de larges soleils ayant pour rayons des cartouches imperméables ou insubmersibles , propres à faire sauter les rochers sous·l'eau.

Au centre de cette galerie , dont tout le pourtour était garni de barils de poudre et de panniers de herseurs , s'élevait une colonne à plusieurs étages , ornée d'étoiles formées avec les lampes que le mineur attache à son chapeau pour éclairer son travail dans les souterrains. Un immense matériel d'outils composait cette colonne : barres à creuser les mines , escoupes , masses à deux mains , roues de vagons , pics à veine , masses à battre , épinglettes de cuivre , etc. , etc. , etc. , le tout couronné de marteaux à deux pointes , au-dessus desquels se déployait au vent un bouquet de petits drapeaux, sur chacun desquels se lisait le nom d'une des communes de la Mayenne , enrichie par exploitation d'une mine (1) ; et surmonté de la riche bannière des mineurs , en velours cramoisi , avec des guirlandes et l'image de sainte Barbe , leur patronne , brodées en or.

Autour des rampes des galeries , des ouvriers mineurs en grand costume de travail ; blouse en cuir , lampe surmontée de son champignon au chapeau , cartouchière , hache , cordon de fusées de sûreté en sautoir. Le char , traîné par huit forts chevaux blancs caparaçonnés de noir , était suivi ou précédé d'une soixantaine d'ouvriers mineurs en costumes de batteurs et de herseurs , lampe allumée au chapeau.

La marche du cortège se terminait par des gendarmes à cheval.

Le parcours suivi par la cavalcade a embrassé notre ville dans son plus grand circuit. Partie de la Coconnière , hors de nos murs , elle a descendu le chemin de Bonchamp , traversé les rues de Saint-Michel , de Paradis , le carrefour du Puits-Rocher ; la place de la Préfecture , d'où elle s'est rendue (moins les chars) dans les jardins de l'hôtel et a passé devant le perron sur lequel des dames , en brillantes toilettes , étaient venues la recevoir avec le plus gracieux accueil ei les manifestations d'un véritable plaisir. Continuant ensuite sa marche , elle a parcouru , au milieu d'un monde immense , les rues Napoléon , du Pont-Neuf , aux quatre coins duquel se dressaient des obélisques d'une élévation comparable à celle de Luksor , la place de la Mairie , dont l'hôtel com-

---

(1) La Bazouge-de-Chemeré , — Maupertuis , — Viré ; — l'Huisserie , — la Baconnière , — Montflours , — Fercé , — Epineux-le-Séguin.

munal était hérissé de drapeaux , avec deux colossales banderolles de chaque côté de la façade , décorée à son sommet des armes de la ville de Laval ; les rues Joinville , de Rennes , lieu désigné pour station de repos.

La caserne du 3e régiment de ligne , en garnison dans notre ville , se trouvait à quelques pas de là. La Cavalcade avait à peine opéré son mouvement de halte que MM. les officiers de ce beau régiment se présentèrent devant nos braves jeunes gens , les invitant à mettre pied à terre pour se rafraîchir. Une élégante collation avait été en effet préparée , à l'insu de tout le monde , dans la caserne. L'offre fut acceptée avec reconnaisance ; les militaires entraînèrent avec joie le cortège au milieu d'une grande salle , décorée au fond d'une rosace d'armes avec diverses inscriptions. Rien ne manquait à ce rafraîchissement , et les cigarres , présentés avec cordialité par MM. les officiers , furent reçus de même par les cavaliers de l'escorte de Béatrix. M. le colonel du 3e , arrivé de Rennes pour notre fête , témoigna militairement toute sa satisfaction. M. Alfred de Lagrange , l'un des ordonnateurs de cette cérémonie , porta un toast au colonel et à MM. les officiers du 3e ; il fut suivi de plusieurs autres.

Le spectacle de cet échange de politesses entre les bourgeois et les militaires avait attendri bien des cœurs , et ce fut sous l'impression de la joie générale que la cavalcade reprit de nouveau sa marche par les rues de Nantes, du Lycée . de la place Hardy , dont les tours étaient pavoisées de longues et flottantes banderolles , et le cintre de la Porte-Beucheresse décoré d'un baldaquin avec draperies en velours cramoisi. Delà , longeant la rue Marmoreau , elle se rendit sur la place de Hercé. Une population immense couvrait la vaste surface de la place. Dix-huit mille personnes y pouvaient être en ce moment rassemblées , de telle sorte que la cavalcade ne put exécuter les évolutions militaires auxquelles elle s'était exercée.

Après un moment de repos , la cavalcade reprit le même chemin pour son retour , mais seulement jusqu'à la caserne du 3e ; elle se rendit ensuite dans l'ancienne rue du faubourg , la rue Neuve , le Val de Maine , le vieux pont , sur lequel passa , il y a près de 600 ans , notre Béatrix , et d'où les chars , vus du pont neuf , produisirent le plus magnifique effet ; parcourut le quai , la rue Napoléon , la rue du Théâtre , le Pont de Mayenne , les rues de Paradis , de Saint-Michel et le chemin du pré de la Coconnière , d'où elle était partie.

Il était sept heures du soir ; la ville néanmoins ne cessait pas d'être en mouvement. Partout on se félicitait de cette fête. Les étrangers eux-mêmes, accourus du Mans, d'Angers, de Rennes, de Nantes, et même de Lille, de Bordeaux et de Paris, étaient émerveillés. J'avouerai pour ma part que j'ai vu bien des fêtes, et des fêtes royales, dans les capitales de la France et de l'Espagne, et qu'aucune d'elles n'a surpassé la magie de celle dont nous avons été les témoins. Le peuple de Paris, à la vue d'un tel spectacle, eût applaudi avec tant d'enthousiasme que ses cris d'admiration eussent été entendus à quelques kilomètres de distance.

Nous ne sommes point non plus restés en arrière d'admiration et de reconnaissance. Les tribunes élevées dans les rues par où devait passer le cortège, les croisées des maisons étaient drapées presque aussi élégamment qu'à la Fête-Dieu. Dans beaucoup d'endroits, ceux qui étaient libres de leurs mouvements ont accueilli l'approche des chars par des bravos répétés et des applaudissements enthousiastes.

Pour compléter les renseignements donnés sur la cavalcade, nous devons dire que c'est surtout au zèle et à l'activité de MM. A. Lagrange et A. Boutreux qu'on en doit la mise à exécution ; que *les chars de l'Industrie, des Beaux-Arts, de l'Agriculture et des Chaufourniers* ont été exécutés, à quelques détails près, conformément aux plans qu'en avait donnés M. Chomereau, professeur de dessin et de peinture à Laval : que MM. les Lavallois qui ont présidé à leur confection sont, pour le *char de l'Industrie*, M. P. Vilfeu et plusieurs fabricants de notre ville ; pour le *char des Beaux-Arts*, l'auteur du plan et plusieurs souscripteurs ; pour le *char de l'Agriculture*, MM. A. Boutreux, architecte, et A. Lagrange, avec le concours empressé de M. Chrétien, directeur de la ferme-modèle du Camp ; pour le *char de l'Horticulture*, M. Georget, jardinier fleuriste et pépiniériste à Belle-Vue (Laval) ; pour le *char des Chaufourniers*, haut de 11 à 12 mètres, M. Gerbault et autres chaufourniers des environs de Laval ; pour le *char des Mineurs*, MM. Alfred Lagrange et A. Boutreux, architecte, aidés de l'expérience de M. Bourgeois, directeur des mines de la Baconnière ; — que les mineurs placés sur, ou accompagnant le char des mines venaient *de la Baconnière, de la Bazouge-de-Chemeré et de l'Huisserie*, et qu'en dehors de la cavalcade et après cette fête, de même que pendant tout le temps qu'elle a duré, on a admiré leur excellente tenue ; — que le *trophée de gibier* est dû au goût et au talent de M. Lory, de Laval ; — que quatre jeunes gens, venus de Rennes, précédaient les veneurs et sonnaient, en partie, de la trompe avec un ensemble et une perfection qu'on a applaudis avec enthousiasme. Ils ont, le lendemain, puissamment contribué à la solennité du concert sur l'eau. Du reste, les étrangers accourus à Laval, les Parisiens même, blasés qu'ils sont par la multitude de fêtes du même genre dont ils sont souvent témoins, et qui venaient en nos murs avec une sorte de parti-pris de rire de la mesquinerie des solennités provinciales, avouent hautement que notre cité n'a rien à envier aux plus grandes villes de France pour l'habileté dont elle a fait preuve dans la conception et la réalisation de cette fête départementale. Laval et notre pays tout entier doivent se montrer reconnaissants des efforts heureux qui viennent d'être faits par ses organisateurs. La police se multipliait et était partout. Elle n'a, du reste, eu qu'à se louer de l'excellent esprit qui animait la population, triplée ce jour-là, de Laval ; tous les cœurs étaient en liesse, tous les yeux admiraient, toutes les mains applaudissaient, toutes les bouches criaient bravo !

2<sup>me</sup> JOUR ( 6 septembre ).

Long-temps avant l'heure fixée pour les joutes sur l'eau, la foule occupait les deux ponts, toute la partie restée libre de la promenade, le quai, les abords et tribunes de la rive opposée. Les dames avaient peine à protéger, sous des ombrelles, leur teint contre les atteintes d'un soleil ardent. Annoncés pour midi, les divertissements n'ont commencé que vers une heure. Les nageurs, dont la mise a provoqué quelques réclamations et qui auraient pu choisir un autre salon de toilette, se sont enfin jetés à l'eau. Ils se sont facilement emparés, quelques-uns à la course plutôt qu'à la nage, des canards et lingots d'or qui avaient été lancés un peu trop rapprochés les uns des autres.

Une chose est remarquable, c'est que ce qui a le plus excité l'enthousiasme de la foule est dû, surtout et avant tout, à l'industrie Lavalloise. La partie Parisienne de la solennité n'a pas été, à beaucoup près, aussi bien accueillie. J'imagine qu'à l'avenir nous nous contenterons, au cas de solennités semblables, des ressources plus que suffisantes que présente notre cité.

Une sorte d'inquiétude s'est un instant manifestée sur la rivière,

Une partie du radeau, formé avec des bateaux pontés, sur laquelle, pour mieux voir, les personnes qui le surchargeaient s'étaient réunies, a pris eau. Saisies de crainte, les dames se sont précipitées vers l'escalier du quai. Elles en ont été quittes pour une émotion un peu vive et quelques-unes pour le bas de leurs robes mouillés. Il n'en a pas été ainsi sur le pont neuf ; malgré les précautions prises pour le consolider, un des obélisques qui le décoraient, pris en flanc par une bourrasque, est tombé sur cinq personnes et les a blessées assez sérieusement. On nous assure qu'elles en seront quittes pour quelques jours de souffrance ; les soins les plus empressés leur ont été prodigués sur-le-champ. Cet accident fâcheux est probablement ce qui a empêché la course en baquets.

A quatre heures, ont eu lieu, sur la place de Hercé, les jeux du colin-maillard à tête de carton, des ciseaux, des courses en sacs à têtes grotesques, des meuniers et charbonniers. On a ri un peu, mais le spectacle comique a généralement semblé un peu long.

A huit heures, a eu lieu le *concert sur l'eau*. On s'est un instant. cru transporté à Venise au moment d'une fête publique ; les maisons du bord de l'eau étaient illuminées, des barques pavoisées et éclairées de lanternes de verres ou de papiers de diverses couleurs traversaient incessamment le bassin de la Mayenne. Le coup-d'œil était vraiment féerique. Le bruit de la foule a malheureusement empêché d'entendre les morceaux d'harmonie exécutés par la musique du 3e de ligne et les chœurs exécutés par des amateurs sous la direction de M. Chevreux.

### 3me JOUR ( 7 septembre ).

Au grand désappointement de la foule, le ballon promis n'a pu être lancé parce que, nous assure-t-on, l'usine à gaz n'a pu fournir l'hydrogène nécessaire pour le gonfler suffisamment. M. Louis Deschamps, parent et élève de M. Poitevin, aéronaute des arènes nationales, vivement contrarié de ne pouvoir faire son ascension, l'a remise au dimanche suivant, à trois heures après midi, près l'usine à gaz.

Le soir, notre ville tout entière s'est illuminée comme par enchantement. Qui n'a pas vu cette illumination ne peut s'en faire idée. La Mayenne, entre les deux ponts, était couverte de barques diamantées de feux de toutes couleurs, et ressemblait à une ville flottante et en fête. Les maisons, à tous les étages, et les tribunes édifiées sur ses bords brillaient de cordons de lumière, de guirlandes enflammées de toutes nuances. L'illumination, d'un éclat plein de moëlleux, des arbres de la mairie présentait aux yeux un effet magique et qui arrachait des *vivat* d'admiration. De longues guirlandes de feu renfermé en des verres de couleur règnaient le long des barraques des marchands forains, des saltimbanques, du cirque, des cafés, et enfermaient les promeneurs comme dans une salle de bal. Au-dessus de tout cela apparaissaient les illuminations variées des maisons de la partie haute de notre cité et l'étoile étincelante de la société de l'Aurore qu'on apercevait à huit kilomètres de Laval sur plusieurs routes.

Il ne manquait à ce coup-d'œil, dont la description complète semblerait être tirée du conte de Sindbad le marin, que la vue, impossible des rives de la Mayenne, des illuminations de la préfecture et de la mairie, qui étaient de l'effet le plus riche. Il y avait, du reste, en toutes les rues de notre ville, rivalité d'illuminations. Les maisons particulières semblaient vouloir lutter entre elles de bon goût, de transparents, d'invention. Nous n'avons pu tout voir, mais nous avons remarqué le balcon des cercles Napoléon et de la rue du Lycée, la maison de M. Fleury, dont l'illumination, mue par un mouvement d'horloge, imitait un soleil tournant sur son axe, le café Desarthe, la maison de M. Outin, le balcon de M. Bouleau et compagnie, l'entrée de la caserne du 3e de ligne, les hôtels de Belle-Vue et de Bel-Air, le pavillon de la Perrine, etc., etc.

Le feu d'artifice, qu'on avait annoncé pour neuf heures du soir et qui n'a été tiré qu'à dix heures et demie, nous a retenu jusqu'à minuit sur les rives de la Mayenne, et empêché de parcourir toutes les rues, où le gaz, dont la lumière faisait défaut dans nos rues depuis quelques jours, quoique la saison et le temps de foire où nous vivions semblassent exiger plus impérieusement que jamais son éclat protecteur, n'était certes pas nécessaire mardi dernier.

4<sup>me</sup> JOUR ( 8 septembre ).

M. l'abbé Coquereau, notre compatriote, chanoine de Saint-Denis et aumônier général de la marine, a, comme on l'avait annoncé, prêché dans l'église de la Trinité de Laval, à trois heures de l'après-midi, un sermon en faveur des pauvres secourus par la société de Saint-Vincent-de-Paul de notre ville. Cet orateur, connu dans la capitale par un talent hors ligne, et qui, cette année, a prêché dans l'église Saint-Eustache devant un auditoire fort nombreux et toujours avide de l'entendre, a, ici comme partout, produit l'effet auquel chacun s'attendait, l'admiration pour sa belle élocution, et, ce qui vaut mieux encore, un succès de persuasion en faveur des malheureux.

La musique du 5e de ligne, que nous ne possédons, hélas! que pour quelques jours, est venue embellir cette fête des pauvres en jouant, pendant le salut, divers morceaux d'harmonie parfaitement exécutés.

La quête faite par M<sup>me</sup> de Charnailles et M<sup>me</sup> Dubourg a produit plus de 500 fr.

### FESTIVAL.

Constatons tout d'abord le succès obtenu par la société philharmonique de notre ville, en présence d'un public aussi choisi que nombreux. Notre orchestre, qui s'était accru d'artistes et d'amateurs très-distingués d'Angers, de Rennes et de Château-Gontier, a soutenu dignement la renommée des concerts donnés en les provinces de l'Ouest, et, à part le Conservatoire et la salle Sainte-Cécile, la capitale elle-même n'aurait pas trouvé dans son sein deux orchestres à mettre en parrallèle avec le nôtre.

Rien, du reste, n'avait été épargné par MM. les commissaires du festival pour donner à cette solennité musicale tout l'éclat qu'elle méritait. La façade de la mairie étincelait de guirlandes et de lustres de feux. Les escaliers étaient décorés de fleurs, les rampes entrelacées de lierre, et les marches garnies de tapis moëlleux.

La salle, brillamment éclairée aussi, présentait le plus ravissant coup d'œil. Partout apparaissaient des visages gracieux et éblouissants de fraîcheur, des toilettes élégantes et coquettes. Au-delà de ce parterre de délices, dans l'arrière-salle et sur le palier, s'agitaient les hommes en gants blancs et chemisettes brodées.

MM. les commissaires chargés de faire les honneurs de cette soirée portaient tous, à la boutonnière de leur habit, une rosette bleu-ciel, et, grâce à eux, ce jour là, notre salle des concerts n'était point, comme la chambre des députés, partagée en côté droit, côté gauche et centre occupé par les messieurs. Elle était remplie tout entière.

L'ouverture de *Guillaume Tell* a servi de début à la soirée. L'orchestre, habilement conduit par M. Joignant, a été, dans l'exécution, à la hauteur du chef-d'œuvre. Toutefois, de l'aveu

même de MM. les exécutants, l'auditoire a dû saisir quelques hési-
tations dans l'attaque, et, de temps à autre, je ne sais quel défaut
d'ensemble. L'orchestre se composait d'artistes et amateurs qui se
réunissaient pour la première fois peut-être, et n'avaient pu répéter
qu'à la hâte. Qui ne sait que des ouvertures aussi difficiles que
celle dont il s'agit demandent à être cent fois mises à l'étude,
même par les maîtres les plus habiles, s'ils veulent avec perfection
traduire les intentions du compositeur.

Le *chœur*, à la suite de l'ouverture, a été très-bien chanté par
des jeunes gens de notre ville. Les voix de femmes ont été assez heureusement remplacées par des voix d'enfants. Nous n'en dirons pas
autant du *quatuor;* l'absence des voix de femmes se faisait sentir.

La *cantate* qui avait été chantée dans les galeries de notre
exposition le jour de leur ouverture a été exécutée de nouveau
dans la salle des concerts, et mieux appréciée cette fois qu'on a distinctement saisi les paroles et la musique. Cette composition de
M. BEAUCHÈNE est d'une facture simple qui n'est pas sans mérite.
Le premier couplet est un récitatif dont la modulation a quelque
chose de vague et de vaporeux, comme le somnambulisme d'une
jeune fille laissant échapper à son premier réveil des notes qui ne
sont pas un chant mais un prélude, et éclate, à la suite d'un
*crescendo* de violons (quatuor), par un chœur à six parties,
*soprano*, *contralto*, 1er et 2e *ténors*, *baryton* et *basse*. Le
second couplet : *Expose à nos yeux la richesse* est un chant
large et bien accentué ; il est écrit pour voix de baryton. Le chant
pour voix de soprano qui le suit est fort joli et plein de fraîcheur.
On dirait, de l'instrument qui converse avec la voix, un combat
entre un rossignol et une bergère. Le troisième couplet a quelque
chose de champêtre. On entend après ces paroles *Dans tes bois
les échos répondent*, le chant répété au loin par la flûte et le
hautbois. Un air de chasse sonné par deux cors suit ces mots
*Au voix des chiens, au son du cor*, et la flûte glousse joyeuse-
ment à ces paroles *Et dans tes champs la perdrix rouge*
*Se cache sous les épis d'or.*

Un trio pour ténor, soprano et baryton termine la cantate ; il
est d'un bel effet et rappelle certains chants d'opéra. M. Poultier,
qui avait accepté par complaisance les soli dans cette cantate non
écrite pour sa voix, n'a d'abord pas été apprécié à sa valeur ; mais il s'est montré lui-même, c'est-à-dire l'artiste éminent
et admiré pendant tant d'années par le public parisien, dans son

duo avec M<sup>lle</sup> Lavoye *Mathilde constante* , de Guillaume Tell , et principalement dans l'air *des Deux Nuits* de Boïeldieu , LE BEAU PAYS DE FRANCE. Il a , au surplus , été secondé d'une manière admirable par M<sup>lle</sup> Lavoye , dont l'organe est plein de fraîcheur , pur, et d'une ronde ampleur. Un amateur de notre ville , M<sup>r</sup> L. T., s'est fait entendre en ce concert , et a excité l'admiration , je devrais dire l'enthousiasme de l'auditoire. Sa voix de basse est riche d'expression et puissante d'effet : sa méthode est excellente. Ces deux choses feraient ensemble la fortune d'un artiste parisien. M<sup>r</sup> L. T. a chanté d'une manière remarquable *Quel fardeau que la vie*.

Le fragment de la *pastorale* de Beethoven , exécuté par l'orchestre, nous ramène aux observations qui ont été faites au sujet de l'ouverture de Guillaume Tell. Nous sommes loin , à coup sûr, de vouloir critiquer la société philharmonique de Laval du soin qu'elle prend de nous initier aux œuvres des grands maîtres en la science de l'harmonie , mais en des circonstances comme celles-ci , devant un public difficile , ne craint-on point de paraître viser à l'impossible. Deux orchestres en Europe peuvent s'identifier et rendre palpable le génie de Beethoven , le conservatoire et l'orchestre de la salle Sainte-Cécile à Paris , parce que les répétitions des morceaux de ce maître sont obligatoires et très-fréquentes.

M. Savary, jeune lauréat du Conservatoire , a inspiré le plus vif intérêt. Il a joué d'un *style magistral* l'air de la *Somnambula* de Thalberg , et , chacun le dit , il a, dans son exécution , rappelé ce grand maître. Un bel avenir est ouvert devant M. Savary ; qu'il poursuive ses études , et son nom deviendra européen.

Quant à Bazzini , c'est le violon incarné et par excellence ; on dira *Bazzini*, comme on disait autrefois *Paganini*. Il a porté l'enthousiasme à son comble quand il a fait entendre un chant très-large avec accompagnement de guitare sur son violon. A la demande générale il a joué le *Carnaval de Venise* , qui a excité des trépignements , des bravos portés presque jusqu'au délire.

Il est une chose néanmoins qu'on peut reprocher aux artistes doués d'un talent prestigieux , propre à ravir un auditoire , c'est qu'aucun d'eux ne s'attache à faire connaître , par le sublime de leur exécution , le sublime de la composition des grands maîtres , et que tous , au contraire , se font compositeurs de variations sur des motifs d'opéra , sans qu'ils en retirent pour leur compte une plus grande gloire , et de notre part une plus grande admiration.

5<sup>me</sup> JOUR ( 9 septembre ).

## BAL.

Comme la veille , l'hôtel de la Mairie était élégamment illuminé, les escaliers ornés de fleurs et de tapis et les rampes de lierre.

La salle présentait un riche coup d'œil. Des tentures de velours cramoisi crépiné d'or couronnaient les fenêtres , les portes et l'estrade de l'orchestre. Aux quatre coins des consoles supportaient des décorations de verdure , formées de branches de Thuya entremêlées de fleurs d'Hortensia. De semblables ornementations soutenaient partout de grandes lampes , et encadraient, au-dessus de trois portes, un écusson doré aux armes de Laval. Dans le pourtour de la salle , dont tous les panneaux étaient garnis de glaces , régnait une estrade à double rang de banquettes , recouvertes de velours cramoisi, pour les dames. Au centre étaient les messieurs , rassemblés comme un bloc de roches noires autour duquel voltigeait le tourbillon des danseurs et des danseuses. Au fond de la salle , au-dessus d'une magnifique *jardinière* , une superbe glace, style Louis XV, reproduisait en un seul point toute la magie de cet enivrant tableau.

Jusqu'à onze heures et demie, la société philharmonique a exécuté des quadrilles , des valses , des polkas et mazurkas. Elle a ensuite été remplacée par l'excellente musique du 3<sup>e</sup> de ligne , qui a ainsi laissé aux jeunes gens de l'orchestre le temps de jouir du plaisir de la danse et de la vue , dont ils avaient été privés assez long-temps , des gracieux groupes de polkeuses qui émaillaient la salle du bal.

Les toilettes étaient d'une délicieuse fraîcheur ; plusieurs étaient éblouissantes. Certaines coiffures, ornées de guirlandes en Marguerites , Balsamines blanches et feuilles de lierre, et boutons de roses blanches , Gloxinias roses et blancs avec des branches de fougères sortis des serres de M. Georget, produisaient un effet charmant.

Nous resterions au-dessous de la vérité si nous voulions parler ici de la grâce et de l'amabilité des danseuses.

Je dois noter ici que le buffet tenu par M. Ganne , du *café de la Comédie*, était admirablement servi, et que ses prix étaient très-modérés , chose rare en circonstance pareille.

Le bal s'est terminé , à deux heures du matin , par un cotillon des plus gais.

On ne saurait donner assez d'éloges à l'administration municipale et à MM. les commissaires de la société philharmonique pour la magnificence de l'ornementation de la salle du bal. Tous ceux qui l'ont vue en conserveront long-temps le souvenir, et reconnaissent que l'éclat donné à ce bal terminait dignement nos fêtes de septembre.

6e JOUR ( 10 septembre ).

## ASCENSION DU BALLON.

Nos fêtes départementales se sont terminées le dimanche 12 par l'ascension du ballon de M. Deschamps. Ce spectacle, dont nous avions été privés quelques jours auparavant, au grand regret de l'aéronaute, avait ramené dans votre ville les populations des communes voisines, heureuses d'ailleurs d'y venir fêter, sous la tente, avec de la galette et du cidre doux, le second dimanche de notre Angevine.

L'ascension a été des plus belles; le ballon, dont la nacelle ne contenait que son propriétaire, s'est, à deux heures trois quarts, élevé majestueusement vers les nuages, dans la direction de la route de Tours, où M. Deschamps devait se rendre pour d'autres fêtes. L'aéronaute a repris terre en un champ de chaume, à un kilomètre environ du bourg de Meslay, distant de 21 kilomètres de Laval, qu'il a parcourus en une demi-heure environ. Il a été parfaitement accueilli par les habitants de cette commune qui étaient accourus pour le voir descendre et l'ont aidé à vider et emballer son ballon. M. Deschamps s'est de suite rendu à Château-Gontier et de là à Angers.

Le soir, quelques maisons particulières ont été illuminées, notamment les cercles Napoléon et de l'Aurore. On a de nouveau admiré l'effet prestigieux de cette immense étoile de 15 mètres de circonférence, en feux de couleur, se détachant, bien au-dessus des bâtiments de l'Aurore, sur un ciel lointain qu'elle semblait avoir quitté pour se rapprocher de la terre. Cette invention fait honneur au goût de M. Deschamps, notre compatriote, dont le talent comme artiste-amateur vient de se révéler au public par quelques objets d'art présentés par lui à notre exposition, qui attirent les regards et excitent parfois un sourire approbateur, et même, s'il faut le dire, certains propos malicieux.

Outre ces illuminations particulières, la place de la Mairie présentait encore le superbe coup-d'œil de cette file de baraques et

de tentes jusqu'à la façade du cirque, illuminée depuis huit jours
de superbes guirlandes de feu. Il serait injuste de ne pas faire
connaître que c'est uniquement aux soins de M. le commissaire
de police de notre ville que nous devons ces illuminations auxquelles se sont bénévolement prêtés les marchands forains, les
saltimbanques, les écuyers, les polichinels et colombines de l'Angevine, quoique étrangers résidant momentanément en notre cité.
Mardi soir, une belle étoile de feu, formée par le gaz de notre
usine, éclairait la croisée du milieu de la façade de la mairie de
Laval. Elle dut, plusieurs jours encore, illuminer la place de la
Mairie.

# GALERIES DE L'INDUSTRIE.

Les galeries de l'Exposition furent ouvertes au public le vendredi
3 septembre, à onze heures du matin. Depuis ce moment, la
foule n'a cessé de s'y transporter et de manifester son admiration à
la vue de tant d'objets qu'on avait cru jusqu'à ce jour ne pouvoir
rencontrer qu'au sein d'une grande capitale.

Depuis trop long-temps, en effet, la centralisation fait de Paris
un monstrueux joyau sur lequel, pour se tirer de la foule des
martyrs, les habiles ouvriers s'empressent d'aller enchâsser leurs
plus riches perles. La capitale se pare ainsi des dépouilles de la
province avec l'orgueil d'une marâtre, et les enfants de nos villes
et de nos campagnes s'en reviennent comme ils étaient allés, le
sac vide et presque sans espoir de trouver parmi leurs compatriotes
la justice, l'accueil et les encouragements que méritent leur talent
et leur habileté.

Pour sortir de l'ornière où nous croupissions, il était utile d'attirer les regards sur une exposition publique des divers produits
de l'industrie de notre département, seul et unique moyen de nous
révéler à nous-mêmes et à nos voisins, en les appelant à concourir
aux progrès de la science, des arts et de l'industrie dans l'intérêt
de nos provinces délaissées et, faut-il l'avouer, ignorantes d'elles-
mêmes. Qu'on dise, après examen fait, si, même à Paris, on
rencontrerait, par exemple, un étalage de pierres de marbre et
d'ardoise supérieur à celui que présente en ce moment notre exposition.

Avant d'entrer dans aucun détail descriptif des objets exposés, nous croyons devoir le faire précéder d'une sorte d'itinéraire à suivre dans l'enceinte des galeries.

Hors de l'enceinte et le long des murs de l'ancienne halle aux toiles sont montées les machines à battre, dont le développement ne permettait pas de les placer dans le nouveau palais de l'industrie.

Dans la cour d'entrée se trouvent les araires, charrues, extirpateurs, etc., etc.

La première galerie en entrant contient les minéraux bruts, marbres, calcaires, ardoisières, poteries, vitraux peints, billards, etc.

La seconde, côté gauche, les grandes machines, moteurs hydraulyques, fonte, moulage de métaux, chaudronnerie, carrosserie, chanvres et lins non ouvrés, fleurs, fruits, instruments aratoires et d'horticulture, etc.

La troisième, côté droit, les tissus de fil, de fil et coton et de laine; teinturerie, blanchissage et apprêts de tissus; outils employés dans la fabrication des tissus; menuiserie, meubles sculptés, etc.

La quatrième, tableaux, sculpture et instruments de musique; dans l'étage supérieur, modes, habillements d'hommes, chaussures, botterie, sabotterie, lingerie, fleurs artificielles, etc., etc.

Dans la grande salle du milieu, décorée des armoiries des villes de Nantes, du Mans, d'Angers, de Rennes et de Laval, horlogerie, cristaux, papeterie, orfèvrerie, objets d'arts, etc., etc., etc. L'entrée du côté de la place est confiée à la garde d'un piquet de soldats du 3e de ligne; celle qui donne accès dans les galeries à un suisse portant habit noir à la française, chapeau à claque, chaîne en acier autour du cou, à laquelle est suspendue une large médaille en argent, baguette en buffle ou en baleine à la main, en signe d'autorité. Dès le seuil de la porte, on embrasse presque d'un coup-d'œil toutes les richesses de nos galeries, uniques peut-être en leur genre en France.

En nous occupant tout d'abord des objets exposés dans la quatrième galerie, nous ne suivons pas la marche la plus régulière; mais, nous étant aperçu que c'était de ce côté surtout que le public aimait à diriger ses pas, nous entamons notre série de notes par celles qui concernent la peinture.

## PEINTURE.

## M. LANDELLE, DE LAVAL.

### Premier Tableau.

BIÉNHEUREUX CEUX QUI PLEURENT PARCE QU'ILS SERONT CONSOLÉS.

Groupe personnifiant, sous les traits de l'un et de l'autre sexe, les souffrances physiques et morales de l'humanité : *douleur maternelle en présence d'un berceau vide; — déchirement d'entrailles, faiblesse nerveuse de celui qui a faim; — angoisses de l'adversité sous les pénibles embrassements de deux infortunées.*

Ces douleurs sont parfaitement traduites ; leur caractère se dévoile distinctement à l'œil, et on reconnaît sans peine la touche d'un habile maître.

En opposition de ce spectacle des misères humaines, le peintre a donné sur la même toile celui des consolations religieuses. Pour atteindre à la hauteur d'un pareil sujet, l'artiste a dû chercher ses inspirations ailleurs que sur la terre ; Prométhée chrétien, M. Landelle est allé ravir une étincelle au ciel. Il a revêtu d'une forme terrestre la parole sainte du Christ. Sous les traits d'un ange sans ailes, dont la beauté carressante a pu rappeler à chacun de nous un souvenir contemporain, il a offert l'image de la religion si évidemment sensible par ce mélange de gravité céleste, de commisération pieuse, de mélancolie douce et tendre qui annonce tout à la fois et l'impuissance des moyens naturels de préserver l'homme des suites inévitables de sa chute, et la confiance qu'elle lui donne dans cette parole du Sauveur : BIENHEUREUX CEUX QUI PLEURENT PARCE QU'ILS SERONT CONSOLÉS.

### Deuxième Tableau.

BIENHEUREUX CEUX QUI ONT LE COEUR PUR PARCE QU'ILS VERRONT DIEU.

Autre groupe de personnages exprimant, dans son ineffable vérité, le bonheur d'ici bas.

On le palpe, pour ainsi dire, dans les regards élevés vers le ciel de cette jeune fille dont le sentiment intérieur se traduit visiblement ainsi : *Mon âme est entre vos mains, Seigneur, et mon cœur se délecte au sein de votre amour;* il se révèle sous les paupières baissées, dans les mains jointes avec une modeste effusion , sur le front virginalement serein de cette autre jeune fille qui semble  abandonner à la bonté paternelle de Dieu le soin de veiller sur sa jeunesse et de lui  fournir ce qui  est  nécessaire à sa subsistance. On  le retrouve encore dans les traits amaigris  et  pâles de cette veuve délaissée du monde aujourd'hui , mais sans nul regret de sa part , soumise qu'elle est à la sainte volonté du Très-Haut ; dans  la  pose de ce religieux qui  comprime sous l'ardente pression de ses bras les  flammes dévorantes de  son cœur ; dans celle de ce vieillard arrivé aux termes de sa carrière et qui comprend  que la tombe doit le ramener à la source de l'existence et de l'immortalité.

Puis , au sommet du tableau , une lumière d'en haut traversant les nuages  de la  terre , comme une émanation du regard de Dieu qui leur  dit à tous : *Vous êtes mes enfants :* Bienheureux ceux qui ont le cœur pur parce qu'ils verront Dieu.

### Troisième Tableau.

#### PAISSEZ MES BREBIS.

Le Sauveur du monde est entre deux de ses disciples, saint Pierre et saint Jean. Le maître parle ; son visage respire la beauté morale de l'Evangile ;  il est grave comme les préceptes de la Foi , tendre comme les commandements de la  Charité ; mais on sent que cette bouche n'a jamais connu le sourire.

Les deux apôtres , ravis  de la  présence  de leur divin maître , placés , saint Pierre à sa droite qu'il baise dans la vivacité de sa reconnaissance , et saint Jean à sa gauche , les deux mains appuyées sur l'épaule du Christ , écoutant dans une amoureuse extase les paroles de vie qu'il leur fait entendre.

Ce petit tableau doit donner un nouvel éclat à la réputation déjà brillante de M. Landelle. Et, pour  que  l'on sache jusqu'à quel point cet artiste éminent s'est complu à retracer dans son œuvre la vérité historique du portrait de Jésus-Christ , nous transcrivons ici un fragment de la  lettre adressée  au sénat romain par Publius Lentulus , chargé  de fonctions publiques en Judée du vivant du fils de Marie , et dans laquelle il parle ainsi du Christ. « Ses yeux « sont pleins de vivacité. Il corrige avec dignité et exhorte avec « douceur ; mais, soit qu'il parle , soit qu'il agisse , il le fait toujours avec élégance et gravité. Jamais on ne l'a vu rire , mais « on l'a vu souvent pleurer. Il est très-tempérant , très-modeste et « très-sobre. Enfin , c'est un  homme qui , par sa parfaite beauté « et ses perfections divines , surpasse tous les fils des hommes. »

# M. HIPPOLYTE BEAUVAIS, DE LAVAL.

### 1° Béatrix de Gavres.

Honneur à M. Hippolyte Beauvais, car il s'est mis noblement à l'ouvrage pour nous rappeler le souvenir d'une grande et sainte figure qui se détache, au milieu des fastes de notre histoire, comme un drapeau sur lequel est inscrit le mot sacré de *Patrie*. Honneur à lui, car il a placé sous nos yeux l'image de Béatrix, qui doit être chez nous rayonnante d'immortalité, et dont Laval devrait reproduire les traits en bronze ou en marbre.

Ce tableau de M. Beauvais est une œuvre réfléchie, consciencieuse, remarquable surtout par la correction du dessin. Béatrix, dont la pose est admirable, est représentée assise dans un de ces grands fauteuils sculptés du 13e siècle. D'une main elle montre une pièce de toile en rouleau sur un escabot, d'où elle retombe, dans la largeur de la laise, jusqu'à terre ; de l'autre, une navette garnie de sa volue. Devant elle est une table recouverte d'uu tapis vert, fleureté, portant des crenelles et des écheveaux de fil et de chanvre. Elle est dans une des salles du château de Laval, dont l'ouverture est en vitraux de couleur et ornée des armoiries des Guy, qui sont *d'or à la croix de gueules, chargées de cinq coquilles d'argent, et cantonnées de seize ailerions d'azur.* Un rayon du soleil perce les vitraux et en reproduit les nuances vaporeuses sur les boiseries sculptées. Au fond de l'appartement, dans l'ombre, est un tableau représentant un des combats où son vaillant époux s'est immortalisé.

Les traits du visage de la princesse respirent la gravité, la douceur, la méditation, mais la méditation d'une mère et d'une bienfaitrice, qui cherche dans le travail et l'industrie les moyens de rendre heureux ceux qui l'entourent, et ne s'arrête point aux choses futiles et mensongères. L'artiste a dû avoir cette pensée et l'a rendue d'une manière saisissante. La princesse que représente ce tableau est bien la Béatrix de notre histoire, femme avant d'être princesse, et, comme l'élite de son sexe, ayant besoin de se révéler par sa sollicitude et sa tendresse maternelle envers tous ses inférieurs.

D'origine flamande, Béatrix était blonde ; l'artiste ne l'a point oublié, mais son coloris a quelque chose d'indécis, d'embu, qui se rapproche trop du vaporeux. Nous le savons, M. Beauvais n'a pu, faute de temps, mettre la dernière main à son tableau. Il l'achèvera et le rendra digne de lui, de son talent et de la cité qui lui à donné le jour, et au nom de laquelle sans doute notre administration s'empressera d'en faire l'acquisition, comme elle devrait songer aussi à enrichir son musée naissant de la copie d'un tableau en ce moment à Versailles, et représentant *André de Lohéac* à cheval pour le combat, et d'une toile sur laquelle est peinte une scène de la Saint-Barthélemi, où notre *Ambroise Paré* est sauvé du massacre.

M. Beauvais a exposé en outre trois autres tableaux : *Le Printemps*, sous la figure de deux jeunes gens dansant avec ivresse dans les prairies en fleurs ; *l'Automne*, représentée par une jeune poitrinaire, au visage plein de tristesse, qui s'éteint au milieu de tendres embrassements. On sent qu'elle disparaîtra avant la dernière feuille tombée. Un *portrait de fantaisie* et la *Pelotte de coucou* (aquarelle). Les deux premiers tableaux sont connus. Ils ont été reproduits par la lithographie pour romances.

**2° Vingt-deux dessins reproduisant autant de grandes scènes de la vie de saint Bernard.**

Voici un immense travail pour notre époque, un travail dont l'imagination s'effraie en quelque sorte et qui, cependant, à trouvé un jeune homme capable de l'entreprendre, de l'exécuter et de le mener à fin avec le talent, le courage et la persévérance d'un maître des anciens jours. N'est-ce pas déjà de la gloire pour l'artiste d'entendre, à leur occasion, rappeler *la vie de saint Bruno* de Le Sueur. Il y a en effet dans *la vie de saint Bernard*, de M. H. Beauvais, des beautés de types dignes d'un penseur et d'un savant. Où donc ce jeune homme a-t-il pris ses modèles ? dans l'étude de la vérité évangélique se dévoilant à ses regards au milieu des cloîtres de la Trappe du Port-du-Salut, où il est allé *vivre des jours, des semaines entières de la vie des moines, mangeant avec eux, assistant avec eux à leurs offices de jour et de nuit.*

Nous ne nous arrêterons pas à faire remarquer l'admirable correction de dessin dont l'artiste a fait preuve dans chacun de ses tableaux, et à laquelle tant d'autres, plus capables que nous de les apprécier, ont avant nous rendu une justice bien méritée. Notre but est de faire remarquer le cachet particulier de chaque groupe, et la physionomie artistique de chacun des personnages.

Nous faisons précéder nos réflexions des notes explicatives qui se trouvent au bas de chacun des tableaux mis aujourd'hui sous les yeux du public à notre exposition, dans leurs cadres de noyer faits par les Trappistes du Port-du-Salut.

1<sup>er</sup> Dessin.

### PRÉDICTION DE LA VOCATION DE SAINT BERNARD.

« Pendant sa grossesse, sainte Alix, effrayée d'une vision où
« il lui semblait porter dans son sein un chien qui aboyait, alla
« déclarer sa peine à un homme de Dieu qui la rassura, en lui
« disant prophétiquement : *Ne craignez point; vous serez*
« *mère d'un enfant qui, comme un chien fidèle, gardera la*
« *maison de Dieu, et aboiera hardiment contre les ennemis*
« *de la foi.* »

Cette scène est bien conçue. L'inquiétude et l'effroi respirent sur le visage de la mère, dont tous les traits sont, pour ainsi dire, convulsionnés, sans être dépourvus néanmoins de cette beauté inhérente à la force d'âme d'une mère profondément religieuse. Elle attend, la bouche à demi entr'ouverte, la réponse de l'homme de Dieu. Celui-ci, dans sa pose, dans son regard qui fixe sans regarder, semble être l'écho involontaire d'une parole d'en haut, le prophète prédisant l'avenir à l'insu de lui-même, et comme tout effrayé de sa propre révélation. Entre ces deux personnages est un chien au milieu d'une auréole. L'artiste a su lui donner une âme ; on voit qu'il ne hurle pas, mais qu'il aboie avec une sorte d'intelligence qui exclut l'animalité furieuse d'un être privé de raison.

2<sup>me</sup> Dessin.

### CONSÉCRATION DE SAINT BERNARD AU SEIGNEUR.

« Sainte Alix, en mère chrétienne, avait la pratique d'offrir chacun de ses enfants à Dieu, et ils furent tous des saints ; mais, pour le petit Bernard, elle le lui consacra entièrement, et résolut de ne rien négliger pour le rendre digne du ministère auquel il était destiné avant sa naissance. »

A genoux, dans le temple, au pied d'un autel, Alix présente au prêtre le fruit de ses entrailles dont elle fait don au Seigneur. Ce sacrifice fait le bonheur de son âme. On dirait, tant il y a de complaisance dans sa pose, d'ivresse dans son regard, d'amour dans ses bras qui élèvent son nouveau né, rayonnant lui-même de je ne sais quelle joie de prédestiné, que c'est de sa part une simple restitution à Dieu de sa propre gloire.

Le prêtre se penche pour recevoir l'enfant. C'est un vieillard au port majestueux, au visage sacerdotal et souriant avec une gravité tendre. A ses côtés sont deux jeunes lévites portant des flambeaux, et un troisième l'eau bénite. Chacun d'eux présente le caractère de la modestie religieuse qui sied bien au prêtre dans toutes les fonctions de son saint ministère.

### 3<sup>me</sup> *Dessin.*

#### TRIOMPHE DE LA CHASTETÉ.

« Un regard de curiosité sur une femme fit ressentir à l'angélique Bernard quelqu'atteinte de volupté ; il se punit de cette indiscrétion en se jetant incontinent dans un étang dont l'eau était froide comme la glace, et y resta plongé jusqu'à l'extinction de la chaleur naturelle. Cette générosité lui assura pour toujours la victoire sur l'ennemi. »

Ce tableau est la personnification du combat intérieur de l'âme contre les tentations de la volupté. Franchement, le diable devait faire de vilaines grimaces à l'aspect de Bernard, la chevelure hérissée, les traits hagards, crispés par la tourmente de son cœur, et se précipitant au milieu des eaux glacées d'un étang pour remporter la victoire sur ses passions. Bernard est ici sublime dans son délire et dans sa volonté de rester le maître de lui-même contre les atteintes d'un plaisir qui le recherchait peut-être, car, si nous en croyons nos yeux, la dulcinée à la couronne de lierre, qui se promène à l'ombre des grands arbres au fond du tableau, respire sur sa physionomie un air de mécontentement qui donne je ne sais quoi à penser à l'égard de cette promenade quelque peu prétentieuse, j'ose le dire, mais qui n'est nullement un reproche pour le dessinateur, bien au contraire.

### 4<sup>me</sup> *Dessin.*

#### PRÉDICTION DE SAINT BERNARD A SAINT GÉRARD, SON FRÈRE.

« Résolu d'aller chercher à Cîteaux un abri contre les occasions périlleuses auxquelles l'exposa plus d'une fois sa beauté extraordinaire, BERNARD inspira le même dessein à ses frères ; GÉRARD, vaillant capitaine au service du duc de Bourgogne, résista long-temps. Le jeune saint, lui mettant la main sur le côté, dit ces paroles : *Un jour viendra, et il viendra bientôt, qu'une lame, perçant ce côté que je touche, donnera entrée jusqu'à votre cœur aux avis salutaires que vous méprisez maintenant. L'événement suivit de près. »*

Cette scène se passe dans la salle d'un château où l'on voit appendus sur le mur l'armure d'un guerrier, casque, épée, lance, bouclier, et la cornemuse d'un chasseur pendante aux bois d'un cerf. Les deux frères sont en présence l'un de l'autre, Bernard, debout, faisant entendre une voix enfantine, mais accompagné d'un regard et d'un geste plein d'énergie, celui d'un homme sûr de sa science, d'un héros prédisant la victoire, et Gérard cavalièrement assis sur un fauteuil, la poignée de sa longue lame dans sa main gauche, fronçant les sourcils à l'annonce de cette prédiction qui l'irrite et semble l'exciter à fuir pour en éviter les effets déjà sensibles sur ses traits effarouchés.

5<sup>me</sup> *Dessin.*

### ARRIVÉE DE SAINT BERNARD A CITEAUX.

« Le monastère de Citeaux, établi depuis quinze ans, se voyait à la veille de sa ruine : Les morts se succédaient rapidement ; les survivants ne pouvaient aller loin, et l'austérité repoussait tout le monde. SAINT ÉTIENNE, son troisième abbé reçut de Dieu l'assurance d'une prochaine prospérité, ce qui se vérifia à l'arrivée de saint Bernard, amenant avec lui trente gentilshommes, ses parents ou ses amis, qu'il avait gagnés (1113). »

Dans son ensemble, ce tableau a une portée d'expression religieuse qui s'étend presque jusqu'à la magnificence.

D'un côté sont les quelques vieillards, oubliés par la mort, qui viennent recevoir sur le seuil de leur monastère désert cette troupe de pélerins, leurs nouveaux frères. Une joie austère se manifeste sur le visage du père abbé, qui leur tend à tous les bras comme à des amis en Dieu. Accablé sous le poids de son bonheur, un vieux cénobite, tenant à la main sa béquille, l'écoute presque avec extase tandis que les autres religieux joignent les mains, ou les élèvent vers le ciel en signe de leur reconnaissance.

De l'autre côté, ces chevaliers mondains, dont les traits portent les dernières traces des enivrements du monde, et à la tête desquels est le jeune Bernard qui s'agenouille devant le père abbé, et semble lui dire dans sa posture éloquente : « *Nous sommes vos enfants ; nous avons recours à votre sagesse ; daignez nous recevoir et nous conduire au port.* »

6<sup>me</sup> *Dessin.*

#### PRISE D'HABIT DE SAINT BERNARD.

« Cette première démarche, qui commence le noviciat régulier, ne fut pas pour le saint jeune homme un changement purement extérieur ; il en prit l'esprit, et sembla dès lors avoir entièrement dépouillé le vieil homme ; sa vie, toute élevée au-dessus des sens et absorbée en Dieu, était plus angélique qu'humaine. *(Nota)* Le chaperon n'était pas vraisemblablement, dès le principe, en usage à Citeaux ; mais il le fut si peu de temps après, qu'on a jugé à propos de le représenter pour être en harmonie avec les idées reçues (1115). »

Cinq personnages font à eux seuls tout le tableau ; pour fond, des murs tout nus. Il y a une austérité monastique qui saisit, et un sentiment parfait de cette mort prématurée du religieux qui, en revêtant la robe, meurt réellement au monde. On dirait un Lesueur. (Jules Lefizelier.)

7<sup>me</sup> *Dessin.*

#### SAINT BERNARD CRÉÉ ABBÉ DE CLAIRVAUX.

« Le monastère de Citeaux prenait de jour en jour de nouveaux accroissements ; après avoir fait deux fondations, il fut obligé, en 1115, de penser à une troisième dans le idocèse de Langres. Saint Etienne jeta les yeux sur saint Bernard, qui ne comptait qu'un an de profession, pour l'en établir abbé, lui adjoignant douze compagnons, et lui mettant une croix de bois à la main, suivant l'usage reçu. Le nom du nouveau monastère, appelé *vallée d'absinthe*, fut changé en celui de *vallée illustre* en Clairvaux. »

Cette scène, qui a lieu alors que l'évangile éclairait le monde et quand le Christ était venu le sauver, rappelle celle de Jacob et de Benjamin en l'ancien testament.

Malgré sa jeunesse, Bernard a été créé abbé d'un nouveau monastère. Il obéit avec la douceur d'un agneau, et de cet air de gravité intelligente qui annonce un esprit mur, haut placé, sûr de trouver en son abnégation de lui-même la force de résister au fardeau dont il se charge, parce qu'il a mis sa confiance en le secours d'en haut. C'est ainsi qu'il saisit d'une main non douteuse le bâton de la croix présenté par saint Etienne, qui lui montre de la main droite la colonie des douze cénobites en marche vers la montagne.

Une tristesse voilée d'une résignation pieuse s'est emparée des religieux qui accompagnent saint Etienne. On voit qu'ils perdent un héros ; le sacrifice est énorme ! mais ainsi le veut la gloire de Dieu.

8<sup>me</sup> *Dessin.*

### SAINT BERNARD A LA CHARTREUSE.

« Les Chartreux avaient le plus grand désir de voir le saint d'après sa haute réputation et une lettre qu'il leur avait écrite ; il leur rendit visite ; mais le bienheureux Guigues, prieur de la communauté, presque scandalisé de l'équipage de son cheval, qu'il trouvait trop magnifique pour un homme de sa profession, fut ravi d'admiration quand il sut que le saint abbé, depuis Clairvaux jusqu'à la Chartreuse, n'y avait pas fait attention, et que le cheval lui avait été prêté par un religieux de Cluny, son parent. C'est ainsi qu'il longea tout un jour le beau lac de Genève sans l'avoir aperçu, tant était grande son application continuelle à Dieu. »

C'est au pied d'un obélisque grossier, surmonté d'une petite croix, qu'a lieu, près la porte du couvent, la rencontre de Guigues et de Bernard, derrière lequel est un cheval fougueux et richement enharnaché. L'accueil admiratif, heureux, plein d'abandon, par l'abbé de la Chartreuse en s'approchant de saint Bernard, annonce que l'observation dont il est parlé plus haut a été faite. Le saint n'en paraît aucunement troublé ; il est calme et modeste devant l'admiration comme devant le reproche. C'est une conscience pure qui n'envisage et ne recherche en toutes choses que l'approbation de son créateur, sans s'inquiéter des jugements erronés des hommes.

Je féliciterai M. Beauvais d'avoir placé parmi les religieux cette figure de moine qui ricane avec la sotte niaiserie d'un orgueilleux, et se hâte de montrer du doigt le cheval monté par le saint, comme une indignité monacale.

Certes, il y a, dans les cloîtres comme dans le monde, de ces fanatiques de religion. Partout où ils se rencontrent, la guerre s'engendre, les mauvaises passions dominent, la persécution s'établit , et tous les esprits sont livrés à la démence et à la déraison.

### 9<sup>me</sup> *Dessin*.

#### RÈGLE DONNÉE AUX TEMPLIERS.

« Neuf gentilshommes , réunis auprès de l'emplacement du temple de Jérusalem pour protéger les pèlerins contre les insultes des infidèles , envoyèrent Hugues de Paganis , leur chef , avec quelques autres , demander une règle au concile de Troyes , présidé par le légat. Saint Bernard , chargé de la rédiger, leur donna celle de Cîteaux en ce qu'elle avait de compatible avec leur genre de vie, y ajoutant le vœu *de ne jamais reculer devant trois infidèles*. Ce furent les premiers religieux militaires, qui devinrent très-florissants , mais que leurs désordres firent supprimer en 1311 , au concile de Vienne (1128). »

Le tableau représente la salle d'un concile. Le légat , couvert du chapeau de cardinal , est assis sur le siège de la présidence. Autour de la salle sont rangés en cercle des évêques et des religieux de différents ordres. Au milieu de l'assemblée , les gentilshommes prononcent , l'épée haute et hardie , la formule du serment , tandis que saint Bernard remet à Hugues Paganis, qui a mis un genoux en terre , le rouleau renfermant la règle des Templiers , et au bas duquel on lit ces mots : *Ad milites templi*.

Il y a dans ce dessin plus que des coups de crayon. Chaque visage a son cachet particulier, son originalité propre , qui révèle la pensée individuelle de chacun des témoins de cette scène , tous soumis néanmoins à un seul et unique sentiment , celui d'une pieuse reconnaissance envers des religieux-guerriers s'armant pour la défense des chrétiens en Orient. Saint Bernard est d'une austérité de pose qui semble révéler l'avenir.

### 10<sup>me</sup> *Dessin*.

#### INNOCENT II DÉCLARÉ PAPE LEGITIME.

« A la mort du pape *Honorius II*, deux élections, celle d'*Innocent II* et celle d'*Anaclet* tinrent en suspens la chrétienté qui ne savait à qui s'attacher. La France assembla un concile à Étampes , où se trouvait *Louis-le-Gros* avec bon nombre d'évêques , d'abbés et de seigneurs , et où saint Bernard fut contraint de venir trancher la question. Quand il eut déclaré *Innocent II* successeur légitime de Pierre , on tint pour schismatique quiconque n'adhérait pas à la décision du saint abbé. »    •

Il faut à coup sûr un grand fond de pensées , et une grande habileté de crayon pour donner à ce tableau la physionomie particulière qui lui appartient. Saint Bernard est bien toujours saint Bernard , il est vrai , mais il est encore ici de plus l'oracle de la chrétienté , le hérault d'armes , pour ainsi dire , de l'unité catholique. Tel l'artiste l'a représenté , le visage empreint de cette tristesse religieuse du chrétien obligé de lancer un anathème, mais réhaussé de cet éclat de la foi chez un serviteur de Dieu qui doit sauver le monde de tous les dangers de l'erreur.

L'attitude de l'assemblée , attentive aux paroles du saint , ne révèle pas moins d'intelligence de la part du crayonneur. Depuis le roi , aux traits souriants et heureux , jusqu'au simple religieux et au soldat , toute l'assistance est ravie d'admiration. On s'identifie avec elle jusqu'à se faire presque soi-même auditeur pour écouter une de ces paroles qui vont faire triompher la justice et la vérité.

11<sup>me</sup> Dessin.

### ARRIVÉE DU PAPE A CLAIRVAUX.

« Innocent II , que les violences de l'anti-pape empêchaient de rentrer dans Rome , parcourut les pays soumis à son obédience , voulant toujours avoir près de lui saint Bernard. La France ne fut pas oubliée ; sa sainteté daigne même visiter Clairvaux , accompagnée de toute sa cour. A la vue de ces saints religieux qui se présentèrent à la porte avec une croix mal polie , en habits grossiers , chantant des psaumes sans lever les yeux , le Pape, les cardinaux et les évêques ne purent retenir leurs larmes (1131). »

M. Beauvais a rendu visible à l'œil tous les détails de la scène qu'on vient de lire. Les religieux sont à genoux et recueillis comme s'ils priaient devant un autel. Un seul est debout et adresse la parole , les regards baissés vers la terre , au vicaire de Jésus-Christ , qui est sous un dais porté par quatre diacres rangés autour de la mule du Pape. A côté d'un autre religieux est le modeste bénitier qui sert aux sépultures , comme à l'arrivée du mendiant et à celle des rois.

Le cortège s'arrête soudain à l'aspect de ces cénobites prosternés, qui n'ont que des chants et des prières à faire entendre aux hommes d'un monde qu'ils ne connaissent plus , et dont ils semblent être déjà séparés par la tombe.

## 12ᵐᵉ *Dessin.*

### REFUS DE LA PRÉLATURE DE GÈNES.

« Le Pape , qui employait saint Bernard à toutes ces sortes d'œuvres , étant entré en Lombardie , l'envoya apaiser les divisions entre la ville de Gènes et celle de Pise. Les Génois , quoique les plus fiers et les plus puissants , après l'avoir entendu , en passèrent partout où il voulut ; la paix fut bientôt conclue. En reconnaissance , ils le supplièrent de consentir à être leur archevêque, comme ils l'avaient déjà demandé au Pape ; mais , après qu'il eut triomphé , ils ne purent triompher de son humilité. »

Il y a quelque chose de bien touchant dans cette scène. Saint Bernard , au moment où on lui présente les insignes d'une haute dignité dans l'église , se trouve au pied d'un autel. Une sorte d'effroi s'empare de lui , qui le pousse vers le tabernacle comme s'il voulait s'y aller cacher derrière son Dieu. Il repousse l'offre par son geste du côté du peuple , et par son regard qui se dirige , du côté opposé , vers la base de l'autel. Le saint est ici tout courbé, à moitié à genoux , et son extérieur révèle avec vérité toute l'humilité de son cœur.

## 13ᵐᵉ *Dessin.*

### CONVERSION DE GUILLAUME D'AQUITAINE.

« Après plusieurs tentatives infructueuses pour ramener à l'unité catholique ce prince , fauteur du schisme dans ses états , le saint abbé , célébrant les divins mystères dans l'église de Pontigny , prit , après la consécration , la sainte hostie sur la patène , et s'avança jusqu'à la porte où l'excommunication retenait le duc ; alors , n'agissant plus en homme , il lui dit , le visage enflammé et les yeux étincelants : *Vous nous avez méprisés..... Mais voici le fils de la Vierge , le chef de l'Eglise que vous déchirez , le méprisez-vous aussi ?* Ces paroles le terrassèrent et le firent tomber comme en épilepsie.

Le saint , le touchant du pied , lui commanda de se relever et de donner le baiser de paix à l'évêque de Poitiers , qu'il avait chassé de son siège , ce qui fut fait à l'heure même (1136).

Approchez de ce tableau et considérez l'œil du saint, qui est transparent, sans colère et sans vengeance, mais plein de bonté, de force et de foi. C'est presque le Christ chassant les vendeurs du Temple.

Guillaume est à terre ; il gît entre les bras d'un de ses officiers, pareil à un épileptique, la bouche entr'ouverte et blanchissante, les yeux hagards, à demi-recouverts par le bras gauche, comme si Guillaume eût voulu préserver son regard de la rencontre de l'hostie.

Le visage de l'évêque de Poitiers est triste et calme ; sa main est prête à se lever pour bénir et pour pardonner.

Les jeunes lévites qui accompagnent la sainte hostie avec des flambeaux, et les autres témoins de cette scène ont, suivant leurs positions plus ou moins rapprochées, une vérité de pose qui s'étend jusqu'à l'effet dramatique.

## 14<sup>me</sup> *Dessin.*

### EXTINCTION DU SCHISME.

« L'anti-pape Anaclet, ayant mis le comble à ses excès, fut frappé du Seigneur trois jours après qu'Innocent II fut rentré dans Rome avec saint Bernard ; il mourut en désespéré et fut inhumé secrètement. Ceux de son parti ne laissèrent pas d'élire un successeur ; mais celui-ci vint, la nuit, trouver saint Bernard, qui l'amena aux pieds du souverain pontife, dépouillé des marques de sa ridicule dignité. Rome bénit le Seigneur et exalta le saint abbé, auteur d'une paix qui lui avait coûté huit ans de travaux. La noblesse l'escortait dans les rues ; le peuple poussait des cris de joie ; les dames se mêlaient à la foule (1138).

L'artiste n'est point encore ici resté au-dessous du tableau qu'il avait à représenter, et de la situation de chacun de ses personnages.

A genoux, à quelques pas du trône pontifical, l'anti-pape montre au souverain pontife les insignes de sa fausse et illégitime dignité étendus à terre, comme marque de son repentir et de sa soumission au successeur véritable de saint Pierre. Celui-ci, le front orné de la thiare, est assis sur son trône. La charité lui fait tenir ses regards abaissés pour ne pas en frapper le coupable qui s'humilie, et sa main droite annonce qu'il bénit la brebis égarée comme celle qui est demeurée fidèle.

Saint Bernard, dont l'artiste fait partout rayonner l'image, semble, en montrant le saint Père, indiquer du geste que là, et là seulement, est la vérité. Ses traits respirent la douleur qu'inspire la conduite d'une âme portant le trouble dans l'église, et en même temps la crainte des châtiments célestes qu'elle s'était préparés.

Tous les assistants demeurent sous l'impression de cette scène pleine de bonheur et d'austére gravité.

### 15<sup>me</sup> *Dessin.*

#### PRÉDICATION DE LA SECONDE CROISADE.

« Pressé par les remords de sa conscience pour le sac de Vitré-le-Français (1142), Louis le-Jeune, pour en faire à Dieu satisfaction, résolut d'entreprendre la conquête de la Terre-Sainte. Le projet en fut arrêté au Concile de Chartres, et confirmé par le pape Eugène II, qui nomma saint Bernard chef de la Croisade. Malgré sa répugnance à se trouver dans les réunions publiques, le saint la prêche sur une colline, près la ville de Vézelay, dans une assemblée composée du Roi, des prélats, des seigneurs et d'une foule innombrable. A la fin du discours, tous s'écrièrent avec enthousiasme : *La Croix! la Croix!....* »

Ecoutons M. Jules Lefizelier :

« Aux portes de la ville, dans une vaste plaine, le dimanche des Rameaux de l'an 1146, une estrade a été dressée. Le roi Louis-le-Jeune et la belle Eléonore d'Aquitaine, sa femme, sont assis sous un dais. Tout autour se presse la multitude, chevaliers, barons, peuple, hommes, femmes, enfants, vieillards, frémissant aux récits des lieux saints profanés par les infidèles, et rêvant à ce mystérieux Orient, la terre des merveilles et des prodiges. Enfin, au-dessus d'eux, saint Bernard les dominant tous de sa taille frêle, de sa tête décharnée, mais rayonnante de l'inspiration divine. »

Oui, voilà le tableau tel qu'il a été compris et exécuté par le dessinateur, M. H. Beauvais.

### 16<sup>me</sup> *Dessin.*

#### Ô CLEMENS; Ô PIA, Ô DULCIS VIRGO MARIA.

« Saint Bernard, envoyé par le pape à Spire, en qualité de légat, pour réunir les esprits, fut conduit dans la cathédrale par l'empereur CONRAD au moment qu'on finissait le SALVE REGINA, à ces mots : *Post hoc exilium ostende.* Dans un mouvement extraordinaire de dévotion, il s'écria : *O clemens, ô pia, ô dulcis Virgo Maria*. Une statue de la Sainte Vierge, qui lui répondit : SALVE BERNARDE, fit connaître que la reine du ciel avait pour agréable cette invocation. Elle fut depuis ajoutée à l'antienne du *Salve* (1146).

Il n'y a sur la terre que les Trappistes qui sachent prier véritablement en chantant cette antienne, comme il n'y a qu'eux aussi qui la sachent réellement chanter en priant. Le *Salve Regina* est la plainte de l'humanité tout entière, le soupir de tout ce qui souffre et qui aime, la prière du pauvre et celle du riche qui n'ont qu'une seule et même mère, *mater misericordiæ, vita, dulcedo et spes nostra*. C'est le résumé universel des cris lamentables des exilés, prenant fin dans ces paroles de l'amour le plus ardent . *O clemens, ô pia, ô dulcis Virgo Maria !*

Quelle scène ?... Et qui aurait fait un reproche à l'artiste de reculer devant sa reproduction sur le papier ou sur la toile. Pour oser l'entreprendre, et surtout réussir, il a fallu être tourmenté par le sentiment du beau idéal et le besoin de la vérité.

Je dois ici faire un aveu. Après la lecture des trois exclamations qui se trouvent au bas du dessin, j'éprouvai une sorte d'inquiétude à propos du faire de l'artiste. Ne pouvant toutefois m'arrêter en chemin, je me hasardai à étudier le tableau, mais avec la crainte d'avoir à le critiquer. Qu'on juge de ma joie lorsque, passant par degrés du doute à l'admiration réfléchie , j'en vins à me dire que son exécution est parfaite comme conception et comme dessin.

Dans la beauté de sa pose, saint Bernard rend visible à l'œil la prière de son âme. Son regard est de l'amour , puis encore de l'amour, uni à la plus angélique vénération, exprimant l'émotion du cœur d'un fils tendre qui vient d'entendre pour la première fois la voix de sa mère. A côté de lui, à gauche, est l'empereur Conrad, la couronne sur la tête, le visage religieusement troublé, et qui semble dire : *Avez-vous entendu ?* A droite est l'évêque, rempli d'une sainte stupéfaction. Autour d'eux sont des jeunes gens qui joignent les mains ou se précipitent le visage contre terre.

Cette scène a lieu dans la cathédrale de Spire , dont chaque pilier de la nef porte la statue d'un saint. Saint Bernard, les bras étendus, est arrêté en face de celui que surmonte la statue de la mère de Dieu , vers laquelle ses regards sont dirigés avec une délectable expression de tendresse. Tout, d'ailleurs, dans ce tableau, est d'une grande beauté religieuse qui se fait remarquer jusque dans les vitraux lointains ornés de sujets pieux.

## 17<sup>me</sup> *Dessin*.

### PAINS BÉNITS DE SARLAT.

« Un dogmatiseur nommé HENRI, s'élevait contre le ministère sacerdotal et contre les sacrements, et infectait le *Languedoc*. Le cardinal légat appella saint Bernard dans ces quartiers, pour combattre ces erreurs, ce qu'il fit avec succès. A Sarlat, après avoir béni des pains qu'on lui apporta, il assura que tout malade qui en mangerait serait guéri, sans admettre la restriction qu'apportait l'évêque de Chartres, pourvu qu'on *le fît avec foi*. Non, dit le saint, afin qu'on reconnaisse la vérité de la doctrine que nous prêchons. Les guérisons furent innombrables (1147). »

Debout au pied d'une croix gothique, saint Bernard, ayant l'évêque à côté de lui, fait distribuer, par un de ses religieux, les pains bénis à la foule qui se presse autour de lui. Des infirmes s'en retournent en levant les yeux au ciel et en élevant leurs béquilles dont ils n'ont plus besoin.

Ce tableau *est d'une correction parfaite et d'une véritable beauté. Il y a des draperies d'un jet magistral, et, aux pieds du saint, une femme d'un galbe tout antique.* (Jules Lefizelier.)

## 18<sup>me</sup> *Dessin*.

### TRIOMPHE DE LA FOI,

« Le Pape Eugène III, ancien religieux de saint Bernard, assembla à Rheims un concile qu'il présida en personne. Grand nombre de prélats s'y trouvèrent, entr'autres Suger, abbé de Saint-Denis; mais saint Bernard était l'âme de cette grande assemblée. On y cita GILBERT DE LA PORRÉ, évêque de Poitiers, qui entortilla ses erreurs de tant de subtilités qu'il fallut toute la sagacité du saint pour les découvrir; elles n'allaient pas moins qu'à mettre une différence entre Dieu et ses perfections divines, qui sont sa propre essence. Il se retracta et, sur l'ordre du Pape, lacéra ses écrits. Cet acte de soumission lui mérita d'être renvoyé en paix dans son diocèse (1148). »

Dans ce tableau, chaque personnage a sa beauté de physionomie particulière. Celle de saint Bernard tient du prophète, du père de l'Eglise et du saint. Sa pose est digne de la cause qu'il défend. C'est sans jactance qu'il marque du doigt les erreurs de l'évêque qu'il va terraser, et vers lequel il dirige un regard beau et bon, tout chrétien et qui n'étincelle pas des éclairs orgueilleux du triomphe ; car le chagrin qu'il éprouve d'avoir à blâmer un prince de l'Eglise est transparent en lui , et il est malheureux du malheur des autres.

L'évêque condamné est non moins beau que son antagoniste. Ses traits contractés respirent une sublime componction et l'horreur de son crime. Au signe du père commun des fidèles , il lacère ses œuvres de ses propres mains et fait, en présence de l'assemblée , le sacrifice de lui-même en réparation de ses erreurs.

L'assemblée est grave , inquiète , silencieuse et remplie de l'austère satisfaction du dénouement de cette scène.

Le religieux qui est sur le premier plan à droite du tableau est le portrait d'un moine du Port du Salut. Ne dirait-on pas la personnification de l'austérité et du silence.

19<sup>me</sup> Dessin.

### LA CROISADE JUSTIFIÉE.

« Saint Bernard avait prêché la croisade par ordre du Pape, et le nombre incroyable de miracles qu'il opéra en cette occasion montra que Dieu était avec lui. L'armée des croisés ayant été mise en déroute en punition de ses dérèglements , on prétendit en rendre le saint responsable ; on osa le taxer de faux prophète , etc. Après avoir justifié la conduite de la Providence par différentes raisons , il se résigna à dire : *Qu'on m'accable d'injures , que tout retombe sur moi , pourvu qu'on n'attaque pas la gloire de Dieu.* Pour prouver néanmoins que Dieu avait inspiré cette œuvre, nonobstant sa malheureuse issue, il rendit la vue à un aveugle (1149). »

Dans chacune des scènes qu'il a traduites, M. H. Beauvais s'est montré à la hauteur de la vérité de situation de ses personnages , de l'originalité des divers caractères , et, si je puis m'exprimer ainsi, de la révélation *au daguéréotype* des mystères du fort intérieur. La figure de saint Bernard n'est nulle part une figure banale qui convienne aussi bien à tel tableau qu'à tel autre. Essayez en effet ce changement, et toutes les scènes seront bouleversées , incompréhensibles , ridicules , et métamorphosées en caricatures. D'où il faut conclure que l'artiste possède l'intelligence de la vérité , unie au talent de la mise en scène.

Dans le tableau qui nous occupe, M. H. Beauvais est l'artiste de la nature surprise à son réveil , au moment où un jeune aveugle recouvre la vue dont il était privé. Quelles sensations nouvelles pour ce jeune homme! Ses yeux se sont rapidement portés vers le ciel, et ses mains tâtonnent encore devant lui comme s'il voulait s'assurer de la réalité de son existence. Derrière lui est son heureuse mère, les yeux en larmes, et qui le soutient de ses bras dans la crainte qu'un tel ravissement ne le renverse à terre. Un soldat s'est agenouillé pour le regarder en face jusque dans les yeux, tandis qu'un autre, épouvanté, prend la fuite. Au-dessus des groupes est saint Bernard, n'attribuant qu'à Dieu le mérite de cette action miraculeuse.

### 20<sup>me</sup> *Dessin*.

#### PACIFICATION DES TROUBLES DE METZ.

« La guerre civile ravageait la ville de Metz; en une heure, deux mille citoyens avaient été massacrés, écrasés ou noyés. Le métropolitain de la province de Trèves alla chercher saint Bernard pour qu'il vint faire l'office d'ange de paix. Les deux partis, assemblés dans une île de la Moselle, paraissaient peu disposés à un raccommodement, mais les miracles que le saint opéra, surtout en rendant la santé à une femme bien connue de toute la ville pour les convulsions horribles qui l'agitaient depuis huit ans, firent mettre bas les armes, et le baiser de paix circula dans les rangs (1153). »

La guerre civile est une guerre atroce; c'est l'enfer sur la terre, tant les visages sont hideux et insatiables de forfaits.

Saint Bernard arrive au milieu de ces massacres fratricides. Le sol est jonché d'armes, de casques, de boucliers brisés, de gantelets, de lances, de drapeaux. Il commande, de ses bras étendus, la fin de cet égorgement. Son langage et sa noble figure en imposent. On l'écoute : les deux partis ennemis baissent leurs épées et s'embrassent; les femmes joignent les mains avec une vive reconnaissance. Parmi elles, celle que le saint a guérie se fait remarquer par le transport de reconnaissance avec lequel elle baise le pan de la robe du pacificateur.

### 21<sup>me</sup> *Dessin*.

#### DERNIERS MOMENTS DE SAINT BERNARD.

« Couché sur la paille et la cendre pour y mourir, suivant l'usage établi, entouré d'évêques et d'abbés, et en particulier de Gozelin, 5<sup>e</sup> abbé de Citeaux, premier père de l'ordre, saint Ber-

nard entendait ses chers enfants lui exprimer les mêmes sentiments
que les disciples de saint Martin en pareille occasion ; il en fut
attendri jusqu'aux larmes, leva les yeux au ciel, fut combattu
entre le désir de rester avec eux et celui d'aller jouir de Jésus-
Christ. Il s'abandonna à sa volonté et lui rendit sa belle âme, le
20 d'août, vers neuf heures du matin, à l'âge d'environ 63 ans,
40 depuis sa profession, 38 depuis son entrée dans la charge
d'abbé, laissant à Clairvaux 700 frères, 80 monastères de sa filia-
tion, 80 autres de sa ligne, en tout 160 (1152). »

Ce sujet, si rebattu, a été traité par M. Beauvais d'une manière
neuve. Là, point de gens désolés, de mains en l'air, de moines
prosternés et se cachant le visage ; tout est calme, résigné comme
il sied à ceux qui vivent au milieu des tombes, et dont chaque
minute de l'existence doit être une pensée à la mort. (Jules
Lefizelier).

Ce tableau à un mérite tout particulier. Les religieux qui sont
groupés autour de la couche de mort de saint Bernard sont autant
de portraits de trappistes du Port du Salut. Le cénobite qui vient
de lire les prières des agonisants au moribond est le père Hôtelier
actuel du couvent, et le lieu où se passe la scène, la salle du
chapitre.

J'avais oublié de dire que le bienheureux Guignes (dessin nº 8),
recevant saint Bernard à la Chartreuse, est d'une ressemblance
parfaite avec le père abbé du Port du Salut.

## 22<sup>me</sup> *Dessin.*

### GLOIRE DE SAINT BERNARD.

« Les miracles qui s'opérèrent sans nombre au tombeau du
saint abbé, furent une preuve que la reine du ciel, au pied de
l'autel de laquelle il avait choisi sa sépulture, l'avait admis à la
possession de la gloire. Mais la paix du monastère était troublée
par le concours des malades qui venaient chercher leur guérison ;
et Gozelin, craignant quelque préjudice à la régularité, défendit
au saint de continuer ses miracles ; et, par le plus prodigieux de
tous les miracles, un bienheureux, régnant dans la gloire, obéit
encore à la voix d'un homme. Dès lors il ne se fit plus aucun mi-
racle public au tombeau du saint.

La scène n'est plus sur la terre. Marie, assise sur un trône de
nuages entouré de Séraphins, regarde le saint, qui est à genoux
à ses pieds, avec l'angélique expression d'une mère ; elle tient sur

elle l'enfant Jésus, son fils, qui sourit au bienheureux, et lui présente, de la droite, la couronne de l'immortalité. Des anges, aux poses respectueuses et pleines de gravité en présence de la divine Marie, remplissent le fond du tableau. Deux d'entr'eux, les anges gardiens de saint Bernard, tiennent à la main, l'un une crosse abbatiale, l'autre, un livre sur lequel est écrit : *De laudibus Virginis Matris.*

La terre néanmoins possède encore la dépouille du saint. Du trône de Marie jaillissent des rayons qui caressent une foule de malades et de jeunes mères y portant leurs petits enfants.

L'étude que nous venons de faire de ces 22 dessins a été pour nous une véritable jouissance. Nous les quittons avec regret, car ils ont excité en nous autant de reconnaissance que d'admiration. Cependant, il manque à cette collection un dessin, mais un dessin tout historique pour notre cité. Pendant sa vie, SAINT BERNARD a honoré notre ville de sa présence ; la grande figure du 12e siècle s'est dessinée sur nos murs ; il a béni nos aïeux, et c'est à sa prière que Guy III fit bâtir l'abbaye de Clermont. Ce sujet doit aller au cœur de notre jeune artiste, dont le portrait figurerait bien parmi un groupe de chevaliers Lavallois de la suite du prince au moment où celui-ci s'occupe avec saint Bernard, dans une des salles du château de Laval, de la fondation de cette ancienne abbaye.

## M. LOUIS COIGNARD DE MAYENNE.

### 1° *Un pâturage.*

Quelle est lumineuse cette vaste plaine ou paissent une multitude de vaches, et comme ces animaux sont bien à leur affaire, à broûter, à boire, à se mirer dans la mare limpide, ou à vous regarder avec indifférence ! Tout cela semble remuer, être animé du souffle de la vie, et l'œil saisit parfaitement les distances. C'est ravissant ; le terrain se développe à perte de vue, et le ciel a la magnifique clarté crépusculaire du printemps.

### 2° *Vaches et Moutons.*

Dans ce tableau, les quadrupèdes sont plus grands et traités d'une manière plus large, et décèlent une grande puissance de modelé.

Comme la lumière se joue bien sur ce groupe placé au premier plan ! L'une de ces bêtes à cornes est délicieuse de couleur et de mouvement. Elle apparaît entre les arbres, vive et inquiète, se retournant du côté de quelque bruit lointain. La vache blanche, qui se présente de face, semble sortir de la toile, et c'est avec un certain plaisir qu'on regarde cette jeune fille au visage à moitié ombré, à l'œil si doux et si ouvert, annonçant qu'elle aussi *écoute*, accroupie auprès de la vache, le bruit d'un pas qui l'intéresse et l'émeut jusqu'à la distraire et à faire tomber le lait sur les bords de son vase.

Délicieux, délicieux et puis encore délicieux !

M. Coignard est élève de M. Chomereau, professeur de dessin et de peinture à Laval.

## M. CHOMEREAU,

### PEINTRE ET MAITRE DE DESSIN A LAVAL.

Il faut savoir gré à M. Chomereau de la bonne volonté dont il a fait preuve en exhumant de l'oubli notre admirable BÉATRIX, comme aussi le féliciter d'avoir été le premier de nos artistes à lui consacrer ses veilles et son talent.

Non content de nous avoir représenté la bienfaitrice du pays au sommet d'une belle fontaine modelée par lui en cire et qu'il a présentée au conseil municipal de notre ville comme projet d'un monument de reconnaissance et d'utilité publique, M. Chomereau lui consacre encore son pinceau et nous la rapelle sur une toile de moyenne grandeur. Dans ce tableau, la princesse file, la quenouille au côté, sur une des galeries du château de Laval, gracieuse dans sa pose de princesse, mais surtout heureuse de son travail, paraissant dire à toutes les femmes : *C'est ainsi que vous devez vous occuper après les soins donnés à votre ménage.* Ce conseil ne sera guère goûté peut-être par le sexe qui a aujourd'hui bien autre chose à faire. Ne vaut-il pas mieux en effet s'entretenir de ses voisins, puis ensuite se délasser en lisant le feuilleton-roman d'un journal ?

M. Chomereau a exposé aussi dans un grand cadre 1º le CACHET des cartes des sociétaires et des exposants, les PROJETS de chacun des CHARS de la cavalcade, et la GRAVURE représentant la bénédiction de la première pierre du palais de l'Industrie par Mgr BOUVIER. Cette gravure a été faite *sur un excellent croquis* de M. Chomereau ; je souligne cette phrase prise dans l'*Illustration*.

— 2o Le DESSIN de la gracieuse châtelaine, exécuté par M. Guérin et si bien reproduit par cet habile orfèvre. Le même cadre renferme deux jolis paysages faits par Mᵐᵉ C... : un effet de soleil couchant à l'estompe et un pastel, genre que nous croyons avoir été créé par M. Chomereau, car nulle part nous n'en avons vu de semblable ; et bien des visiteurs, vu la fraîcheur, le coloris et la légèreté de la touche, ont pu croire qu'ils avaient sous les yeux une aquarelle.

DEUX AUTRES DESSINS, composés pour la société de l'industrie d'après le programme inséré dans son 2ᵉ bulletin, mis au concours et choisis pour servir d'encadrement à ses brevets. Ils sont d'une grâce exquise, et nous avons entendu plus d'un artiste les louer et faire remarquer la délicatesse de la touche, le fini des détails et la perfection de l'ensemble.

LITHOGRAPHIE. — M. Chomereau a reproduit, avec son crayon, la statue d'*Ambroise Paré*, l'une des gloires de notre pays. C'est bien la statue conçue par David, empreinte de la sévérité et de la réflexion qui rappellent le célèbre chirurgien cherchant à découvrir les secrets de la science, et méditant l'opération du trépan ou quelqu'autre pour apporter un remède aux souffrances de l'humanité. Cette lithographie fait le plus grand honneur à M. Chomereau, et s'il nous était permis de commettre quelque indiscrétion, nous citerions une lettre dans laquelle le célèbre sculpteur David, en en témoignant sa satisfaction personnelle, adressait à l'artiste, entr'autres éloges, ces paroles : *C'est un grand bonheur d'être reproduit par un artiste tel que vous, car vous prêtez votre sentiment aux productions reproduites par vous.*

DEUX AQUARELLES que tout le monde a vues, et que tous les connaisseurs ont admirées. L'une représente *la vue du vieux pont de Laval et du château*, et les teintureries de la rue de Rivière prises du Bazar. C'est bien là notre majestueux et ancien château ; les teintureries sont à leurs places, la masse d'ombre qui les recouvre les fait merveilleusement valoir sans trop voiler leur décrépitude et leur vétusté, chose aimée des artistes. — L'autre est *la vue d'Avesnières*, prise de Chanteloup. Le clocher se détache délicieusement sur un fond vaporeux ; la pureté de coloris et la limpidité des eaux font plaisir à voir. Ces délicieux tableaux séduisent et charment. Quand on les a vus, on veut encore les revoir, et l'on se sent heureux en songeant que c'est notre pays qui a inspiré aussi heureusement l'artiste.

M. Chomereau a également exposé plusieurs dessins de ses élèves, de 2 et de 3 années d'étude ; ces dessins ont été admirés. Aussi nous faisons-nous un plaisir d'apprendre à M. Chomereau que M. le proviseur d'un des lycées qui nous avoisinent a déclaré que le dernier de ces dessins était supérieur au premier de ceux faits par les élèves de son établissement, et que M. Dumaige, ancien recteur de l'académie de la Mayenne, nous quitte avec la ferme résolution de faire tous ses efforts pour que sa méthode soit suivie dans tous les lycées dont il aura désormais la direction.

## M. LUCIEN DE LATOUCHE,

### PEINTRE AMATEUR DE MAYENNE.

#### 1o *L'aumône à la porte d'un Couvent de Trappistes.*

Habile dessinateur, M. de Latouche possède surtout à un degré éminent la vérité de situation des personnages qu'il représente sur la toile. Il est dans le vrai presque partout. Ce n'est pas de la poésie qu'il fait, mais de la prose, et de la prose que tout le monde comprend. Dans ce tableau, les *Trappistes* ont leur gravité et leur simplicité ordinaire, les *pauvres* des variétés de pose et de physionomie très-naturelles. C'est bien là en effet la jeune fille qui s'approche modestement et avec crainte du religieux pour recevoir le pain de bénédiction vers lequel son petit frère s'est déjà porté d'un air inquiet, comme s'il craignait que sa sœur le laissât échapper. C'est bien là la jeune mère qui attend avec patience, assise, le dos tourné au Trappiste, sur une des marches du perron, en allaitant son petit nourrisson ; le vieillard, habitué de la maison, qui prend tranquillement sa prise de tabac en espérant son pain quotidien ; le petit garçon impatient, qui se gratte l'oreille et pleurniche parce que son tour n'est point encore arrivé ; et, sur le dernier plan, l'homme qui a joui autrefois d'une certaine aisance, et reçoit maintenant l'aumône en cachant sa douleur derrière son mouchoir.

#### 2o *L'appel pour le tribunal révolutionnaire en 1793.*

Cette scène rappelle une triste époque, un pêle-mêle dans une geôle d'hommes et de femmes, de tous rangs, de toutes conditions et de tous âges, destinés, avant jugement, au couteau de l'échafaud.

Le geôlier, en bonnet rouge, à la tournure bestiale, lit un

papier , appelle des noms. Quelques-uns ont déjà été prononcés , car une jeune fille est suspendue au cou de son père en cheveux blancs , et tourne ses regards effrayés du côté du guichetier comme vers une hyène prête à dévorer l'auteur de ses jours. Une autre femme , cachant son visage tout inondé de larmes , est à genoux aux pieds d'un autre vieillard. Au fond de la salle , une vieille marquise qui joint les mains et un prêtre qui écoute indifféremment et sans émotion la suite des noms appelés. Derrière le geôlier, une des *tricoteuses du temps*, toute ébahie des embrassements douloureux d'un père et de sa fille , et sur le seuil de la porte , un grenadier de Santerre , impassible devant la mort d'un concitoyen injustement condamné comme devant celle d'un ennemi sur un champ de bataille au milieu du combat.

3° *Les Saltimbanques*. Rien dans la caisse.

Ce tableau ne manque pas d'originalité. C'est la misère sous ses haillons dorés.

Sur le premier plan, un paillasse , à côté de sa grosse caisse en repos, est assis sur un mauvais pliant. Il partage un morceau de pain entre ses deux enfants qui *travaillent* sur le pavé de la rue pour gagner la vie de leurs parents. Sur le second plan est la femme qui vient d'ôter de la cassette les deux seules pièces de billon qu'elle renfermait , qui sont toute la recette , et qu'elle étale avec découragement sur ses genoux en les montrant à un troisième personnage , le vieux de la famille.

M. de Latouche n'a peut-être point un faire bien arrêté , mais il a le goût du vrai. Il a donné à ses saltimbanques l'expression de physionomie qui convenait à chacun d'eux. Au pierrot un air fatigué et triste , bien naturel à l'homme qui manque trop souvent du nécessaire. Ses traits amaigris et contractés indiquent des souffrances physiques et morales. On le dirait presque aveugle , tant il semble oser à peine fixer le mince morceau de pain qu'il va distribuer à ses deux enfants. Devant lui sont les deux petits êtres qui ont travaillé sans songer au peu de générosité du public. Ils sont là debout, attendant leur nourriture , la petite fille souriante au mouvement du couteau qui tranche en deux la part d'un seul ; son bras est jeté par dessus l'épaule de son frère et son pied s'apprête encore à danser. Lui, plus âgé , considère avec un étonnement naïf l'air de tristesse de son père vers lequel se porte son regard embarrassé. Derrière eux est la mère , les yeux humides , et le troisième personnage, au vieux chapeau chiffonné , se croisant les bras , et les regards arrêtés sur les deux rouges liards avec une froide et pénible résignation.

#### 4° *Le nouveau décoré.*

C'est bien cela , et , s'il y a de la malice , elle est bonne.

Voyez ce monsieur à l'importante rotondité , c'est un capitaine de la garde nationale , probablement marchand épicier de sa profession. Il a été nouvellement décoré , et , au moment où il s'apprête à sortir pour la première fois en la compagnie de son étoile , il se passe en revue et contemple , d'un regard de coin et militairement satisfait , le passage de sa personne dans la glace du *garde parfumerie* de madame son épouse. Celle-ci marche à sa suite les bras croisés sur la poitrine et l'œil en feu comme un grenadier de la garde. Sa jeune demoiselle, dont elle ne s'occupe pas, se cache , toute saisie de plaisir et de stupéfaction , derrière sa maman , mais sans vouloir toutefois rien perdre de la superbe démarche de son immortel papa. Dans le fond de la salle est le portrait d'un gros et épais monsieur , à la figure jouflue et réjouie , aux yeux pochés et blanchis de graisse. C'est celui du capitaine prêtant le serment avec une grosse main qui s'élargit en patte d'oie sur son cœur.

#### M^{me} AMSINCK ,

PEINTRE A RENNES.

#### 1° *La gardeuse de Moutons.*

Charmante esquise de mœurs. La jeune *fillette* a la quenouille atrachée au filet de son jupon , et son fuseau est sur l'herbe, à moitié filé. Elle tient ses mains cachées sous son tablier , et ses regards sont pleins de tristesse et d'ennui. On voit que son imagination travaille et qu'elle soupire après les jeux des enfants de son âge qui se rendent à l'école en se divertissant le long des chemins. Pauvre jeune fille! Un petit garçon ferait mieux, il sifflerait, claquerait du fouet, s'amuserait à faire des chaussées dans le ruisseau du bas de la prairie , ou déchirerait ses vêtements pour aller dénicher des nids de pies.

#### 2° *L'ami perdu.*

Dans un misérable réduit , au milieu des insignes de l'indigence, un viellard , en chaussures déguenillées et en gros sabots , est assis

sur une chaise délabrée. Il contemple, étendu et raide sur ses genoux, l'*ami* qu'il vient de perdre et avec lequel il partageait, lui le
pauvre vieillard, son morceau de pain et son grabat, et *son ami*
des caresses que sa fidélité n'épargnait point à son maître au sein
de sa profonde misère.

Cette scène est pleine d'expression et d'une grande vérité de
détails ; la misère est là dans toute sa tristesse et son abandon,
dans toutes ses souffrances de l'esprit et du corps. Voyez ce vieillard en présence de son pauvre chien, son seul ami, qui expire
sur ses genoux. Il est abattu, ses traits suent la douleur pour
ainsi dire par tous les pores ; son œil rougit sous la paupière qui ne
peut laisser couler aucune larme. C'est un cœur brisé, parce que
dans ce poil qui se hérisse, ce roidissement des membres, ces
yeux avancés hors de leur orbite, et cette langue haletante, il
voit l'anéantissement de l'unique consolation qu'il avait sur la
terre, la perte du seul ami dont il recevait des caresses et qui im-
primait le mouvement et la vie autour de lui, au milieu de sa soli-
tude et de l'abandon des humains.

Ce tableau, d'un effet remarquable de couleur, révèle l'âme du
peintre qui doit-être naturellemet portée à la tristesse, source de
la vrai poésie.

## Mme DE LÉON,

### PEINTRE A RENNES.

Cette dame, excellemment artiste, a exposé deux portraits,
une petite étude d'homme et une jolie copie de *la Vendangeuse*.
Cette dernière est charmante d'attitude. Elle porte, appendue à un
bâton sur son épaule, une belle grappe de raisin. Cette grappe ne
manque pas de mérite, mais la prunelle de la vandangeuse fait
oublier le joyeux fruit dont elle semble faire parade de ce petit air
de taquinerie qui vous dit : Regarde-le, mais n'y touche pas.

Quant aux portraits, ils sont beaux de dessin et de coloris.
Celui de Mlle de T***, jeune personne fort jolie, est un des meilleurs de l'Exposition. On aime à voir entre ses doigts cette petite
pâquerette aimée des jeunes filles et qui leur dit si bien. *Il m'aime
un peu, beaucoup, passablement, pas du tout.* Les premières
réponses leur apprennent tout ; elles ne devraient donc jamais
chercher à passer outre, pour ne pas perdre de temps et traiter
ensuite le chrysanthème de *menteur.*

## M. JOBBÉ-DUVAL François,

### DE CARHAIX, PEINTRE A PARIS.

### *L'Hiver ou la Bohémienne.*

Ce tableau est remarquable comme composition et comme exécution. Les amateurs de papillotes pourront traiter ce genre de *débraillé*, car la pauvre Bohémienne ne respire pas le musc, mais la misère de sa condition dans sa plus grande vérité.

Voyez cette femme aux vêtements déchirés, à la chevelure inculte, retenue à peine par les nœuds d'un foulard ; elle regarde au loin l'horizon en désordre, le ciel qui s'apprête à fondre sur elle en torrents de pluie et en tourbillons de vent. A ses côtés se présent deux petits êtres, image de la misère en bas âge, qui s'accrochent, tout effrayés, à ses haillons. D'une main elle défend sa misérable robe contre les fureurs de l'ouragan, et de l'autre, le bras mis à nu par les déchirures d'une chemise en lambeaux, elle soutient sur son dos le bissac sur lequel est assis un troisième enfant suspendu à son cou. Quelle femme cependant ! Comme sa poitrine robuste et bien dessinée annonce une vigoureuse constitution qui a puisé toute sa force et son énergie dans les fatigues d'une vie vagabonde. Quelque chose de viril se fait sentir dans la pose résolue de cette femme ; à son aspect on juge qu'elle peut remplir auprès de ses enfants les fonctions d'une mère et celles de leur père, ivrogne peut-être et fainéant.

La tête de l'enfant de droite est admirable et a reçu les éloges de tous les connaisseurs.

## M. BRIAND,

### PEINTRE A RENNES.

Cet artiste a exposé plusieurs tableaux d'un mérite réel. Le portrait de M$^{me}$ A. G. J. est bien peint, d'un beau coloris et d'un dessin irréprochable. Une distribution heureuse de la lumière fait ressortir toute l'élégance d'une taille bien prise et parfaitement détachée du fond du tableau. Les chairs, ainsi que les accessoires, sont solidement modelés, et le schall est d'un lainage soyeux qui trompe les yeux. Quant à la ressemblance, elle est, dit-on, parfaite. Ce tableau n'avait pas été dans nos galeries placé dans un jour bien favorable, ce qui ne l'a pas empêché, du reste, d'être justement apprécié par les amateurs.

Dans le portrait de M$^{me}$ Briand, mère de l'auteur, peint sur une toile de moins grandes dimensions, on reconnaît un faire facile, une vérité de coloris et d'expression peu commune chez les artistes peintres. Sa *tête de saint Paul* est une belle et vigoureuse étude. Les *disciples d'Emmaüs*, le portrait de M. L., statuaire à Paris, et celui de M. Paul Briand, son fils ( ce dernier au crayon ), ont attiré l'attention de beaucoup de personnes.

## M. DOMAINE PÈRE,

ANCIEN PROFESSEUR DE DESSIN A L'ÉCOLE CENTRALE DE LAVAL.

### *Léda.*

Vous avez vu, car je le sais, un petit tableau placé près de l'ouverture de gauche, qui conduisait à l'escalier de la galerie supérieure du fond. Comme tout le monde, vous n'aurez pu vous défendre de l'observation que chacun a faite à l'égard de la compagne de Léda. C'est très-bien, vous vous en souvenez, il n'en faut pas demander davantage et nous occuper alors tout simplement de l'objet principal.

C'était, à ce qu'il paraît, une bien jolie jeune fille dans son temps que Mlle Léda, mariée à Tyndare, roi de Lacédémone ; elle n'en fut pas moins aimée de Jupiter, métamorphosé en cygne,

> *Omnia tela adimam, Divum pater inquit, amori.*
> *Ille : Tona; rursum, si volo cycnus eris.*

enfanta deux œufs dont l'un contenait Pollux et Hélène, et l'autre Castor et Clytemnestre.

> *Falsam gremio credula fovit avem.*

Voilà ce que l'on apprend dès l'âge de douze ans dans les collèges.

En roi de Lacédémone, Tyndare pouvait-il désirer mieux ? sa postérié était brillante, et l'histoire n'a pas non plus manqué d'en conserver le souvenir.

*Castor* tué par Ida, et *Pollux*, son frère, partagèrent la même immortalité. On en a fait les Gémeaux de l'almanach. — *Héléne*, cèlèbre par sa beauté, épousa Ménélas, fut enlevée d'abord par Thésée, puis par Pàris, fils de Priam. Ce rapt donna lieu à la guerre de Troie. Ménélas, réconcilié avec son épouse, la ramena à Sparte. Mais, après la mort de ce prince, ses fils naturels la forcèrent de se retirer à Rhodes, où Polixo la fit pendre. — *Clytemnestre* épousa Agamemnon. Séduite par

Egisthe , elle concerta avec lui l'assassinat de son mari , et fut tuée à son tour par son fils Oreste , qui vengea sur tous deux la mort de son père.

C'est là l'histoire de la vie des dieux et des hommes de ce temps là que le tableau de Léda nous a rappelée.

## M. O'POLLET ,

PEINTRE DE PORTRAITS.

### *Madame H....*

Ressemblance parfaite , type réel de l'héroïne qui se moque du *qu'en dira t-on*, et s'écrie, en défendant la porte d'un vieux château : *La garde meurt et ne se rend pas.*

Nous regrettons que l'artiste, qui semble affectionner les couleurs tranchantes, ait fait poser M^me H.... en mouchoir de cou fond jaune moucheté de rouge , car elle ne manque pas de beaux châles ; comme aussi d'avoir donné un air de repos seigneurial aux brides de son bonnet, ce qui est on ne peut plus anti-historique. L'expression de sa bouche à demi-entr'ouverte n'est pas encore selon toutes les conditions voulues et inscrites dans le souvenir de MM. les notaires et avoués qu'elle a tant de fois effrayés par son juron sacramentel de *Noble trompette!!!*

## M. MONANTEUIL ,

PEINTRE AU MANS.

### *Galatée.*

A ceux qui ne le savent pas , nous devons dire que Galatée était une nymphe fille de *Nérée* et de *Doris*.

> Cui pater est Nereus, quam cærula Doris Enixa est. O.
> Nerine Galatea, thymo mihi dulcior hyblœ , V.
> Malo me Galatea petit, lasciva puella. V.

Et comme un grand nombre de mes lecteurs n'en seront ni plus ni moins éclairés avant qu'après avoir lu ces vers , nous ajouterons que *Nérée* , dieu de la mer et père de Galatée , et *Doris* , nymphe de la mer , sa mère , étaient fils et fille de l'Océan et de Thétis. C'est tout ce que nous pouvons dire pour l'instruction de ceux qui veulent tout connaître.

Le tableau de M. Monanteuil est à la hauteur du vers de Virgile, *lasciva puella* , aussi a-t-il provoqué mille observations de la part même de bien des *têtes blanches* qui se l'indiquaient de l'œil et s'entendaient parfaitement, sans parler, en se touchant du coude.

Nous ferons toutefois un reproche à M. Monanteuil ; il a donné à la mer une teinte d'indigo un peu extraordinaire. D'un autre côté, nous le féliciterons d'avoir représenté Neptune se levant, le trident à la main, entre deux rochers, en proie à un véritable courroux, à l'aspect de ces nymphes vêtues comme Ève avant d'avoir péché, et semblant leur crier de loin : *Attendez-moi donc que je vous galoppe.*

## M. CAMILLE DE CHALAIS.

### *Pêcheurs de Nuit.*

Ce tableau décèle un talent distingué. Le silence et l'obscurité pèsent sur la nature toute entière. Caché derrière des bouillonnements de nuages, l'astre des nuits argente de doux reflets la transparence immobile des eaux. Les ombres, partout, sont bien ménagées. Le feuiller dort, et les grandes herbes laissent tomber leurs têtes comme ensevelies dans un profond sommeil.

### M<sup>lle</sup> DE BARESCUT DU VERNET, DE LAVAL.

M<sup>lle</sup> de Barescut a exposé divers tableaux et quelques portraits au pastel. Nous devons leur consacrer un moment d'attention.

### 1o *Un Ange avertit Joseph et Marie de fuir en Égypte.*

Ce tableau est une preuve de plus pour nous qu'un artiste n'exécute son œuvre qu'avec son cœur. L'enfant Jésus est sur les genoux de sa mère ; il dort d'un sommeil profond. En contemplant l'adorable visage de son Fils, la Vierge s'est laissée aller elle-même au sommeil, et sa tête s'appuie doucement et comme par mégarde sur la poitrine de saint Joseph. L'époux de Marie veille et prête l'oreille aux paroles d'un Ange, qui semble d'une main intimer l'ordre de prendre l'Enfant, et de l'autre indiquer le chemin qu'il va suivre.

Ce tableau a du mérite. Les têtes de l'Enfant et de la mère sont charmantes de naturel; on ne peut leur reprocher aucune prétention. C'est le sommeil réel de l'innocence et de l'amour maternel.

### 2o *Une jeune fille effeuillant une rose.*

Cette étude, dont notre musée devrait s'enrichir, est remar-

quable par une grande vérité de dessin et de coloris. La fin prochaine de cette vie, bientôt effeuillée comme la rose que la jeune
fille tient entre ses mains , répand une teinte allanguie sur les
carnations. C'est une jeune fille qui sourit à l'existence ; on sent
bien le corps sous la robe , mais demain elle sera dépouillée de ses
ornements et aura disparu avec la dernière feuille de sa fleur.

### 3º *Portraits des enfants de M. D. P. de Laval.*

Admis au salon de 1846 au Louvre, voici en quels termes
l'*Impartial de Seine et Oise* fait la critique de ce tableau :

« M<sup>lle</sup> Estelle de Barescut, sous le Nº 78, a exposé sur une
« même toile deux portraits, en pied, d'enfants, qui, par le
« fini des détails et l'habileté du pinceau, ne sont pas une des
« œuvres les moins remarquables du salon. Les formes sont arron-
« dies, fermes, gracieuses ; les chairs sont fraîches et rosées ; le
« sang circule ; l'air existe abondamment ; les plis des vêtements
« sont suffisamment accusés. M<sup>lle</sup> de Barescut, pour ses tableaux,
« a été heureusement partagée, car le caractère de ces enfants
« présente une différence marquée. L'un , dont l'expression de
« douceur a dû offrir des difficultés réelles à l'artiste, difficultés,
« du reste , dont elle a habilement triomphé ; le second des en-
« fants, au minois mutin, a plus de charmes ; l'esprit pétille en
« lui. Ici , on le voit, l'artiste était à l'aise ; son pinceau se jouait
« sur la toile, et le succès a couronné ses efforts. Nous ne l'en fé-
« liciterons pas ; depuis si long-temps elle nous a tant initié à
« l'habileté , à la facilité de son talent qu'il est désormais inutile
« d'en faire l'éloge. »

### 4º *Portraits au pastel de M<sup>mes</sup> d'H. et de B.*

Pose naturelle et gracieuse, coloris vrai, justesse et localité
dans les tons, dessins corrects, élégance et fraîcheur, telles sont
les qualités qui distinguent ces deux tableaux. La ressemblance en
outre est positive et atteste très-éloquemment du talent remarquable de l'artiste comme portraitiste.

### M. MESSAGER , DE LAVAL.
### *Vue de Laval , prise du Grand-Port.*

Ce tableau est sans contredit le morceau capital de M. Messager.
Dans cette reproduction d'une partie vieille et unique en son

genre peut-être de notre ville , l'artiste a fait preuve d'un talent,
d'une correction de dessin et d'entente de coloris dignes d'éloge.
L'architecture des baraques en bois groupées sans ordre sur le
bord de la rivière est fidèlement reproduite , ainsi que notre vieux
pont au-dessus duquel se dresse le château qu'habita notre Béatrix
de Gavres. Comme un fleuve qui ne doit pas rester sans nom , la
*Méenne* coule majestueusement sous ses arches. Ses eaux ont de
la transparence , et l'on aime à contempler leurs bouillonnements
à la chaussée de Belaillé , détruite aujourd'hui , mais que rap-
pellera toujours la nuit mémorable du 25 septembre 1429, pendant laquelle le meunier de Belaillé transporta d'une rive à l'autre
les trois cents libérateurs de Laval , dont l'audacieux courage
chassa les Anglais qui s'étaient , par surprise , emparé de la cité de
nos pères.

M. Messager a en outre exposé , dans un cadre , trois planches
tirées de la *Mayenne pittoresque* , publiée par lui en livraisons ,
avec textes et dessins. Une est lithographiée et les autres gravées
sur pierres par le même artiste , et d'une manière fort remarquable. Nous avons inutilement cherché à la Bibliothèque de
notre ville les deux volumes de la *Mayenne pittoresque* , que
nous voulions consulter et dont la cité de Laval aurait dû faire
l'acquisition. Nous savons de reste que notre étonnement a été
partagé par tous ceux qui fréquentent cet établissement public.

### M. D'ARCY , DE SAINT-MALO.

M. d'Arcy a un talent très-fin et très-délicat. *L'intérieur
d'atelier* et *l'amateur de gravures* rappellent la manière si
charmante de Meissonnier.

Il a exposé aussi un grand nombre d'aquarelles qui sont d'une
légèreté parfaite. Son attelage embourbé sous un orage est très-
remarquable.

### M. DESCHAMPS , DE NANTES.

Les paysages de M. Deschamps ne sont pas sans mérite. La
*vallée* du Grésivaudan est fort ressemblante et rend bien l'effet
de cet admirable point de vue.

### M. D'EVRY , DE CHANGÉ , PRÈS LAVAL.

*Une vue de Venise et un brouillard dans les Alpes.*

Le lointain du premier tableau est magnifique : les monuments
se baignent dans une vapeur dorée.

Le second est fort remarquable. L'artiste-amateur a traité habilement les lointains qui se montrent au travers et au-dessus des brouillards. Un filet d'eau torrentielle , descendu de la montagne , divertit l'œil par le mouvement de ces petits flots argentés et pleins de transparence.

## Esquisse de mœurs.

C'est une petite fille devant une table. Elle n'est pas habillée complètement, mais sa poupée est déjà en grande toillette du dimanche. Sans souliers , et la jambe sous elle au milieu d'un oreiller placé de travers sur la moitié d'une chaise qui est encore garnie d'une corde à sauter , elle vous regarde avec gentillesse et dans l'attente des compliments qu'elle mérite pour la mise coquette et recherchée de sa poupée, qui lui sert d'étude pour tous les moyens qu'elle devra un peu plus tard mettre en usage dans le monde.

Ce tableau est d'une vérité charmante.

## M. CHARNAL, DE RENNES.

### Dessin à l'encre.

Ce tableau représente une femme au pied d'un arbre, entourée de deux animaux féroces qu'elle n'aperçoit pas parce que son attention est entièrement absorbée par une scène lointaine, commencée sans doute autour d'elle , ainsi que l'indiquent un chapeau de marin perforé , un poignard , une lance brisée , un câble coupé, une ancre abandonnée , et les débris d'un sabre.

Ce travail est méritant ; il exige beaucoup de patience et un talent véritable pour vaincre les difficultés de la perspective au moyen d'une seule teinte , et de la sècheresse si prompte et si inévitable de l'encre.

## M. LACHAISE,

### PEINTRE A LA FLÈCHE.

Les objets exposés par cet artiste ont attiré l'attention de beaucoup de personnes. Son *groupe d'oiseaux morts suspendus contre un bas-relief en plâtre* mérite des éloges. Le colori des divers plumages est naturel ; les coups de pinceau sont fins. Tout y est d'une vérité saisissante jusqu'à cette nature morte d'oiseaux se détachant sur le fond de cette autre nature morte d'animaux en plâtre auxquels ils sont accolés.

Nous dirons également que ses *esquisses coloriées de décorations de châteaux ou hôtels* ont eu l'approbation des amateurs.

---

### SCULPTURE.

La sculpture a fourni à notre Exposition différents objets d'art d'un grand mérite. Nous nous arrêterons aux plus remarquables. Plusieurs sont dignes de l'attention et de l'étude des artistes.

### *Autel.*

Construit sous l'habile direction de M. Renous, architecte en notre ville, il est son œuvre tout entière. Disons le aussi, l'idée de l'auteur a été parfaitement traduite par M. Deschamp, dont le ciseau intelligent a su donner à la pierre cette existence artistique à laquelle il est si difficile de parvenir.

Cet autel, en pierres dites de *la rairie*, a 2 mètres de longueur, 80 centimètres de largeur et 1 mètres 5 centimètres de hauteur. Il a le caractère du XI$^e$ siècle, et chacun des détails de son ornementation reproduit, avec une inexprimable naïveté, les bizarreries de l'art au moyen-âge.

Sur sa face principale, six colonnes se détachent de la pierre et laissent entre elles cinq entre-colonnements occupés par les quatre Évangélistes et la Vierge ; à gauche saint Mathieu et saint Marc ; à droite saint Luc et saint Jean ; au milieu la sainte Vierge, tenant sur ses genoux l'enfant Jésus. La mère du Sauveur porte sur la tête une couronne armée de pointes, qui rappelle celle des anciens Rois Francs, et son fils a la tête couronnée d'un nimbe marqué du sceau de la croix. Dans sa main gauche il tient un rouleau déployé, sur lequel on lit : *Ego sum lux mundi*, et sa main droite s'élève avec la joyeuse tendresse d'un Enfant-Dieu pour vous bénir.

Toutes dissemblables quant à leurs ornementatious, les colonnettes offrent un travail vraiment exquis. Sur le parement de l'une d'elles court une spirale armée de têtes de clous ; l'autre est décorée d'une série de losanges s'entrelaçant entre eux ; celle-ci est un composé de feuilles engagées les unes dans les autres ; celle-là de petits parallélogrammes entaillés et réunis régulièrement. Toutes sont surmontées de gracieux chapitaux où l'on rencontre, à côté d'entrelas et de feuillages, des petites figurines qui semblent sourire au spectateur ; toutes sont couronnées d'archivoltes autour desquelles s'enroulent merveilleusement les attributs des Evangélistes : l'ange à la face terrestre , qui dicte à saint Mathieu la généalogie humaine du Sauveur , le *lion* de saint Marc, armé d'ailes gigantesques , et dont la moitié du corps se déroule en replis tortueux pour aller se réunir au bœuf de saint Luc , terminé aussi par une spirale gracieusement contournée ; enfin l'aigle de saint Jean.

Sur les faces latérales sont deux sujets allégoriques. D'un côté un pélican qui nourrit ses petits de son sang ; de l'autre deux colombes se désaltérant dans un calice , images du sacrement de l'Eucharistie auquel sont conviés les vrais disciples de Jésus-Christ qui ont le cœur rempli de simplicité , de douceur et de charité , laissant derrière eux , ainsi que le représentent les deux colombes à la queue terminée par le corps et la tête du serpent, les mauvais penchants de la jalousie , de l'envie , de la haine et de l'astucieuse hypocrisie.

Tel est cet autel , non moins parfait dans son ensemble que dans ses détails. Tout y est traité avec talent et avec goût , tout est galbé avec une pureté remarquable ; tout s'enroule , se coordonne avec grâce et vérité. On voit que l'artiste a fait une étude sérieuse de son art , qu'il en connaît les beautés et sait les reproduire.

Cet autel est destiné à la remarquable chapelle romane de l'ancien château des Guy , actuellement transformé en prison. Jadis , au temps des seigneurs, cette chapelle était ouverte au public ; on y arrivait par le Val de Maine , du côté de la ruelle qui existe entre les maisons Bezier et Dugas. D'immenses escaliers , traversant une des travées des voûtes qui supportent le bâtiment réservé aux femmes , y conduisaient. Cette partie souterraine du château a été comblée depuis long-temps et se trouve inexploitable. On doit regretter qu'un travail si habilement combiné et si solidement exécuté reste aujourd'hui ignoré et enfoui à tout jamais. Les voûtes qui couvraient l'entrée de la chapelle ont une élévation d'au moins dix mètres au-dessus du Val de Maine , et leur axe une largeur de quatre mètres au moins.

A l'époque de la Révolution , la chapelle du château reçut la foule des suspects ; plus tard , elle devint un atelier pour les prisonniers tisserands , une petite chapelle ayant été , au rétablissement du culte , bâtie dans une autre partie de l'enclos.

En 1846 , un projet de restauration de la prison de Laval ayant été soumis au conseil général du département fut agréé et dut recevoir son exécution. Ce projet, présenté par M. Renous, comprenait l'organisation de la maison d'arrêt suivant le mode de pénitencier cellulaire, et la distribution de la grande cour en plusieurs préaux pour les différentes catégories des détenus. Dans son rapport, l'architecte n'oublia point la chapelle du château, et, dans la prévision de l'exécution rapprochée de la seconde partie de son plan, qui entraînait la démolition de la nouvelle chapelle, il étudia spécialement les moyens de rendre au culte celle qui avait tant vu de seigneurs s'agenouiller au pied de son autel.

Aujourd'hui, tout est résolu. L'ancienne crypte est rajeunie et reçoit maintenant, sous le patronage de Marie, les malheureux qui y viennent chercher des consolations aux pieds de la Consolatrice de toutes les douleurs.

### M. BARRÉ, DE RENNES.

Cet artiste distingué de la ville de Rennes, dont nous avions déjà été à même d'apprécier le mérite à l'occasion de la statue de la Vierge et de l'enfant Jésus qui décorent aujourd'hui le maître autel du lycée de Laval, a exposé dans notre palais de l'Industrie divers objets d'art parmi lesquels nous devons citer en première ligne *saint Jean l'évangéliste* (grande statue). L'apôtre est debout, dans la posture du disciple bien-aimé, les yeux tournés vers le haut de la croix au moment où Jésus, sur le point d'expirer, dit à sa mère : *Ecce filius tuus.*

Pas un visiteur qui n'ait été impressionné à l'aspect grandiose de cette belle conception. Que de tristesse, que d'amour, que de résignation sainte sur ce noble visage ! La beauté de la pose, l'heureuse disposition des draperies achèvent de grandir cette religieuse conception et en font un tout complet qui reste ineffaçable dans la mémoire.

Les deux statuettes de *Jésus flagellé* et de la *Magdeleine au désert*, sont la réduction des statues originales placées à l'église Saint-Nicolas de Nantes, et n'en sont pas moins admirables. Le Christ souffre, mais de cette souffrance qui révèle un Dieu sous la verge de barbares n'ayant de l'intelligence humaine que ce qu'il en faut pour être esclaves et bourreaux de celui qui les avait bénis et leur avait enseigné que les hommes sont tous les enfants de Dieu, qu'ils sont frères et doivent s'aimer et se secourir entr'eux.

La Magdeleine, autre expression de la douleur, est véritablement digne de toutes les grâces du ciel. Après Marie, expression humaine des vertus angéliques , la place à côté de Jésus appartient en effet à la Magdeleine ; le repentir à côté du pardon ! N'est-elle pas cette femme qui a tant souffert par le cœur , que Jésus daigna relever quand elle se jeta à ses pieds et bénir dans toute la clémence et la tendresse de son âme divine. Magdeleine pleure ; elle est affaissée sous le poids de ses regrets ; le monde a ri d'elle parce qu'elle aimait , et le monde rira d'elle parce qu'elle fuira son amour. Contemplez cette infortunée à côté d'une tête de mort et pressant sur son cœur la croix où le Christ a expié les péchés du monde ! Combien elle est belle , attendrissante ! Qu'elle est digne de respect.

Outre ces objets , M. Barré a exposé plusieurs bustes et médaillons d'une exécution parfaite. La tête de la Vierge et de l'enfant Jésus (bustes moulés sur les statues orginales placées dans la chapelle du lycée de Laval) sont des types admirables d'expression. Quant à ses portraits en plâtre ou en bronze, ils sont d'un beau fini de détails, et le souffle de vie qui semble les animer nous est un sûr garant de leur ressemblance.

## M. CHOMEREAU ,

PROFESSEUR DE DESSIN AU LYCÉE DE LAVAL.

### *Projet en relief d'un monument à élever à la gloire de l'Industrie Mayennaise*

Ce monument, d'une conception véritablement grandiose , a pour base une fontaine et pour couronnement la statue de Béatrix de Gavres. Il se compose d'un bassin circulaire garni intérieurement de culs de lampes en saillie. Le bassin est relié par quatre piédestaux sur chacun desquels est un lion au repos , qui déverse l'eau continuellement ou chaque fois que l'on presse un piston placé à ses côtés ; parmi des touffes de roseaux et adossés à un rocher, quatre tritons supportent un espèce de vasque ou soubassement de la base d'un piedestal quadrangulaire, orné , à chacune de ses arêtes intérieures , de dauphins, par les narines desquels doivent jaillir des filets d'eau. Les corniches des quatre faces du piédestal sont ornées de statues allégoriques , exécutées en haut relief et représentant l'*Agriculture* , le *Commerce* , les *Beaux-Arts* , la *Justice ;* et au-dessus du cintre des corniches , les écussons , aux armes de Guy , de la maison de Béatrix et de la ville de Laval; le tout est surmonté de la statue de BÉATRIX, debout, la quenouille au côté, le fuseau à la main et à côté d'elle un métier à tisser.

*Modèle, en relief de cire, d'ornements pour coffret à bijoux.*

On ne saurait trop admirer le fini des fleurs et des ornements de cet objet d'art qui, quoique inachevé, a figuré avec honneur à l'Exposition universelle de Londres et a mérité des éloges de la part du commissaire général du gouvernement français en la capitale des trois royaumes, qui regrettait vivement de ne pouvoir le présenter au concours des récompenses, parce que les règlements s'opposaient à ce que des prix fussent décernés à des œuvres non entièrement terminées. Cependant le beau travail de M. Chomereau a été dignement apprécié par le jury d'examen de l'Exposition de Londres qui lui a fait parvenir, par l'intermédiaire de l'ambassade anglaise, une magnifique Médaille en bronze, grand module, un gros volume richement relié et une attestation à son nom, avec jolie gravure en tête et signature autographe du Prince Albert, que son œuvre méritait cette récompense.

M. Chomereau ne peut manquer de recevoir les congratulations du public lavallois pour son patriotisme et son talent.

### M. PIERRE GOURDEL, DE RENNES.

Il y a autant de sentiment que de poésie dans l'âme de cet artiste. *L'esquisse de la retraite de Moscou* est un bas-relief qui rappelle une terrible page de notre histoire, le désordre dans les rangs de la vieille garde, habituée à marcher comme un seul homme et à garder sous le feu de l'ennemi l'alignement d'un mur de citadelle. Ces bataillons, ébranlant le monde au bruit de leurs seuls pas et faisant fuir, au seul aspect de leurs bonnets à poil, des armées entières, sont maintenant rompus ; ils s'en vont à l'aventure, la tête baissée, le givre appendu à leurs vêtements et des glaçons à leurs moustaches. L'ennemi cependant ne les a pas vaincus. Non, ils tombent par milliers devant le brasier qui réchauffe un instant leurs membres glacés ; ils ne sont même pas les vaincus du climat, car ils périssent et aiment mieux périr de froid et de faim que d'abandonner le mousquet dont ils ne peuvent plus se servir pour la gloire de la France.

Cette esquisse est une idée ébauchée avec beaucoup de vérité ; elle sera reprise par l'auteur qui l'exécutera avec le soin que mérite le sujet, et dont il a fait preuve dans ses autres compositions.

Dans ses groupes en terre plastique M. Gourdel a représenté :

1° *La Résignation.* Un vieillard aveugle demandant l'aumône. A côté de lui est un orphelin à qui il sert de père. Son chapelet entre les mains, il prie avec une douce ferveur ; la paix est sur son visage ridé. Il est assis au pied d'une vieille écorce d'arbre, emblême de ses vieux jours, et son chien fidèle semble vouloir lutter de caresses avec l'orphelin pour consoler le bon vieillard, qui remercie Dieu de lui avoir donné dans son malheur les consolations de l'amitié, de la reconnaissance et de la fidélité.

2° *La Charité.* Une femme s'empresse de satisfaire aux besoins de deux petits enfants, l'un assis auprès d'elle, et l'autre soupirant après la *coupe du banquet maternel* qu'il convoite de ses deux mains.

3° *Le Bonheur.* Un jeune pâtre joue de la flûte à côté de ses moutons. N'est-il pas heureux ? Les oiseaux l'écoutent et ne sont point jaloux ; la bergère au loin sourit aux airs de son chalumeau, tandis que dans le talus de la haie est un petit four où cuisent ses pommes, et un petit autel orné d'une petite image qui lui rappelle les reposoirs de la Fête-Dieu. Ce sont bien là des récréations champêtres et un véritable bonheur pour l'enfance.

4° *La Méditation.* Un religieux qui médite et tient dans ses mains une tête de mort. Oh ! que de choses une tête de mort rappelle ; que de choses elle enseigne ! L'homme peut bien, à la suite d'une pareille étude, s'écrier : Le monde, c'est de la fantasmagorie ; que sont devenus ces beaux yeux, ces regards enivrants ? Ils ont disparu ; à leur place sont deux cavités. Que sont devenus ces sourires, ces douces paroles ? Frappez à cette place où s'épanouirent le lys et la rose, et un son sec et creux vous répondra. La tombe maintenant a le secret de toutes les pensées qui enflammèrent le cœur de cette créature ; il ne reste d'elle aucun témoignage qu'elle a été, si ce n'est cet ossement qui fait dire au religieux : Dieu seul est vrai.

M. Gourdel a réellement fait preuve de talent dans chacun de ces groupes. La vérité des pensées qu'il veut reproduire est, on peut le dire, artistement exprimée. Chacun de ces groupes est digne du sujet qu'il représente.

Il a de plus mis à notre Exposition deux portraits ( bustes en plâtre ), celui de M. le docteur D. et celui de M. H., peintre et musicien, et un médaillon ( portrait d'une femme ).

## M. DE LA HAIE, D'ERNÉE,

A présenté différents objets sculptés qui annoncent une grande habileté naturelle, car il a été à lui-même son propre et unique maître. Son *Christ*, en bois, est d'un seul morceau ; les bras ne sont point rapportés. Sous ce rapport il présente une véritable difficulté de travail. Nous en pourrons dire autant et plus encore de l'*Ange gardien*, en cerisier, formant un groupe dont aucune des parties n'est détachée. Nous avons également remarqué le couronnement ( un lion ) du *porte-montre* en buis, qui ne fait qu'un seul et même morceau avec le plateau. Ce sont, nous a-t-on dit, les premiers travaux en ce genre de M. de La Haie. Ils sont heureux puisqu'il n'a reçu ni leçons, ni conseils d'aucun maître de dessin et de sculpture. L'*enfant Jésus* en nacre, couché sur une croix en ébène, aux bouts sculptés, doit être pour lui un souvenir bien gracieux des premiers essais de son talent.

## M. DE LA CHOUX DE LA MÉTRIE.

Il y a des personnes heureusement nées et chez lesquelles l'amour de l'occupation engendre le talent. Nous en avons encore une preuve dans ce joli petit meuble pour femme, sorti, je ne dirai pas de l'*atelier*, mais du cabinet de travail de M. de La Choux de La Métrie, de Pontorson. Ce meuble, véritablement tentateur et qui a reçu d'honorables félicitations de lèvres bien roses, bien souriantes et tant soit peu envieuses, est un guéridon en racines de frènes, surmonté d'un plateau fait de quatre coquilles de Naples. Son genre peu commun, ses sculptures toutes d'imagination en font un ouvrage charmant. Aucun principe n'a présidé à ce travail, et c'était pour la première fois, et sans aucune étude préliminaire, que M. de La Choux de La Métrie maniait le ciseau de l'ouvrier.

## M. FOUGERAY, DE MAYENNE.

1º Un chapiteau en plâtre, sculpture du XIIIe siècle.

2º Un bénitier en bois de chêne du Nord, d'un joli travail, sculture du XIIIe siècle, supporté sur un rinceau. Le bénitier représente des ornements entrelacés, couronnés par une feuille de choux sur laquelle se promène un limaçon qu'on croirait naturel, et le tout d'un seul morceau.

3° Un chandelier de salon, sculpture du XIII<sup>e</sup> siècle, avec une petite statuette de la Vierge, au centre d'une chapelle ouverte sur ses quatre faces.

## MANUFACTURES.

### FILÉS ET TISSUS.

Une galerie tout entière avait été réservée à l'exhibition des tissus de toutes sortes : *toiles*, *calicots* et *coutils;* aux produits filés qui les composent, et aux instruments ou ustensiles nécessaires à leur fabrication.

L'espace était bien rempli ; l'appel fait aux industriels de notre département et des départements limitrophes parfaitement entendu.

Avant de nous occuper des divers tissus de fil, de fil et coton, de coton, de laine, et de laine et coton, nous parlerons des matières premières employées à leur fabrication, des lins, cotons et laines filés.

La France, d'abord tributaire des Anglais pour les lins filés à la mécanique, est aujourd'hui en mesure de suffire à sa consommation. Les immenses filatures des départements du nord et de la Normandie expédient dans tous les centres de fabrication, et l'importation anglaise se réduit, depuis long-temps déjà, à certains genres spéciaux dont la vente est nécessairement bornée.

Trois filateurs avaient étalé à notre exposition des échantillons de leurs produits. C'étaient MM.

ABERDEEN-GORDON, à Montrose (Ecosse).

FERAY et compagnie, à Essonne (Seine et Oise).

CATERNAULT, CAILLÉ et compagie, à Chollet (Maine et Loire).

MM. Aberdeen sont au nombre des quelques maisons anglaises qui ont conservé en France le placement de leurs produits à cause de leur belle qualité.

### M. FERAY et C<sup>ie</sup>, d'Essonne.

Nous nous dispenserons de louer les fils de MM. Feray et compagnie, d'Essonne : nous dirons seulement que tous les fabricants reconnaissent le mérite de leur filature. Ils ont donné un élan bien glorieux à l'industrie française, car ils ont osé, les premiers, créer un établissement rival des établissements les plus considérables de l'Angleterre ; les premiers ils ont lutté victorieusem...

contre l'importation anglaise, et ils sont restés en tête des filateurs français par la supériorité incontestable de leur fabrication. *L'habileté industrielle est héréditaire dans cette famille, et M. Feray serait à bon droit l'orgueil de son aïeul, M. Ober-kamp, si ce remarquable manufacturier existait encore.* ( Extrait du *Rapport du Jury central*, année 1844. )

Outre leur linge de table damassé, si varié et si riche de dessins, MM. Feray et C<sup>ie</sup> ont exposé des produits de leurs ateliers de fonderie : *lame à crochets et lame à maillons faits avec des nœuds doubles.* Ces deux lames sont faites mécaniquement ainsi que les têtes.

La machine à fabriquer les lames à crochets passe dix-huit à dix-neuf mille lisses par 12 heures de travail, et celle à fabriquer les lames à maillons avec nœuds doubles, 12 à 13 mille lisses dans le même espace de temps. Chacune de ces machines peut être menée par un enfant ou même par un moteur, et, dans ce cas, une jeune fille peut en soigner trois. Au moyen de ce système, la longueur à donner aux lames demeure indéfinie, et la largeur variable de cinq centimètres. Les têtes de lames sont exécutées par une tresse qui ne laisse aux lisses aucune possibilité de se déplacer ou de se déranger, les comptes étant marqués par un fil rouge.

Cette invention de MM. Feray mérite certainement l'attention des fabricants. Jusqu'à présent il n'avait été fait aucune machine fabricant complètement les lames à la mécanique. Nous ne connaissons pas au juste le prix de ces machines, qui ne doit pas être élevé toutefois ; si nous nous en rapportons à ce que nous en avons pu apprendre, la première serait de 1,900 francs et la seconde de 2,400 francs.

Quant aux fils de MM. Caternault, Caillé et C<sup>ie</sup>, de Chollet, ils sont parfaitement filés et dignement appréciés de nos fabricants.

Les cotons filés de MM. Duret, de Brionne (Eure), et Théodore Rosney, d'Ouilly-le-Vicomte (Calvados), ont mérité l'approbation des hommes spéciaux. Ceux de M. Duret de Brionne ont été loués surtout sans réserve.

### MM. VERDIER frères, de Fresnay (Sarthe),

Avaient envoyé un remarquable assortiment de toiles de toutes sortes et de toutes largeurs. Le jury d'examen s'est arrêté souvent avec admiration devant leur étalage. Des murmures élogieux circulaient dans la foule à la vue de cette magnifique pièce de toile de près de trois mètres de largeur, qui ne sortira pas de notre pays, car elle a été achetée par une de nos riches familles.

## M. JEAN-BAPTISTE COUANIER , de Laval.

Ce fabricant a exposé une belle collection de toiles qui a également attiré les regards des connaisseurs ; elle eût été mise en première ligne si l'exposant, membre du jury d'examen et rapporteur de sa section , n'avait cru devoir, par un sentiment de délicatesse honorable, se retirer du concours.

## M. RABBÉ , de Laval.

Ce fabricant mérite essentiellement pour sa belle fabrication de toiles et de mouchoirs.

**M. A. GENESLAY** , de Laval , représentait à l'exposition les maisons suivantes .

1º **M. T. MERCIER** et C<sup>ie</sup>, filateur à Brives, près Mayenne.
Cet établissement possède une filature hydraulique produisant sept cents kilogrammes de coton par jour, depuis le N° 2 jusqu'au N° 50, chaînes et trames. Sous la direction de M. Leghère, ancien employé dans les maisons les plus renommées de l'Alsace, cette belle filature suit pas à pas tous les progrès des machines à filer Anglaises et Alsaciennes. Soùvent, pour la fabrication des coutils, ses cotons sont préférés aux chaînes continues de Rouen et d'ailleurs , et très-recherchés pour la teinture grand teint ( articles mouchoirs et rouennerie ). Une vitrine , renfermant des cotons en bobines de tous les numéros , et une dizaine de paquets en écheveaux , a fixé l'attention de certaines personnes de la même partie qui se sont plues à rendre le témoignage le plus flatteur de la bonne confection de ces produits.

2º **MM. HUGON** et **ALLIOT** , retordeurs à Cholet (Maine et Loire).
Les produits de leur retorderie , qui est mue par une pompe à feu , rivalisent honorablement avec les plus beaux retors Anglais et Français. Leur fils et cotons à coudre et à broder ont constamment , par leur beauté et la modicité de leurs prix , attiré les regards des dames. Quant à leurs retors à lissures , de 9 et 12 fils,

ils sont assez connus de la fabrique Lavalloise, qui les emploie souvent en première ligne, pour que nous nous dispensions d'en parler.

3o MM. Pellaumail, Montel et Félix Durand, de Cholet (Maine et Loire), ont envoyé à notre Exposition un très-bel assortiment de mouchoirs de poche en pur fil et en coton, cotés depuis 4 fr. 25 la douzaine jusqu'à 22 fr., des toiles de 1 fr. 15 le mètre au plus haut prix, et des serviettes qu'il n'est guère possible de fabriquer à meilleur compte.

4o MM. Antoine et Germain Camus, de Cholet, complétaient la série des mouchoirs des précédents par les leurs, cotés de 20 à 26 fr. la douzaine. Ces produits ne laissaient rien à désirer pour la qualité ; mais on a toutefois regretté de n'avoir pas eu sous les yeux leurs autres produits d'un prix moins élevé.

5o M. Petél, teinturier chineur à Saint-Léger-du-Bourg-Denis, près Darnetal (Seine-Inférieure).

L'étalage de cet industriel, qui, le premier, a expédié des cotons chinés à Laval, se compose d'une nombreuse collection de chinages dont la teinture est de bonne qualité et bien appréciée de nos fabricants. A côté de ces chinages nous avons remarqué une série de dessins à fleurs, parfaitement exécutés sur soie, laine et coton, et qu'il est facile d'imprimer en chaîne ; puis des échantillons de diverses impressions, grand teint, d'un prix très-modique.

Nous sommes persuadé que la commission a regretté de ne pouvoir admettre au concours des primes cet habile industriel.

6o MM. Pineau frères, à Saint-Georges (Maine et Loire).

Leurs mouchoirs de couleur servaient à encadrer les mouchoirs blancs de leurs confrères. C'est sans doute par un sentiment de modestie, tout à fait inopportun en cette circonstance, que ces fabricants semblaient craindre d'envoyer à notre Exposition des articles peu capables, disaient-ils, d'attirer l'attention publique. Cependant ces articles ont été remarqués ; ils méritaient de l'être, et le seul reproche que nous ayons entendu faire à la collection de leurs produits, c'est qu'elle n'était pas assez variée.

7o M. Diéul, de Flers (Orne).

Bien des visiteurs se sont arrêtés devant son étalage de peignes à tisser et de lames à maillons et à boucles. On admirait surtout un peigne de près de trois mètres de longueur, fait à la mécanique, et d'une confection aussi solide que régulière.

8º M. Dauge , à Croissanville ( Calvados ).

Ce filateur n'a malheureusement exposé que quelques retors de lissures qui ne sauraient nous donner une idée exacte de ses produits , journellement employés dans la fabrication Lavalloise.

### M. P. CHESNEAU , filateur en laine à Laval.

Avant l'importation du tissage de la toile dans notre pays , vers l'an 1298 , par des ouvriers de Flandre qui avaient suivi Béatrix , femme de Guy de Laval , ix$^e$ du nom , dit un ancien dictionnaire du commerce , il se fabriquait dans la province du Maine une grande quantité de serges trémières , d'étamines et de droguets , fil et laine. Château-Gontier ( alors de l'Anjou ) possédait 50 métiers et 23 maîtres livrant chaque année au commerce environ onze cents pièces de trois sortes d'étoffe. Trois foulons y faisaient les apprêts du dégraissage et du foulage. On y comptait 4 chapeliers et 9 tanneurs. Laval possédait 60 à 70 métiers et 30 maîtres fabriquant quatre cents pièces d'étoffes ; mais on en marquait un pareil nombre apporté du dehors. Il y avait aussi trois foulons. Mayenne ne différait guère de Laval , et sa fabrication consistait en serges trémières et en droguets de fil. Le débit de ces étoffes se faisait au Ludes , dont la réputation commerciale en cette matière était connue et méritée. Ainsi en a-t-il été et en est-il encore de nos toiles qui se vendent en beaucoup de localités sous le nom de toiles de Troie.

Le même dictionnaire du commerce explique ainsi la diminution des manufactures de sergeterie dans l'élection de Mayenne et de Laval ; c'est ou parce que les laines y sont trop dures, ou parce que la plupart des ouvriers ont quitté la sergeterie pour travailler au tissage des toiles. On a vu , ajoute-t-il , jusqu'à vingt mille ouvriers occupés dans ces sortes de fabriques.

La fabrication des tissus en laine a donc fait autrefois partie des richesses de notre pays , et nos ouvriers devaient être habiles puisqu'on vendait leurs produits sous le nom d'une ville fort renommée dans le monde commercial.

Depuis long-temps , cette industrie était négligée parmi nous ; elle vient d'y être réimportée par la plus heureuse des tentatives. Grâce une fois encore à notre Exposition , nous avons pu nous convaincre de l'importance de la manufacture de Chanteloup sous l'habile direction de M. Chesneau. Ses produits ont surpris et émerveillé tous les regards.

*Flanelles unies*, laine et fil ; *flanelles fantaisie*, laine et coton, glacées, virginies, deux et deux, rouges ; *satins* laine et coton pour pantalons, rivalisant avec les draps nouveautés ; *tartans* unis et à carreaux, imitant, à s'y tromper, l'article de Reims ; *satins chinés*, laine et coton, pour paletots d'été ; échantillons de laine filée ; tous ces objets étaient de la plus belle fabrication, et la matière en laines du pays, de la Bauce et de l'Afrique.

La teinture ne laissait rien à désirer, et rivalisait par ses riches nuances avec la beauté du tissu.

L'usine de Chanteloup, si heureusement située sur le bord de la Mayenne, occupe une multitude d'ouvriers filateurs, teinturiers, apprêteurs et tisserands. Mue par l'eau, elle file, avec ses neuf cardes américaines pour peigner la laine et ses quatorze métiers à filer, depuis 4 quarts jusqu'à 50 quarts ; elle est une ressource pour beaucoup d'ouvriers lorsque la morte-saison suspend en partie les travaux dans les autres fabriques.

Cette nouvelle branche d'industrie renferme tout un avenir de richesses pour notre pays. L'éducation des bêtes à laines dans nos campagnes en ressentira les plus heureux effets. On ne saurait donc trop encourager les efforts de M. Chesneau qui a ramené à vie notre industrie ancienne, parée de tous les progrès du siècle, et vient de trouver le moyen de faire sécher les laines, au sortir de l'eau, en cinq minutes.

La filature de laines de M. Chesneau fait naturellement songer à une filature d'une autre espèce, indispensable au commerce de Laval. Nous voulons parler d'une *filature de lin*, si essentiellement appelée dans notre Mayenne à jouer le rôle le plus important. Quels brillants succès n'obtiendrait pas en effet dans nos contrées une usine de cette nature ? Possédant la matière première et l'emploi des fils dans notre pays, nous pourrions lutter avec d'immenses avantages contre tant de filatures obligées d'acheter nos lins, puis d'aller chercher ailleurs leurs débouchés et de nous les retourner à nous-mêmes pour la fabrication de nos tissus.

Des sociétés en commandite se forment pour l'établissement de certaines banques dans les cités commerçantes ; que des sociétés s'établissent donc aussi pour la propagation des lumières et du travail dans les départements ; le résultat sera doublement heureux pour tous, c'est-à-dire du pain pour l'artisan et un rapport autrement considérable en argent pour le sociétaire que celui d'une banque départementale. Qu'il s'établisse également dans notre ville, sous le patronage de nos administrations, une *école* des tissus où seraient appelés les fabricants, les contre-maîtres et les tisserands pour y apprendre à LIRE LES TISSUS, seul moyen de faire comprendre à un grand nombre d'ouvriers leur propre fabrication, de s'en rendre compte et de découvrir des merveilles d'exécution qui restent à tout jamais enfouies dans leurs caveaux. Chaque mois cette école pourrait être ouverte, et chaque mois la ville pourrait donner une récompense à un ouvrier, selon la grandeur et l'importance de son travail ou de sa découverte. Ce serait de l'émulation toute nationale, et de la part de nos administrateurs une œuvre de justice et d'avenir pour notre beau pays.

Avant de passer à l'examen des tissus pour pantalons d'été, aux coutils, aujourd'hui l'article spécial et important de la fabrication de l'arrondissement de Laval, disons qu'il faut savoir gré à Mme veuve P. HOREM et à M. DENIS aîné, de Fontaine-Daniel près Mayenne, de leur talent industriel qui trouve moyen, en économisant le travail de l'homme et le remplaçant par le jeu des machines, de produire certains articles indispensables à la consommation, et à des conditions de prix extraordinaires. Nous avons été émerveillé de voir des *calicots* à 28 centimes le mètre, et c'était avec bonheur que nous entendions dire autour de nous que cette maison pouvait soutenir, grâce à son tissage mécanique, la concurrence avec les plus beaux établissements de l'Alsace.

Malgré certaines appréhensions et certains pronostics fâcheux, l'exposition des coutils a été remarquable, et les meilleurs fabricants du pays y ont été représentés.

On peut le dire sans crainte, la fabrique de Laval a fait d'immenses progrès : elle en récolte aujourd'hui les fruits. Ses produits sont connus, estimés et préférés à ceux des autres fabriques, ses rivales, en France, en Italie, en Espagne et sur tous les marchés étrangers. Nous nous sommes souvent arrêté devant chacun des étalages ; quelques-uns nous attiraient sans cesse, et nous ne pouvions assez admirer ce qu'il fallait d'invention, de bon goût et de patience pour agencer et marier tous ces fils et leur faire produire ces jolis dessins de nuances multiples et caressantes pour l'œil. Nous ne saurions nous refuser le plaisir d'entrer dans quelques détails à l'égard de certains articles mis à l'Exposition par nos fabricants.

## MM. P. MARIE, BRETONNIÈRE et C^ie, de Laval.

La maison P. MARIE, BRETONNIÈRE et C^ie avait exposé :
Toiles russes et fils retors d'un joli mélange et imitant les façonnés Jacquart ; — Coutils gros-jonc à diagonales, à grands écossais sur fond granit mélangé ; — Coutils grands écossais sur damiers pur fil ; — Satins mélangés de grande chine et imitant les laines douces ; — Façonnés, haute nouveauté, à grands écossais, d'un dessin parfaitement combiné avec les nuances du fond et d'un effet très-riche ; — Façonnés, haute nouveauté, de qualité supérieure, avec écossais formé par des côtes satinées, ressortant admirablement sur le fond qui est jaspé par la trame et parfaitement ombré ; — Fils d'Ecosse, ombrés par de grandes chines sur fond jaspé. Nous avons remarqué parmi ces coutils des grands écossais formés par des lignes ingénieusement fondues et deux coupes de damiers ombrés par la trame. Ces coutils sont d'un gracieux effet et du meilleur goût ; — Façonnés, pur fil, à grands écossais, rappelant par leur richesse et leur qualité les plus beaux coutils anglais ; — Coutils façonnés Jacquart, en jolis dessins bien variés, pouvant lutter avantageusement avec ce que Lille produit de mieux en ce genre ; — Piqués blancs pour gilets, à losanges, jonc et de fantaisie ; — Piqués à grands écossais, d'un effet étincelant, sur fond blanc et paille ; — Batistes satinées pour gilets, à fleurs et feuilles, brochées sur fond paille et jaspé ; — Gilets à grands écossais, tramés soie sur fond jaspé, imitant à s'y méprendre les plus belles laines douces.

Sur la demande de MM. Chamaret et Daveaux, MM. P. Marie, Bretonnière et C^ie ont fait monter un de leurs métiers à la Jacquart dans la grande salle des galeries de l'industrie, où tout le monde a pu le voir fonctionner.

« La machine Jacquart, dit le rapport du Jury central de l'an
« née 1844, a fait faire sans doute un pas immense aux procédés
« du tissage, mais, dans sa simplicité primitive, elle eût été
« impuissante à produire les merveilles que nous avons sous les
« yeux. Il a fallu, pour atteindre au but, mille combinaisons in
« génieuses, une pratique longue et intelligente, une connais
« sance approfondie de toutes les ressources du métier.

« En 1823, un fabricant, qui poursuivait l'imitation du schall
« indien, vint révéler le secret de son véritable croisé ; ce fut un
« trait de lumière qui frappa un de ses concurrents. Ce dernier

« conçut de suite toute la portée du nouveau système , et en appli-
« qua le principe au lancé. Il créa le procédé signalé , par le Jury
« de 1827 , sous le nom de *nouvelle armure*. A l'aide du papier
» pointé , les moyens d'action de la machine Jacquart furent
« doublés , et les frais du lisage diminués de moitié. De ce point
« de départ datent tous les progrès. »

MM. P. Marie, Bretonnière et C^ie sont les premiers qui aient importé à Laval ce genre de fabrication , dont le développement peut encore ajouter à la gloire et à la prospérité de notre pays. On leur doit des éloges , et aussi à la classe modeste des ouvriers et des contre-maîtres qui renferme dans son sein des pratriciens consommés , à qui l'on doit souvent les plus utiles inventions.

### MM. PIEDNOIR et GONTIER , fabricants au Port-Vallée, commune d'Avesnières.

Seuls parmi tous leurs confrères , MM. Piednoir et Gontier ont exposé leurs nouveautés pour l'été prochain. C'était le secret de leur fabrication qu'ils livraient au public.

Cette collection bien complète contenait toute la série des tissus, pour pantalons d'été , fabriqués dans notre département, depuis le treillis en chanvre des cavaliers de l'armée jusqu'aux plus élégants coutils chinés que nous reconnaîtrons sans doute au printemps prochain à l'étalage des tailleurs en renom de Paris.

Chacun a pu juger à quels succès pouvait prétendre cet établissement qui ne compte encore que trois années d'existence.

### MM. JOURNÉ et GRISIER , fabricants à Laval.

Ces messieurs ont exposé des articles façonnés pour pantalons , fil et coton , variés de tissage et effets de granit de toutes nuances; — coutils fils et coton, diagonales en chaînes avec des effets de carreaux par la trame. — Articles ombrés , jouant parfaitement la draperie au moyen d'un tissu fil et coton , ce qui n'avait été obtenu jusqu'ici que dans des articles tout laine ou tout coton ; — coutils *un et un*, faisant des milliers de raies et des milliers de carreaux d'un effet très-pur. — Coutils marengo d'une qualité supérieure , formant *un mille pointillé* à effets divers et donnant au jour un reflet de soie. Sur cet article on a appliqué des carreaux dont les rayures se perdent peu à peu et graduellement dans le fonds ; — toiles mélangées et granitées.

On a en outre remarqué dans l'exposition de MM. Journé et Grisier des brillantines (articles de Troyes) à bordures , pour jupons de femmes , et une variété de nuances vives sur calicot , dont l'apprêt imitait la soie.

## MM. PAUL TIROUFLET et DAVEAUX , fabricants à Laval.

Ces messieurs, plusieurs fois médaillés aux Expositions de Paris, ont exposé des tissus très-variés et d'une magnifique exécution , et et des tricots doubles pour uniforme de la gendarmerie et gants militaires, sortis de leurs ateliers de Troyes.

Leurs toiles chinées et leurs crépés ont le mérite d'une ressemblance parfaite avec la draperie. Cette ressemblance est due aux nuances franches , réussies sur coton à l'égal de la laine , par M. BRASSEUR , teinturier à Laval , et à l'agencement de ces nuances par ces fabricants.

Il est facile de reconnaître que les satins, coutils et diagonales pur fil blanc de cette maison sont fabriqués avec des fils d'une qualité supérieure; il en est de même des diagonales de différentes nuances.

Ces messieurs ont en outre mis sous les regards du public deux coupes qui ont été fabriquées par M. Tirouflet jeune , le père de l'un deux , et exposées à Paris en 1825 , lorsque la fabrique de Laval ne se servait que des fils filés à la main dans les environs de Craon , et que c'était par la vue seulement qu'on appréciait la grosseur et la qualité de cette matière.

L'une de ces deux coupes est un coutil fougères , 4 pas en 170 portées , ou 5,800 fils pour une largeur de 70 centimètres. Cette coupe a été tissée par un nommé BEAU , d'Avesnières. L'autre coupe est en coton retors en deux, course 120 portées, ou 4,800 fils; elle a été tissée par un nommé SOUCHE , aussi d'Avesnières.

Ces deux pièces ont fait l'admiration principalement des tisserands , qui ont pu juger quelles difficultés leurs devanciers ont eu à surmonter pour réussir aussi parfaitement ces deux coupes avec des fils beaucoup moins forts que ceux qu'on a obtenus depuis par la filature mécanique.

## MM. GRIVEAU-CHEVRIE frères , fabricants à Avesnières
## près Laval.

L'exposition des produits de ces fabricants a mis dans tout son jour la haute réputation qu'ils ont acquise , celle de fabriquer de bonnes marchandises.

### M. MOULINAIS-BARBREL , fabricant à Laval.

Il a exposé différentes pièces de coutils fantaisie , genre flammé, unis , rayés et à carreaux en nuances très-variées; — genre côtelés, unis, rayés et à carreaux ; — genre chinés et imprimés, aussi unis, rayés et à carreaux ; — coutils gris , courses , dits coutils russes ; — treillis jaunes et gris ; — courses gros grain , jaunes et grises; — toiles-coton ou finettes grises pour doublures ; — toiles à paillasse de divers dessins. Ce dernier article ne se fabrique à Laval que depuis quelques années seulement.

La fabrication de ces tissus était parfaitement réussie ; les nuances bien fondues et assorties produisaient le meilleur effet.

### M. CHAUVIN-GEORGET , fabricant à Laval.

Parmi les objets présentés par M. Chauvin-Georget à notre Exposition nous avons remarqué un façonné-deuil , article bien réussi et qui offre des difficultés à la fabrication ; des satins purs fils et des coutils écrus , articles de la première création de la fabrique de Laval , et qui depuis 1820 a donné à son commerce un grand développement et une partie de sa brillante renommée.

### MM. CRIBIER frères , fabricants à Avesnières , près Laval.

Ils n'occupaient qu'un petit espace dans les galeries , mais cet espace était rempli par de bons articles : coutils pour pantalons et gilets très-soignés. On y remarquait un tissu un à un , à deux marches et deux lissures , formant damier-chiné , d'un très-bon goût ; un carreau uni sans chinures , espèce de reps ; le même article demi-deuil , grand teint, et un autre demi-deuil de fantaisie , riche et difficile d'exécution , simulant les effets du métier Jacquart. Tous ces articles , fabriqués en bonne matière , sont dignes d'éloges et d'encouragements.

MM. Adolphe Cré , Léon Vannier , Pouteau-Simon , Mansey-Gontier ont également fixé l'attention du public par leur bonne fabrication ; et quelques-uns d'entre eux par le prix avantageux de leurs articles.

Dans cette revue des produits de nos fabricants , les teinturiers doivent trouver ici leur part d'éloges , car c'est grâce à leur concours intelligent que la fabrique acquiert des perfectionnements qui l'enrichissent chaque jour.

Nous l'avons dit au commencement de cet article, nous sommes fiers de notre Exposition ; nous sommes heureux d'avoir constaté les progrès accomplis et la prospérité d'une industrie qui fait vivre vingt mille ouvriers dans notre département. Nous espérons qu'à la prochaine Exposition nos fabricants seront encore plus empressés, et que ceux d'entre eux qui se sont abstenus pour cette fois, et bien à tort, ne s'exposeront plus désormais aux regrets qu'ils éprouvent aujourd'hui.

Nous saisissons cette occasion pour engager MM. les fabricants à déposer tous les ans, aux archives de notre ville, leurs registres d'*échantillons*. Nos arrière-neveux pourraient juger, pièces en mains, de la beauté de nos produits actuels et du savoir-faire des ouvriers d'une époque antérieure à la leur.

## TEINTURERIE.

MM. BRASSEUR, père et fils, teinturiers à Laval, ont exposé des écheveaux de coton teint au nombre de près de cinq cents nuances, depuis la primitive jusqu'à la plus foncée.

Parmi toutes ces couleurs nous avons choisi de préférence, pour en faire une sorte d'examen, le *gris-argent*. Tous les fabricants savent que, pour obtenir cette teinte, il faut que les écheveaux y soient préparés par le lessivage et le blanchissage, ce qui fait toujours *poupelasser* le fil, en lui faisant perdre le numéro qu'il portait.

Les échantillons présentés par MM. Brasseur n'ont point été lessivés. Nous ignorons les moyens dont il se servent pour arriver aux résultats qu'ils obtiennent ; mais toujours est-il qu'au sortir de leurs mains, le fil a conservé sa beauté première, et n'a éprouvé que fort peu de déchet.

Ils ont exposé également des plumes d'oie de diverses couleurs, teintes d'après leurs procédés. Les nuances en sont riches et d'un beau lustre.

## MARBRES.

Suivant nos chroniqueurs, « FRANÇOIS DE LAVAL, évêque de Dol, venait souvent faire quelque séjour à Laval et il habitait le prieuré de Sainte-Catherine tout proche le lieu de Beauregard qui lui appartenait et où était l'oisellerie des Seigneurs. Le prélat affectionnait particulièrement un frère cordelier, fils d'un architecte d'Orléans, et il l'avait souvent à sa suite. Un jour qu'il passaient la rivière du Vicoin à Saint-Berthevin, le moine aperçut une pierre ou caillou que l'eau avait lavé, et, l'ayant bien considéré, il dit à l'évêque que cette pierre, dure ainsi qu'elle, était se pouvait polir comme le jaspe ou le marbre. Lors l'évêque commanda à ce moine, qui était homme bien entendu, de tailler et polir cette pierre et de la faire transporter au prieuré de Sainte-Catherine.

« Le frère mineur ayant donc ébauché et poli cette pierre, sa fantaisie le porta à en faire un petit vase en forme de cul de lampe pour servir de bénitier au haut du chœur de Sainte-Catherine. Au-dessous de ce vase, il y a la figure d'un petit ange avec le chiffre 1547, qui est l'année que le bénitier fut fait et qu'on trouva le marbre en la paroisse de Saint Berthevin. Depuis ce temps, les artisans marbriers ont extrait des carrières ainsi découvertes plusieurs ouvrages qu'ils ont rendus, en les polissant, rares et excellents, comme tables et sépulcres, et notamment les colonnes des autels de l'église d'Avesnières et de celle de la Trinité de Laval, qui ne sont guère à postposer à beaucoup d'autres dont on fait une merveilleuse estime pour avoir été apportés de pays éloigné. »

Le département de la Mayenne produit en effet une grande variété de marbres. On y en rencontre partout et notamment dans les arrondissements de Laval et de Château-Gontier, où le sol renferme une grande quantité de pierres calcaires stratifiées en couches pressées les unes contre les autres.

Ces marbres, d'un tissu serré et susceptible de recevoir un poli brillant, sont plus ou moins mélangés de matières hétérogènes du règne animal et végétal, telles que fougères, coquilles, poissons et autres productions marines ; ils appartiennent donc aux terrains secondaires ou de transition. Leurs couleurs, provenant des oxides métalliques et notamment des oxides de fer diversement modifiés, sont très-variées.

Nous devons ici nous borner à quelques détails sur les plus remarquables.

### Marbre rouge de Laval.

Ce marbre, d'un rouge foncé et quelquefois violet, parsemé de coquilles et d'animalcules divers, imite les plus jolies brèches des Pyrénées. Son exploitation est très-ancienne, car on rencontre dans beaucoup d'églises éloignées du département de la Mayenne, et d'une époque très-reculée, des colonnes, des autels, des balustres et autres ornements faits de ce marbre. Les colonnes du maître-autel de la cathédrale d'Angers, remarquables par leur hauteur, ont été extraites des carrières de Saint-Berthevin.

### Le Gris fleuré.

D'une nuance grise très-agréable, tantôt se fondant en un bleu clair nuancé de veines noires, et tantôt en un gris foncé presque noir, jaspé de taches blanches et brillantes, ce marbre, au grain serré, se travaille et se polit facilement. Aussi est-il très-recherché. On le trouve dans les communes de Bonchamp, d'Argentré et de Louverné près Laval. Bien choisi, il rivalise avec un des marbres les plus estimés de la France, *le bleu-fleuré*, et avec un marbre de la Belgique, *le Sainte-Anne*.

### Le Serrancolin de l'Ouest.

Marbre très-riche en couleurs, d'un rose pâle, se changeant quelquefois en or jaune clair. Il est parsemé de veines et de taches d'un rouge vif et nuancé de gris et de bleu. Très-dur et difficile à polir à cause du silex que l'on y rencontre, il est admirable et imite, à s'y méprendre, le marbre dont il porte le nom. A une distance très-rapprochée se trouve un autre marbre appelé gris de lande. Il est d'un gris jaunâtre avec des taches noires formant des nuages et des panaches.

### Le noir.

Il existe des gisements importants de ce marbre dans les communes d'Argentré, de Saint-Ceneré, de Saint-Ouën-des-Toits, etc. Il est parsemé de veines blanches et d'animalcules marins, tellement pressés les uns contre les autres que la couleur primitive disparaît quelquefois et se change en une espèce de granit.

Outre nos carrières, il en existe d'autres sur les confins de la Mayenne, dans le département de la Sarthe, d'où l'on tire du marbre noir, gris panaché, rose-enjugeraie et serrancolin de l'Ouest. Le premier, des carrières de *Port-Etroit* près Sablé, exploitées depuis un temps immémorial, du *Rocher-Bruyant* également près Sablé, et du *Pont Guéret* en la commune de Bouessay (Mayenne); et les autres de trois carrières situées dans les communes de Bouëre et de Grez-en-Bouëre (Mayenne).

L'exploitation de quelques-unes de ces carrières est de date nouvelle ; pour certaines , elle est fort ancienne. Nul doute que les Romains , qui employaient le marbre dans la construction et l'ornement de leurs temples et de leurs monuments , ne les aient explorées lorsqu'ils occupaient nos contrées. Plus tard , on dut également se servir de leurs belles roches à l'époque de la construction des grandes basiliques ; et ensuite sous Charlemagne, François I<sup>er</sup>, Henri IV et Louis XIV , qui , à l'exemple de Henri IV, écrivit aux intendants de toutes les provinces de lui faire connaître les carrières de marbre qui pouvaient lui fournir des colonnes et des blocs pour ses palais. Napoléon , à son tour , donna ordre au ministre de l'intérieur , en 1809 , de faire dresser un état général des carrières de marbre de tous les départements. On devait en faire une collection avec un catalogue descriptif de chaque carrière. Ce travail fut fait , remis au chef de l'Etat , qui apprécia la beauté des marbres français et ordonna que le palais du roi de Rome serait tout en marbres des carrières de France qui furent désignées d'après ceux des galeries de Versailles.

Cet important travail des ingénieurs des mines a été perdu. L'industrie marbrière , par suite de nos déplorables révolutions , s'est trouvée abandonnée à elle-même, et a vécu de ses efforts et de ses sacrifices jusqu'à l'époque où les grandes expositions sont venues ranimer la confiance des exploitants en donnant une nouvelle impulsion à leur industrie.

C'est donc grâce aux avantages d'une exposition que cette industrie est arrivée à une sorte de prospérité loin de laquelle elle périclitait de plus en plus. Et en effet , c'est par une exposition publique que le producteur est mis en rapport avec le consommateur , qu'il s'établit une rivalité salutaire entre les fabricants , et que chacun peut connaître les procédés nouveaux , les découvertes intéressantes , comme aussi apprécier dignement le travail et le talent de l'ouvrier.

Je le demande , avant notre exposition à Laval , qui des trois à quatre cents mille habitants de la Mayenne , excepté quelques personnes riches , s'était douté de l'importance et de la beauté de nos marbres et du savoir faire de nos ouvriers? Cependant , le fait est positif; combien de visiteurs ont été , à la lettre , éblouis à la vue de nos marbres qu'ils voyaient réunis sans doute pour la première fois. Ils ne pouvaient croire à tant de richesses extraites de notre sol. D'où chacun doit conclure qu'une exposition chez nous était chose très-nécessaire, qu'elle le sera encore plus dans cinq ans, et ensuite que nous pouvons nous dispenser d'être tributaires d'aucun pays, sous ce rapport comme sous beaucoup d'autres.

Est-il besoin de répéter, ce qu'a dit plusieurs fois l'*Echo*, que l'on est loin de connaître toutes les espèces de marbres que produit la Mayenne et dont l'exploitation fournirait du travail à grand nombre de ses ouvriers et enrichirait quelques industriels.

S'il faut en croire un de nos jeunes compatriotes habitant la capitale, qui s'occupe d'une manière toute spéciale de géologie appliquée aux arts et a emporté plusieurs pierres calcaires extraites de certaines parties des buttes de Montaigu (Mayenne), on trouve à environ 3 myr. de Laval des marbres de nuances multiples, excessivement rares, susceptibles du plus beau poli, et qui ressemblent beaucoup aux plus beaux marbres de la Haute-Egypte, si recherchés par les architectes de l'antiquité qui les employaient surtout dans les dessins par terre de leurs salons, mais dont il serait de nos jours possible de tirer un tout autre parti.

En tout autre pays que le nôtre, cet avis, recommandé par un nom connu dans la science, eût engagé à faire des fouilles, des essais ; il est chez nous passé inaperçu.

### M<sup>me</sup> V<sup>e</sup> HENRY, marbrier à Laval.

Comme nous l'avons dit, il existe une étonnante variété de marbres dans notre Mayenne. Le public a pu s'en faire une idée par cette collection de VINGT-TROIS ESPÈCES DIFFÉRENTES, dont plusieurs très-remarquables, qu'a exposée la maison de M<sup>me</sup> V<sup>e</sup> Henry. Cette collection, nous assure-t-on, n'est que le commencement d'un travail sérieux, celui de rechercher et classer toutes les variétés des marbres du pays, que cette maison a l'intention de déposer en double au musée de notre ville.

Outre ces échantillons, M<sup>me</sup> V<sup>e</sup> Henry a exposé des tranches magnifiques des marbres de notre département. Tout le monde les a admirées, comme aussi la cheminée en marbre blanc d'Italie, d'un style sévère, ornée de moulures, et qui sortait tout à fait des modèles ordinaires. Cette belle cheminée fait honneur à l'artiste qui l'a dessinée et au maître qui l'a si bien comprise et exécutée.

### Société LANDEAU, NOYERS et C<sup>ie</sup> à Sablé.

Cette société a exposé quatre tranches de marbres d'espèces et de nuances diverses qui proviennent des carrières de *Port-*

*Etroit, du Rocher-Bruyant et du Pont-Guéret.* Ces marbres, comme ceux de la maison précédente, conviennent à tous les ouvrages de marbrerie, autels, bénitiers, urnes, monuments funèbres, piédestaux, fûts de colonnes, cheminées, tables de toutes dimensions, revêtements de toute espèce.

Elle a exposé aussi une croix gothique, style du xv<sup>e</sup> siècle, avec un Christ d'un côté et la Vierge de l'autre, sculptés en relief sur le marbre. Cette croix, haute de 4 mètres au moins, l'arbre d'un seul bloc, a conquis l'admiration générale par la beauté de la matière et le fini de l'exécution.

### M. HENRY-BOUHOURS, rue des Fossés à Laval.

Une cheminée en marbre gris-fleuré-panaché des carrières de Lhomeun en Louverné, exploitées par M. Triger. Ce marbre fait concurrence au Sainte-Anne de la Belgique. La cheminée de fantaisie atteste le goût de l'artiste. Elle est à modillons sous frise, garnie de moulures fort riches qui sont prises dans la pièce même. Aucune jointure n'existe entre les pilastres et les revêtements. On ne pouvait mieux appareiller cette cheminée, dont chaque pièce est d'un seul et même morceau, et qui est surtout remarquable par son travers, ses culs de lampes et son cuir ou blason au centre, d'un superbe travail.

### M. POIRIER, marbrier au Mans,

A exposé une cheminée en marbre blanc d'Italie, style Louis XV. Le travers est magnifique; il est impossible du reste de mieux couper le marbre. Mais malheureusement les pilastres ne sont pas de la nuance du travers, et c'est ce qui portera toujours préjudice au mérite incontestable de cette production.

### M. CROISSANT, marbrier à Laval.

Deux tranches de marbre des carrières de Lhomeun. Elles se recommandent par la beauté de leur poli, qu'il n'est guère possible de surpasser.

------

### ARDOISIÈRES DE CHATTEMOUE près JAVRON, et de RENAZÉ près CRAON (Mayenne).

En France, les pays renommés pour leurs carrières d'ardoises sont l'Anjou, la Bretagne, la Corrèze, les Ardennes, la Seine-

Inférieure, le Dauphiné et la Savoie. Quant à la Mayenne, il n'en est pas question. En vérité, ne dirait-on pas que la Mayenne n'a pas sa place sur la carte de France, que ses habitants sont inconnus, relégués derrière la muraille de la Chine, ou végètent dans un coin inexploré du globe terrestre! Un tel oubli est plus que de l'injustice, c'est de l'ingratitude, car notre Mayenne possède un fonds de richesse territoriale que dix autres départements réunis ne pourraient, tous ensemble, présenter au même degré. Pourquoi donc cette espèce d'abandon auquel est livré notre bon pays? — Pourquoi! c'est que, assez riche sous tous les rapports pour suffire à tous les besoins de sa population, il n'a participé à aucun des grands mouvements que nécessitent les échanges entre des populations moins bien favorisées que la sienne.

A côté de nos minerais de fer, de nos carrières de marbre, de granit, de nos mines d'anthracite, nous avons nos carrières d'ardoises, et les échantillons que l'Exposition a fait connaître doivent faire époque dans les annales de l'industrie. Qui ne s'est émerveillé à la vue de cette *table de billard*, longue de 4 mètres, large de 1 m. 95 c., en ardoise de Chattemoue? Qui n'a admiré ces tables, les unes rondes, à pieds, sculptées, les autres à arêtes vives ou arrondies, de 1 m. sur 66 c.? Le tissu ne pouvait être plus fin et le poli plus beau.

Indépendamment de ces magnifiques pierres, les ardoises pour toitures de Chattemoue et de Renazé étaient remarquables par leur légèreté et leur aspect de dureté et de durabilité. Du reste, la qualité de l'ardoise se juge à l'essai le plus simple. Il suffit de plonger un des bouts dans l'eau, et si, après un laps de temps de vingt-quatre heures, l'autre bout n'est pas mouillé, on peut croire à la bonté de la pierre.

⎯⎯⎯⎯⎯

## INDUSTRIES DIVERSES.

### ORGUE.

M. Charles Gand, luthier à Laval, rue du Pont de Mayenne, a exposé un orgue à six registres : *Prestant*, — *flûte de 8 pieds*, — *bourdon de 8 pieds*, — *doublette*, — *basse de trompette*, — *hautbois*, avec soufflerie moderne d'une forte dimension, mais douce à faire marcher.

Nous avons pu juger à plusieurs reprises des effets de cet instrument dont la confection atteste le talent de M. Charles Gand. La flûte est agréable, le hautbois bien champêtre et nullement nazillard ; la basse de trompette vigoureuse et sonnante, de 8 pieds.

Le buffet en bois de chêne est orné de sculptures faites avec beaucoup d'habileté. La montre est en étain fin. La basse de prestant, de 4 pieds, forme les tuyaux des tourelles.

Ce buffet sort de l'atelier de M. Martin, menuisier au carrefour Mazure à Laval. L'entablement, avec corps de moulures et perles, est surmonté d'une croix renaissance, qu'accompagnent des consoles richement sculptées. Une frise élégante couronne les tuyaux du buffet, au milieu duquel est une autre frise à jour, d'un joli et capricieux dessin. Les deux tourelles sont garnies de culs de lampe avec ornementations.

## PIANOS.

Les pianos à doubles tables métalliques d'harmonie de M. BACHMANN, facteur à Angers et à Tours, figuraient noblement à notre exposition. Ils ont été admirés de tous ceux qui les ont vus et particulièrement du beau sexe que M. Bachmann sait, on ne peut mieux, faire rêver. Et, comme *ce que femme veut*, *Dieu le veut*, dit-on, les pianos de M. Bachmann sont tout naturellement restés dans notre ville. En fait de bon goût, on ne nous taxera plus désormais à Angers d'être un peuple trop arriéré.

Le premier de ces pianos (style Louis XV) est en bois de rose assemblé en losanges, avec consoles et sculptures massives, cordon de vignes ornées de grappes de raisin autour du clavier, et le reste bordé d'un joli ruban de chaînettes carrées. Il s'ouvre à deux reprises ou à une seule, à volonté. La fermeture est ingénieuse, ne fait rien perdre au piano de son gracieux aspect, et, soit qu'il demeure à moitié ou totalement ouvert, laisse toujours apercevoir le mécanisme très-joli de l'instrument.

Dans l'intérieur est la double table métallique d'harmonie. Chaque corde est maintenue par une agrafe en métal. Mais, ce qu'il y a surtout de bien remarquable, c'est une pédale douce qui permet de diminuer ou d'augmenter graduellement les sons. Dans le *forte* ou le *piano*, le marteau frappe toujours les trois cordes, ce qui doit conserver un accord plus solide et de plus longue durée dans les instruments de cette espèce que dans ceux où le marteau frappe sur trois cordes pour les *forte* et sur deux pour les *piano*, car, deux de ces cordes étant frappées plus souvent que la troisième, celle-ci doit nécessairement perdre de son accord avec les premières. Rien d'ailleurs de plus net, de plus pur, de plus riche, de mieux accentué que les sons de cette double table métallique ; c'est le bourdonnement de l'aile de la mouche, le cri perçant de la cigale, ou le soupir velouté du rossignol.

Le second, également en bois de rose, est sans sculpture ni moulure, mais non moins agréable dans son genre que le premier. Tous les angles sont abattus, ce qui lui donne une grande facilité d'entretien quant à sa propreté. La facture est la même que celle du précédent ; la richesse de sculpture en fait la seule différence.

Le troisième est en palissandre nuancé de tons de feu très-prononcés. Il est aussi riche que les autres. Ses deux consoles, surmontées de marguerites et de roses, supportent élégamment le clavier. Nous avons remarqué que sa facture était la même, non moins bien accomplie, et que la table d'harmonie, concurremment avec les barrages en fer qui sont par derrière la double table en bois, donne à tous ces pianos une solidité incomparable.

Je me fais ici l'écho d'éminents artistes, le talent de M. Bachmann peut être mis en parallèle avec celui des premiers facteurs de la capitale.

## ORFÈVRERIE.

M. Ch. Guérin, bijoutier à Laval, a présenté à l'exposition divers objets d'arts, entr'autres une chatelaine or et argent, du plus joli dessin et d'une exécution de travail qui fait honneur à l'habileté de l'ouvrier. Elle renferme tout l'art du bijoutier en ciselure, gravure, bijouterie et jouaillerie. Sur le camée est un point de vue de Laval, dont la pièce principale est le buste de *Béatrix*.

Nous devons citer également une *épingle* de cravatte, attribut de chasse, remarquable par la finesse du travail ; — des pipes dont le fourneau offre l'avantage d'être changé à volonté ; — un bandeau de *broche*, pièce de jouaillerie d'un travail on ne peut plus délicat.

Nous devons rappeler ici que c'est M. Guérin qui a gravé le double cachet de l'*Industrie* de la Mayenne, offert par lui à la *Société*.

## HORLOGES
### de M. Gourdin de Mayet (Sarthe).

Tous les visiteurs qui se sont rendus à notre exposition ne se sont point retirés sans s'être arrêtés plusieurs fois devant les horloges de M. Gourdin. La grande surtout mérite de fixer l'attention d'une manière particulière, tant par rapport au grandiose de son dessin que pour son exécution bien soignée et l'harmonie de ses timbres.

Cette horloge est à sonnerie d'heures et de quarts, et marque les heures, les minutes et les secondes. Son échappement est à remontoir d'égalité, dans le genre de celui qu'on voit à l'horloge de la Bourse à Paris. Son pendule ou balancier est pourvu d'un système de compensation qui a pour but d'annuler les variations que produisent les changements de température.

Cet artiste, auquel nous devons la plupart de nos horloges, est arrivé, à force de soins, de calculs et d'étude, à une perfection qui révèle le plus grand talent.

## PENDULES ET MONTRES PORTATIVES

### de M. Lecomte, horloger à Rennes.

*(Dépôt chez M. Paris, horloger, rue du Pont de Mayenne, Laval.)*

Ces pendules et ces montres marquent l'heure et la minute; elles sont à répétition et à réveil-matin.

Disons-le d'abord, la perfection en mécanique n'est pas de multiplier les rouages pour produire un effet, car c'est multiplier les causes de dérangements, mais bien de les réduire au plus petit nombre possible. Dans ses montres et ses pendules, M. Lecomte vient de donner la preuve d'une grande connaissance en son art en produisant avec cinq à six pièces seulement les mêmes effets qui, avant lui, en exigeaient une cinquantaine; de sorte que la précision est toute mathématique, l'effet immanquable, et le dérangement presque impossible. Delà la sûreté de ses machines et la modicité de ses prix qui paraissent étonner ou premier abord.

## ARQUEBUSERIE.

M. Baudry, arquebusier à Laval, a exposé un très-beau nécessaire d'ébène renfermant deux magnifiques pistolets de tir, montés en ébène, avec baguettes et accessoires aussi en ébène.

Le canon, en acier fondu, est à pans contrariés, avec cannelures sur tous les angles et gravures sur les pans, dessins gothiques aux deux extrémités. La crosse en ébène est à cannelures et sculptures, représentant des branches de vignes ornées de leurs grappes de raisin. Les batteries, à l'intérieur, sont à languettes ; à l'extérieur elles sont couvertes de dessins en relief du plus beau travail. La calotte, également ciselée, est double, et représente le calice d'une fleur du milieu de laquelle s'échappe un bouton.

Il n'est pas inutile de remarquer que le moule à balle coupe, en s'ouvrant, le jet de la balle qui vient d'être coulée.

### ARMURE DE JEANNE D'ARC.

Ce travail, où le goût ne le cède en rien à la difficulté, fait honneur au talent de M. J.-B. FOURNIER, ferblantier à Laval. Pour donner à toutes ces pièces en acier, qui est un métal qu'on ne plie pas facilement à toutes les formes, il a fallu, à coup sûr, une grande habileté de la part de l'artiste.

Comme objet d'art, ce qu'il y a de plus remarquable dans ce travail, ce sont les proportions bien gardées pour arriver, au moyen d'une armure, à cette jolie création d'une statuette aux formes gracieuses et agréables à l'œil. Véritable chef-d'œuvre, rien n'y manque, malgré les difficultés qu'il a fallu vaincre. Le casque, d'une exécution minutieuse, est fait de morceaux plats que le marteau de l'ouvrier a su modeler ainsi. Le haut des brassards est d'une non moins difficile exécution, et les jambières ne le cèdent en rien aux autres pièces pour la forme gracieuse que l'artiste a su leur donner. Les gantelets sont travail de patience adroite tant sont nombreuses les articulations et les charnières utiles aux mouvements des doigts et de la main. Ajoutons à cela les détails de confection dans une armure complète, aux articulations de l'épaule, des bras, des genoux, des pieds, de manière à faire prendre toutes sortes de poses à la statuette, à la vêtir ou la dépouiller, pièce par pièce, au moyen de courroies piquées et de petites boucles consolidées avec des pointes d'acier sur l'armure.

Le travail de M. Fournier a fait l'admiration de tous les visiteurs. On ne tarissait pas d'éloges sur son goût et sur son talent.

Dans une autre partie des galeries, M. Fournier avait également exposé une MACHINE A FABRIQUER LES GOUTIÈRES ET LES TUYAUX. Cette invention a du mérite. Par ce procédé, on façonne une gouttière de deux mètres de longueur avec une seule soudure, tandis que, jusqu'à ce jour, il en fallait cinq pour la même longueur. L'avantage est donc réel : les gouttières exigent bien moins de temps pour leur fabrication, elles sont plus droites, ont peu de soudures , sont moins sujettes à conserver l'eau qui les fait rouiller , par conséquent moins susceptibles de réparations.

## DAIS ET BANNIÈRE.

Ces objets , exposés par M. Lemoine , d'Angers , sortent du genre actuel de l'ornementation employée dans les travaux d'ornements d'église. Les dessins , en relief de un et de deux centimètres , sont sculptés en broderies d'après des bas-reliefs du 13e siècle. Dans ces deux objets , les différents genres d'exécution de broderies sont au nombre de six ; 1º Guipure , partie qui comprend les reliefs brodés en filés divers portant ombre ; 2º guipé de cannetille , en relief ou à plat , selon que le demande l'ombre qui fait la terminaison des ornements , tels que trèfles et ananas; 3º la couchure pour l'encadrement des sujets , appelée point de losange ; 4º le nid du pélican et le livre de l'agneau , faits au point de pierre ; 5º points de piqué or et argent , portant ombre , qui composent l'intérieur des trèfles ; 6º imitation de plumes dans le pélican et de lainage dans l'agneau.

Tous ces travaux sont exécutés au point d'aiguille , sans rappliqué d'aucune étoffe. Nous pouvons dire que bien des personnes ont admiré l'exécution et le fini de cet ouvrage.

## OUVRAGES BRODÉS AU FILET.

Mlle Foulquié , de Paris , a exposé dans nos galeries différents ouvrages brodés au filet. Ces ouvrages , exécutés à la communauté de la Miséricorde de notre ville , étaient d'une fabrication aussi parfaite que splendide d'effet. Ils se composaient de châles , pointes , mitaines , volants de robe ou filets de soie brodés. Rien de pareil à cet étalage. C'était un luxe de tentations auxquelles ne pouvait résister une fille d'Eve , aux prises avec le démon de la parure vêtu de gaze légère et nuancée de la pourpre et de l'or des ailes du papillon.

## CORSETS.

Mmes Vaultier , de Rennes , Pommier , de Laval , et Mlle Léneveu , de Nantes , ont mis à notre exposition des corsets.

Voici quelque chose de bien délicat , ma plume ! Prends garde à ce que tu vas dire. On te guette , dans l'espérance de t'aller surprendre *flagrante delicto*. Crois-moi , il y a ici , autour de nous , des mauvaises langues de maris qui s'apprêtent à dire à leurs compagnes : « J'en étais sûr, ma chère ; c'est bien cela ; hier, *lasciva puella*, aujourd'hui *homo cythereus.* Puis, des petites mamans qui font les gros yeux à leurs jeunes filles toujours trop curieuses, mais dont elles excitent encore la curiosité par ces paroles : « Pas de question, mademoiselle, ceci ne vous regarde pas. » En vérité, ces jeunes filles sont vraiment des enfants terribles ! Ne voulait-on pas, la semaine dernière, aller demander à M. Auguste ou à M. Édouard ce que signifiait *lasciva puella.* Maintenant on irait sans doute réclamer à M. Henri ou à M. Jules la traduction du *cythereus homo* ; il voudrait tout autant, pour ne pas dire mieux, s'en enquérir auprès de M. Charles.

Tu le vois, ma pauvre plume, la position est des plus difficiles. Sois donc bien réservée ; ne te mets en mauvaise intelligence ni avec les maris ni avec les mamans ; laisse-là ton corset, car, si tu y touches, on va le crier sur le dos : *Tout doux ! tout doux !* Ainsi contente-toi de dire que, dans la façon de leurs corsets, M<sup>mes</sup> Vaultier, Pommier, Leneveu, ont fait preuve de grandes connaissances anatomiques, et que la beauté de l'ouvrage répond à la perfection du travail.

## PERRUQUES ; TOUPETS.

Il y a long-temps que la coiffure en cheveux est de nécessité première pour la toilette des dames. Nées pour plaire, elles possèdent tout naturellement la science du papillotage qui, chez elles, un peu plus tôt, un peu plus tard, finit par atteindre jusqu'au sentiment, au grand bonheur de l'autre moitié plus grave du genre humain. Aussi, dans les temps anciens comme aujourd'hui, en Grèce comme à Rome et chez nous, les femmes ont-elles suppléé par de faux cheveux à ceux qui leur manquaient. Cependant, on ne fait pas remonter à plus de deux cents ans l'invention des perruques. Avant cette époque, quand les hommes avaient froid ou qu'ils devenaient chauves, il se couvraient le chef avec des calottes. Des fashionnables firent coudre des cheveux autour de ces coiffes ; delà la perruque qui devint bientôt une fureur sous Louis XIV. C'est un abbé coquet, du nom de la Rivière, qui en fit le premier l'essai. On en fit une mode, et quelques-unes d'elles se vendirent jusqu'à mille écus.

Il se fait aujourd'hui en France un assez grand commerce de cheveux avec l'étranger, avec l'Angleterre principalement. Suivant la statistique de la douane, la sortie moyenne en est de vingt mille kilog. La parure de printemps de nos jeunes françaises va parer le front d'une fille de John-Bull, notre éternel ennemi.

Mais parlons de nos exposants :

M. Alexandre BEUCHER, coiffeur à Laval, a exposé

1º Une perruque pour homme, cheveux noirs, fond en tulle chevelu, et raie en gaze anglaise.

La monture d'une perruque est un travail minutieux et difficile, qui exige une précision de mesure telle qu'il suffit d'un demi-centimètre pour qu'elle ne puisse plus convenir à la tête de la personne pour laquelle elle est confectionnée. Jusqu'à ces derniers temps, le tulle chevelu était ce qu'il y avait de mieux pour perruque. La gaze anglaise, nouvelle découverte, est venue enrichir cette industrie et lui faire remplir le but auquel elle ne pouvait atteindre avec les mailles du tulle qui laissaient apercevoir, à travers leurs petits nœuds, à la moindre jetée des cheveux, ceux qui restaient encore sur la tête, chose très-désagréable. La perruque présentée par M. Beucher était habilement confectionnée, et se faisait remarquer par le soin qu'avait pris l'artiste de permettre de jeter les cheveux en tous sens et à volonté.

2º Perruque pour femme, cheveux longs et bruns. Généralement, le postiche pour femme est difficile à réussir et présente beaucoup d'obstacles à vaincre. Celui que nous avons sous les yeux est digne du précédent. La coiffe est un tissu à nœuds implantés ; les côtés sont en gaze forte, et les raies en gaze fine. Solidité d'un côté, légèreté et beauté de l'autre.

3º Une petite *Sévigné*, blonde, d'une finesse de tissu admirable, d'une disposition de cheveux fort gracieuse et qui imite parfaitement la nature.

4º Un toupet blanc. Ordinairement ces toupets sont en laines du Thibet. Celui-ci est en véritables cheveux, d'une blancheur remarquable. On en peut disposer selon sa volonté, l'implantation n'étant point à raies fixes. Cet objet a mérité de fixer l'attention des connaisseurs ; l'admiration s'en est suivie, qui a donné naissance à une jalousie de métier, à une lutte à propos de toupets. Nous en donnerons le détail à la suite de cet article.

5º Un bandeau en gaze anglaise d'une grande finesse.

6º Un bandeau en tulle chevelu, blanc, frisé, et qui a son mérite dans la rareté des cheveux.

7º Une paire d'anglaises (cheveux frisés pour papillottes), remarquables par la longueur et la finesse des cheveux.

8º Trois perruques de théâtre (style Louis XIV). Le postiche pour la ville est tout différent de celui du théâtre. C'est un genre et un travail à part. Les deux perruques pour marquis et marquises se distinguaient par leur monture, leur couture, la solidité et la disposition des cheveux. La perruque chauve imitait au naturel le front d'un vieillard.

9º Un crâne en cire avec une raie implantée dans la cire même. Ce travail, aussi long que délicat, est le seul moyen de reproduire un genre de coiffure qu'aucune perruque ne peut atteindre sur un buste ; telle est, par exemple, la coiffure à la Marie Stuart, à la Chambord, etc. On ne saurait trop féliciter Mme Beucher de son heureuse réussite.

10º Un cadre renfermant huit médaillons ou ouvrages en cheveux, croix, tombeaux, pensées, chiffre, guirlandes, couronnes, cyprès, lauriers, d'un travail délicat et qui a été apprécié par tous les connaisseurs.

**Lutte en champ clos et devant témoins.**

A l'aspect du *toupet blanc* dont nous avons parlé au Nº 4, un coiffeur étranger prétendit qu'aucun coiffeur de Laval n'avait ni le talent ni les choses nécessaires pour confectionner un tel objet. Il venait en notre ville, disait-il, uniquement pour faire à la commission des observations à l'appui desquelles il apportait des preuves irrécusables.

Sur les dires de ce coiffeur, on envoya demander chez M. Beucher un morceau de gaze anglaise qu'on y devait, prétendait-on, chercher inutilement, puis une tête à perruque, un crochet à implanter et une mèche de cheveux. Le coiffeur Lavallois s'empressa de satisfaire à cette réquisition et remit au porteur du billet deux morceaux de gaze anglaise de différentes finesses. M. Beucher se rendit ensuite aux galeries et fit l'offre de faire travailler sous les yeux de la commission la personne qui s'occupait spécialement chez lui de cette sorte de travail. L'offre acceptée, un rendez-vous fut fixé pour deux heures après-midi. M. et Mme Beucher se rendirent à l'heure convenue, munis d'environ six ou sept mètres de gaze anglaise, de trois différents modèles, de deux à trois douzaines de crochets à implanter cette gaze, et enfin du reste des cheveux qui avaient servi au confectionnement des articles exposés. Le coiffeur antagoniste était présent et venait d'expliquer aux membres de la commission le travail qu'il avait opéré devant eux sur un des morceaux de gaze.

En galant homme, le coiffeur étranger céda sa place à M^me Beucher. Celle-ci était un peu émue ; elle pria MM. les membres de vouloir bien lui permettre de se remettre, et, en attendant, de laisser M. Victor Dubois, son beau-frère et son apprenti, commencer le travail. Après un instant de repos, M^me Beucher prit la place de son frère et, malgré son émotion, elle mérita d'entendre ces paroles qui lui furent adressées publiquement : *Le travail de votre frère, Madame, surpasse de beaucoup celui de M***, mais il n'approche pas du vôtre qui est infiniment supérieur.*

L'antagoniste n'en resta pas là toutefois. Il contesta à M^me Beucher son implantation de cheveux sur la cire, prétendant que les modeleurs en bustes, mais en petit nombre, s'occupaient seuls de ce genre de travail tout à fait ignoré des coiffeurs. Sans vouloir donner un démenti à son antagoniste, ce qui n'eût pas été poli, surtout par rapport à son titre d'étranger, M^me Beucher se contenta de prendre l'outil nécessaire que son mari s'était hâté d'aller lui chercher, et de travailler sous les yeux de son compétiteur, qui s'en consola en disant qu'il était fâcheux pour lui d'avoir oublié ses lunettes.

## ANIMAUX EMPAILLÉS.

M. Charles Lory, naturaliste à Laval, a mis à l'exposition une armoire vitrée, remplie d'oiseaux de diverses espèces, montés par lui. Dans le nombre, nous avons remarqué une *hirondelle de mer*, un *coucou roux*, une buse et un épervier. Nous les citons, parce que les deux premiers offrent une difficulté de travail dans leurs pattes, qui sont courtes, et les deux derniers, dans le montage des ailes au corps, par rapport à l'étendue de leur envergure.

La corniche de la montre est surmontée de deux écureuils, d'un putois, d'une hermine et d'un blaireau.

Cette exposition témoigne du talent de M. Lory. Il y a de l'habileté surtout dans la pose des ailes et le port naturel du cou des oiseaux.

Pour atteindre le résultat auquel il est parvenu, M. Lory a suivi un système qui n'est pas connu de tous les naturalistes. Ce système est bien simple, et c'est par sa simplicité même qu'il offre une garantie de succès et une beauté d'exécution qui le fait primer sur tous les autres. Il consiste dans la fabrication d'un mannequin en étoupe, durci le plus possible, en imitant la forme de l'animal, et sur lequel s'adapte la peau sans pli, rétrécissement, ni déchirure. C'est par ce moyen que M. Lory a rendu à ses oiseaux leur jabot, je dirais presque la vie.

Si nous sommes bien informé, M. Lory a l'intention de faire une collection complète des oiseaux et quadupèdes de notre département. Nous devons l'en sincèrement féliciter.

## OISEAUX MONTÉS.

M. Deschamp, de Laval, a exposé, dans deux montres, diverses espèces d'oiseaux de tous les pays, montés par lui. A part le talent de l'artiste, ces montres renferment une véritable richesse pour un amateur. Nous pensons faire plaisir en donnant la nomenclatenture de quelques-uns de ces oiseaux.

Le Coq de roche, de la grosseur d'un merle, à crête en plumes et robe orange d'or. — Le gros Gobe-Mouche; tête énorme, représentant celle d'un reptile, bec très-large, aplati comme la tête d'une grenouille, et marbré. — Septicolor de Cayenne ( trois espèces ): ailes velours noir, tête verte, gorge bleu-indigo, bleu-ciel et bleu-vert, queue jaune et rouge. — Septicolor diapré de vert de toutes nuances et de jaune. — Merle cuivré du plus beau reflet. — Deux Veuves, l'une à quatre brins, et l'autre à collier d'or. — Le Guêpier, nuancé de verdâtre, rouge, brun et vert.— Le Toucan, à gorge jaune et paille, ventre rouge, bec prodigieux. — Etourneau de la Louisiane, couleur cendre et le ventre rouge. — Le Cottinga-Pompadour, ailes doublées, blanc et carmin. — Le Cottinga-Ouette, bleu aigue-marine, ventre grenat brun. — Le Pipit bleu. — Le Cardinal à tête rouge et ventre blanc. — Le Cardinal couleur de feu. — La petite Perruche des îles Marquises. — Une grande variété de Colibris : le grenat, le rubis-topaze, l'émeraude et à queue fourchue. — Le grand Colibri à reflets or et vert. — Le Souhimanga, or, bronze et vert. — L'Oiseau-mouché-jacobine.

Ces montres encadraient deux vitrines renfermant, l'une une vue maritime en sculpture, fortifications garnies de soldats, vaisseau sur la mer, pêcheur à la ligne sur le rivage, scieurs de long travaillant sur la plage, meunier conduisant l'âne au moulin, et le tout mû par un mécanisme intérieur ; l'autre, une scène de vieux soldats invalides ; le premier n'ayant plus qu'une jambe et lisant le journal d'un air capable et important ; le second privé de ses yeux, offrant une prise de tabac à son camarade qui n'a plus qu'un bras et fume avec sa vieille pipe culotée sur les champs de bataille. Cette scène est bien représentée ; l'aveugle se tourne du côté de son camarade de la façon la plus naturelle, c'est-à-dire comme un homme qui ne voit point, et dont la face oblique à l'opposé de son voisin. Dans cette vitrine se trouvent sept marrons d'Inde dont l'ingénieux artiste a fait sept caricatures, têtes de singe, d'artilleur, figure avinée et en carotte, de bédouin, de hussard tapageur, de pédagogue armé d'une perruque à trente-six marteaux, de capucin, le nez coiffé d'une paire de lunettes, réminiscence malicieuse d'un homme qui n'était rien moins que capucin, et de petit garçon, se cachant dans une guérite pour cause d'honnêteté publique.

Ce travail exigeait autant de goût que d'habileté, et l'on ne peut assez féliciter M. Deschamp d'avoir aussi dextrement su tirer parti d'un marron.

## POTERIES EN TERRE CUITE.

M. Del Pino, colonel espagnol réfugié, a établi dans notre ville une fabrique de poteries qui mérite un accueil bien sincère de la part de ceux qui aiment à propager les arts et encourager les efforts de l'industrie. Il a exposé plusieurs objets dignes d'attention et qui mettent en relief les qualités de l'argile, les talents de l'ouvrier et la beauté de la cuisson.

1° Un *obélisque*, en forme de tour de cathédrale, avec ornementations et décorations gothiques. Cet objet a une hauteur de 1 mètre 60 centimètres, et 1 mètre 22 centimètres de circonférence dans sa partie inférieure. Le travail en est fort riche. Dans certaines parties, les ouvertures sont à jour avec découpures moyen-âge ; à côté est une ouverture fermée au moyen d'un tableau en relief représentant l'*Immaculée Conception*. Plus haut, et toujours par gradations, différents travaux de sculpture qui attestent d'une manière excellente le goût et le savoir-faire de l'ouvrier. Le sommet est couronné par une petite statuette d'un travail assez délicat.

2° Une *jardinière*, composée de trois étages. Le premier formant piedestal avec une bordure propre à recevoir un gazon ; le second est couronné de statuettes de femmes, séparées par de petites jardinières remplies de fleurs ; et le troisième, imitant une urne au milieu d'un cercle de femmes occupées à tresser des guirlandes de fleurs ; le tout supérieurement agencé et bien capable de surexciter le goût d'une aimable fleuriste.

3o. Un *calorifère* en forme de vase, façon anglaise, entouré d'un cep de vigne avec feuilles et grappes de raisin. Cet objet est pour une serre chaude ou même un salon. Il peut contenir une vingtaine de petits pots de fleurs dans une nappe de sable, qu'on recouvre avec une cloche en verre, tandis que l'intérieur est échauffé par une simple veilleuse.

4o *Vases Médicis*, de diverses dimensions, mais émaillés ou marbrés vert, violet ou de couleur naturelle.

5o Des *lampes* ou *culs-de-lampes* de toutes formes et de toutes dimensions, pour suspendre aux plafonds des plantes grasses, grimpantes ou des fleurs.

6o Des vases chinois, des corbeilles, des pots à fleurs de toutes sortes, dentelés ou avec anneaux.

7o Des terrines pour semis, avec gorge à l'entour pour recevoir l'eau, afin d'éviter d'aplatir la terre et la plante. (Ce système est suivi dans les pays méridionaux.)

Il faut bien le dire, l'industrie de la poterie était demeurée depuis bien des siècles à l'état d'enfance dans notre pays; elle a reçu un élan, mais un vigoureux élan, depuis l'établissement tout nouveau de la fabrique de M. Del Pino. En décernant une médaille d'argent à cet industriel, le 21 avril 1851, la Société d'horticulture a rendu un témoignage bien mérité au talent de cet ancien colonel espagnol, car son entreprise est pour nous une affaire importante, pleine d'avenir, et qui peut rivaliser avec nos autres industries.

Qu'on le sache bien, nous avons dans notre pays des argiles propres aux plus belles fabrications. Les communes d'Entrammes et de Changé en fourniront pour la porcelaine et la terre de pipe; et sur la route de Cossé se rencontre l'argile convenable aux pots dits de grès, qu'on nous apporte d'Angers.

## POTERIES EN TERRE ROUGE DE THÉVALLES près Laval.

Il y a des siècles qu'on fabrique de la poterie à Thévalles. Elle consiste uniquement en *terrines*, *réchauds*, *potines*, *buis à eau*, *tasses*, *plats à cuire des pommes au four*, *pots à fleurs*, *barates*, *mortiers* et *cuves à lessive*. Le genre de fabrication et de cuisson de ces ustensiles, du temps de la seconde race de nos rois, s'est très-religieusement perpétué, de père en fils, jusqu'à nous, sans autre progrès que celui d'un continuel débit.

Deux fabricants de ces poteries, MM. SIGOIGNE et PANNETIER,

ont seuls exposé à nos galeries, l'un une *cuve*, et l'autre un *mortier* à lessive. Ces objets étaient d'une dimension peu ordinaire et témoignaient du talent et de la force de bras de l'ouvrier qui les a moulés. C'était, à coup sûr, trop peu de ces deux ustensiles ; la potine n'aurait pas moins bien figuré à notre exposition, vu que beaucoup d'hommes mariés en connaissent l'utilité aussi bien que leurs chères moitiés, et aussi particulièrement la *cône* (trompe) dite de Thévalles, qui est pour nous un souvenir du temps des gentilshommes et des gentillesfames, chez lesquels on annonçait l'heure du repas au son du cor; ce qui s'appelait *corner l'eau*, parce qu'on se lavait les mains avant de se mettre à table. Cet usage s'est conservé chez nous parmi les gens de la campagne. A midi, quand la soupe est trempée, la ménagère vient sur le seuil de la porte sonner de la *cône* de Thévalles pour le dîner des gens de la ferme, qui arrivent de côté et d'autre et se lavent les mains dans une soupière fixée entre les brocs triangulaires d'une fourche en bois. Comme on le voit, l'origine de la *cône* de Thévalles a pris sa date dans le vieux temps ; elle remonte plus haut que le règne du Prince Noir ; peut-être descend-elle en ligne directe de la *corne* des Goths, renommée dans les anciens combats, et à la *ronflée* de laquelle les armées ennemies prenaient la fuite.

## STATUES EN TERRE DE POTTERIE.

M. Viot, fabricant de tuiles aux Agêts en la commune de Saint-Brice, canton de Grez-en-Bouëre, est le premier, dans notre département, qui ait fabriqué des statues avec la terre glaise de notre pays. Il a envoyé à notre exposition une *Immaculée conception*, *une vierge à l'enfant*, *un christ*, trois statues de jardin représentant *la chasse* et *la pêche*.

Ces objets ne sont point à remarquer pour le fini de l'exécution, mais uniquement pour leur cuisson qui est très-remarquable. L'ouvrier à coup sûr possède une grande intelligence, et le savoir dans le cuire de la tuilerie.

## LES TRAPPISTES

### *de Notre-Dame du Port-du-Salut, à Entrammes, près Laval.*

Les faits suivants honorent trop nos fêtes de septembre pour que nous ne les consignions pas ici d'une manière toute particulière.

Le jour de la cavalcade historique de charité, les religieux de la communauté de Saint-Michel de Laval s'abstinrent de faire leur office accoutumé du dimanche, afin de laisser à chacun toute la liberté de jouir de l'ineffable spectacle qu'offrait notre cité, alors que tous ses enfants n'avaient qu'un seul et même sentiment, qui prenait sa source au sein d'un seul et même bonheur.

Pendant les autres jours de fêtes, tous les ecclésiastiques de notre département accoururent à Laval; et l'on vit de vénérables curés, à la tête de leurs paroissiens, venir s'asseoir sous les tentes, partager avec eux la galette et le cidre doux de l'Angevine, et porter des toasts à l'éternelle union de tous les cœurs.

Après les PP. Jésuites, après le clergé de nos villes et de nos campagnes, sont venus à leur tour les Trappistes, qui, eux aussi, ont payé leur tribut d'hommages à notre Exposition, en y présentant des *fromages*, produits de leur communauté.

Un de ces fromages était de forme ronde, et l'autre, plus petit, de forme carrée. Celui-ci était coupé de manière à laisser juger de la blancheur et de la délicatesse de la pâte à l'intérieur.

Ces hommes, que le monde ne connaît plus et qui ne connaissent plus le monde, qui, avant de mourir, se refusent la dernière goutte d'eau nécessaire aux ardeurs de la soif, ces hommes s'ingénient à apprêter aux enfants du siècle des mets succulents qu'ils ne partagent pas avec eux, mais qu'ils leur présentent comme aux premiers nés du père de famille.

## CHOCOLATS.

M. Priou, fabricant de chocolats à Angers, a exposé plusieurs échantillons de sa fabrication. Ils portaient des dates qui annonçaient qu'ils n'avaient pas été faits exprès pour notre exposition, et qu'ils étaient pris, sans distinction, parmi ceux qu'il livre journellement aux consommateurs, ce qui milite déjà en faveur de cet exposant.

Le chocolat est un mets des Dieux, a dit Linnée; c'est pourquoi MM. les medecins n'ont pas manqué d'en prescrire l'usage, surtout aux tempéraments débiles, à cause de ses qualités alimentaires et hygiéniques.

Le bon chocolat est rare plus qu'on ne l'imagine, parce qu'il exige non-seulement un choix dans les matières premières, mais encore le soin le plus minutieux dans sa préparation, et rien de plus délicat que le choix des cacaos , rien de plus difficile que le degré de chaleur à leur appliquer. Avec les meilleurs cacaos on peut produire les plus détestables chocolats. La moindre distraction pendant le chauffage suffit pour gâter, d'une manière irréparable, une grande quantité de marchandises. Ce n'est pas souvent des plus grandes usines que sortent les meilleurs produits. Un fabricant de chocolat , s'il veut répondre consciencieusement de sa marchandise, doit surveiller sa fabrication , depuis l'achat du cacao jusqu'au moulage et à la mise sous papier.

En raison de l'usage auquel il est destiné , il n'est pas un produit alimentaire qui eût droit à être plus religieusement respecté que le chocolat ; et il n'en est pas un , peut-être, sur lequel le charlatanisme, la cupidité et la friponnerie aient autant exercé leur industrie.

De nos jours , ou peut avec justice dire de la fraude ce que La Fontaine disait de son temps de la feinte.

> « La *fraude* est un pays plein de terres désertes,
> « Tous les jours nos *marchands* y font des découvertes ;
> « Mais ce champ ne se peut tellement moissonner
> « Que les derniers venus n'y trouvent à glaner. »

Que les acheteurs et consommateurs de chocolats se mettent donc en garde contre les pièges qui leur sont tendus par des affiches et de pompeuses réclames dans les journaux , poudre d'or qu'on leur jette aux yeux pour leur faire payer un objet le double de sa valeur. Qu'ils se persuadent bien qu'il faut laisser le lait d'amendes aux *préparateurs* de looks , le lait d'ânesse aux phtisiques désespérés , et la moëlle de bœuf dans les magasins de parfumerie.

Le secret des chocolats à bas prix , véritable graine de niais , trouve son explication dans l'ignorance du détaillant qui ne connaît rien à la fabrication , et qui est toujours excité par l'appât d'un gain facile et par une concurrence effrénée. Il vend de la drogue , et c'est de cette drogue que le consommateur peu aisé fait usage pour remplir les vues de l'ordonnance d'un médecin , qu'on accuse d'ignorance parce que l'état du malade a éprouvé un effet contraire à ce qu'on espérait du maudit chocolat.

Afin de prémunir les consommateurs contre la tentation d'user de chocolats à bon marché , nous croyens devoir faire connaître la recette suivante, obtenue en décomposant des chocolats provenant d'une des plus grandes fabriques de France.

| Matières employées. | | | Prix de revient. | |
|---|---|---|---|---|
| 20 k. | « g. | germes de cacao | 10 f. | « c. |
| 1 | 500 | suif de mouton | 1 | 20 |
| 20 | « | sucre brut | 24 | « |
| 3 | « | fécule de pommes de terre | 1 | 20 |
| « | 100 | canelle | « » | 50 |
| 34 | 600 | Main-d'œuvre | 6 | 50 |
| | | Enveloppes | 8 | « |
| 1 | 500 | Boni provenant de l'enveloppe | | |
| 46 | 100 | de chocolats revenant | 51 | 40 |

Recette d'ailleurs qui n'est pas la plus mauvaise.

Que faut-il conclure de tout cela? que le consommateur bien avisé ne s'arrêtera point aux chocolats portant des noms prétentieux ou absurdes; qu'il renoncera d'un autre côté aux chocolats soi-disant d'Espagne, parce qu'on fabrique aussi bien, sinon mieux, en France qu'en Espagne, et que souvent ces chocolats sont des rebuts de fabriques françaises; et qu'il évitera le bon marché parce que les bons chocolats à vil prix sont impossibles, en raison de la valeur des cacaos et des soins sans nombre que réclame la confection du chocolat.

Cette digression nous a entraîné un peu loin. Revenons aux produits de M. Priou.

Il a exposé divers échantillons qui ont du mérite, mais sont tels que tout chocolatier, sachant bien son état et possédant un matériel convenable, doit les confectionner. Parmi ces échantillons il se rencontre deux sortes de *chocolats ferrugineux* qui sont dignes d'une attention toute particulière.

Il y a quelques années, les chocolats ferrugineux contenaient de 10 à 30 grammes de sous-carbonate de fer par demi-kilo; ils n'étaient pas mangeables, et se payaient 5 fr. le demi-kilo. M. Priou, à force d'essais et de soins, est parvenu à introduire 58 grammes de sous-carbonate de fer dans un demi kilo, sans donner au chocolat une saveur désagréable au goût. Ce succès est heureux et d'autant plus heureux qu'il a fabriqué des chocolats de 3 fr. et 1 fr. 60 le demi-kilo, contenant la même quantité de sous-carbonate de fer, tandis qu'il faut payer 100 pilules ferrugineuses (contenant 20 ou 30 grammes de sous-carbonate de fer) 15 centimes la pièce, c'est-à-dire 15 francs.

On ne saurait donc trop féliciter M. Priou de ses essais, de sa réussite, comme aussi des prix modestes auxquels il a taxé ses chocolats.

## LIQUEURS SPIRITUEUSES.

Un brave campagnard , arrêté au beau milieu de la route de Saint-Berthevin , disait , en secouant sa *toubique* sur son poing : *Que la mère une telle vend donc de bon tabac ?* Il prenait une *nifiée* et s'écriait : *Qu'il est donc bon son tabac !* Puis , à la troisième *nifiée : Oh ! le bon tabac !* et il y avait , je vous assure , dans le ton de la voix de cet homme , dans son geste , dans son sourire à sa *toubique* , une éloquence si persuasive que les passants ne pouvaient s'empêcher d'éternuer avec lui.

Comme ce bon campagnard , nous aurions désiré , à propos des liqueurs et des vins exposés dans nos galeries , pouvoir dire aussi : Oh ! la bonne liqueur ! Mais hélas ! étant du nombre de ceux qui *regardaient* et ne *touchaient point*, nous ne pouvons en aucune façon éclairer la religion de nos lecteurs à l'égard du *Champigny* de M<sup>me</sup> V<sup>e</sup> AMOUROUX de Saumur, du *vin clairifié* de M. RUILLÉ, de Château-Gontier, du *cacis* de M. PERRIER, d'Avesnières , et des *liqueurs et sirops* de M. COMBIER D'ESTRES, de Saumur. Tout cela devait être excellent. Nous en aurons des nouvelles par MM. de la commission des arts chimiques , chargés de déguster les liquides et aussi de nous faire éternuer.

Qu'il nous soit permis de manifester ici un regret. Nous n'avons vu à notre exposition aucun flacon de cidre. Cependant, après le vin, c'est la plus belle et la plus généreuse de toutes les boissons. L'arbre qui porte le fruit est la parure la plus riche de nos campagnes à l'époque des fleurs et des fruits ; l'origine du cidre remonte à la plus haute antiquité et se perd dans la nuit des temps. L'usage de cette liqueur du jus de la pomme nous viendrait , selon quelques chroniqueurs , de l'Espagne , où il fut introduit par les Maures. Nous l'avons , selon d'autres , reçu des Croisés , à leur retour de l'Orient ; d'où ils apportèrent des greffes des arbres à cidre. Ce qu'il y a de certain , c'est qu'au 6<sup>me</sup> siècle l'usage de cette boisson était répandu dans les Gaules.

Aujourd'hui , quarante départements brassent les cidres. Et , chose surprenante ! parmi ces quarante département la statistique générale de France a oublié le département de la Mayenne, comme on l'a laissé aussi de côté pour autre chose dont nous parlerons quand l'occasion s'en présentera , ce qui ne tardera pas à arriver.

La quantité de cidre fabriqué annuellement en France , y compris le *poiré*, est de 8,868,735 hectolitres, représentant une valeur de 67,178,956 fr.

Ces chiffres nous doivent bien quelque chose sans doute. Detrompez-vous : le Lot, la Loire, l'Aveyron, l'Ain, la Creuse y figurent pour 100 à 1,000 hectolitres, et la Mayenne pas même pour un litre ! Voilà la justice qu'on nous rend et que nous méritons : car, si nous semblons parfois arriérés auprès de tant d'autres départements, c'est qu'il y a aussi de notre faute ; nous n'avions, jusqu'à 1852, pas su nous apprécier à notre valeur réelle, ni mettre en lumière nos richesses territoriales, non plus que nos produits industriels. Nulle part, et je le dirai parce que c'est la vérité, ni en Bretagne, ni en Normandie, ni dans la Biscaye où j'ai vécu, l'industrie agricole n'a surpassé la fabrication des bons cidres de la Mayenne.

## PRESSE A LEVIER POUR BOUCHER LES BOUTEILLES ET TOPETTES.

M. Gaëtan Gallice, de Rennes, a inventé une presse pour boucher les bouteilles. Nous avons fait, nous-même, fonctionner cette machine à notre Exposition où elle a pu échapper aux regards de tout le monde par sa mince apparence au milieu d'objets plus grands et d'un plus imposant aspect.

Cependant cette presse était digne d'attention par la simplicité même de l'invention et de l'exécution. Elle peut suffire seule pour deux robinets en tirage, et un enfant de huit à dix ans la fait marcher aisément et sans fatigue. Le levier est remarquable par sa courbe qui lui donne une grande puissance d'action avec la faible distance de 1 centimètre du boulon aux tubes. Au moyen d'une petite roulette en fonte, il presse une fourchette à trois dents qui s'engraine dans trois tubes de diverses dimensions, selon la grosseur du goulot des bouteilles, et pousse verticalement et sans aucune déviation le bouchon, rond ou carré, dans le goulot qui le reçoit et où il s'enfonce sous une force de 400 kilogrammes pesant.

Par ce système de bouchage, les liquides doivent être nécessairement bouchés avec plus de propreté, plus hermétiquement, sans crainte de prendre le goût de bouchon ou de s'altérer par l'air. Ce résultat n'est pas douteux, et il est plus facile à comprendre.

Comme je l'ai dit plus haut, on peut, avec la machine de

M. Gallice, employer à sa volonté des bouchons de forme ronde ou carrée. A mon avis, ces derniers sont préférables, d'abord parce qu'ils coûtent moins de façon, ensuite parce qu'ils bouchent plus durement. En voici la raison : le bouchon carré ne dépasse pas 16 lignes, ne prend que l'étroit du goulot, sans descendre plus bas où il s'élargit, s'éponge et pompe le liquide en lui communiquant son goût de bouchon. Tout mauvais, tout piqué (ces piqûres servent de demeures à une infinité d'animalcules qui sont un véritable poison), tout verreux que soit un bouchon, il est tellement resserré par la pression du foulage de la machine, qui le réduit de moitié et le durcit comme la pierre, qu'aucun rapport ne peut plus exister entre le liquide et la partie spongieuse du bouchon. L'air ne saurait en outre avoir aucune action dans le vase qui laisse échapper son trop plein au moment du foulage.

Cette presse, mérite donc l'examen de ceux qui ne l'ont pas aperçue ou ne se doutent pas de sa valeur et de son utilité.

## BOTTINES, SOULIERS, CHAUSSONS.

La France est un beau pays où l'on crie très-haut *vive la liberté*, et où les hommes et les femmes aiment le plus à se faire esclaves, les premiers des dames, et les secondes de la Mode, à tel point que, si la mode un jour ordonnait aux femmes de porter un cilice, on verrait tout à coup les plus délicates, les plus sensibles et les plus nerveuses s'en revêtir et paraître avec joie sous le piquant accoutrement des anachorètes. Dans le quinzième siècle, un poëte écrivait :

> Damoiselles, pour paroistre gentilles,
> Portent ennuit de si justes coquilles
> Qu'il semble advis qu'elles soient décoiffées.

C'était la mode et par conséquent le bon genre. Plus tard arrivèrent les énormes bonnets qui figuraient un vaisseau voguant à pleines voiles. Ensuite parurent les *calèches* qui enveloppaient, comme dans un sac, toute la tête et ne permettaient pas de voir le nez. De nos jours, la coiffure a subi une foule de métamorphoses ; tout dernièrement, un bonnet ressemblait à un petit *galichon* pendillant sur les oreilles, comme un chapeau avait l'air d'être fait pour ne point servir de coiffure, mais bien pour prendre la fuite du côté du dos et laisser à découvert le sommet de la tête.

Qu'imaginera-t-on cette année pour la plus grande gloire de la

Mode? Nous l'ignorons. Peut-être la robe à taille sous les aisselles, ou le *cadogan* poudré sur un beau schall de l'Inde.

Si la mode a torturé de la sorte la coiffure, elle n'a pas non plus épargné la chaussure. L'histoire a conservé le souvenir du soulier dit à la *poulaine*, dont le dessus était découpé comme des fenêtres d'église, et la pointe allongée de plus de deux pieds, si bien qu'il fallait l'attacher par une chaîne aux genoux, ( ce qui attira la censure des évêques qui la tancèrent comme *péché contre nature*, une ordonnance de Charles V qui la prohibait comme étant *contre les bonnes mœurs et inventé en dérision du Créateur*, et un acte du parlement anglais qui défendit de donner à la pointe du soulier une longueur de plus de deux pouces). Alors vinrent les larges babouches carrées, puis les socques à talon pointu qui occasionnaient de dangereux trébuchements. Aujourd'hui, fort heureusement, la mode s'est faite un plus raisonnable. La chaussure prend gracieusement la forme d'un joli pied. Pour beaucoup, elle n'est peut-être qu'un dur étau ; mais, peu importe, le supplice équivaut-il au plaisir de faire admirer un mignon petit pied.

L'exposition de l'industrie de la Mayenne a mis en relief les divers talents de plusieurs maîtres cordonniers, parmi lesquels nous devons citer :

M. Candy, de Laval. Ses grandes bottes, dont la piqûre en soie blanche imitait des fleurs, étaient parfaitement conditionnées ; ses bottines, en bas de soie avec caoutchouc sur les côtés, un ouvrage très-remarquable, ainsi que ses bottines en peau de chagrin et caoutchouc pour fatigue, parfaitement piquées à deux et trois rangs avec de la soie de couleurs variées. Ses petites bottines de fantaisie pour femmes, piquées sur trois rangs à chaque couture, variées de soie, ont été remarquées des dames qui les jugeaient fort agréables pour le pied. Nous ne devons pas oublier ses chaussons pour bal, remarquablement tendres, couronnés d'un choux rose et extrêmement gracieux à l'œil.

M. Simon, de Laval. Son étalage se composait d'un joli assortiment de chaussures : bottes à l'écuyère en cuir vernis, avec ornements de dessins piqués ; bottes ordinaires en vernis, tige maroquin, passe-poil et piqûres en cordonnet blanc ; bottines pour femmes, à boutons et à talons, claquées à l'extrémité supérieure en chevreau doré ; brodequins élastiques pour hommes, en chevreau et sans boutons ; bottines en satin blanc et à *talons*, ouvrage très-riche d'effet et d'une exécution très-difficile quant au talon qui ne permet pas à l'ouvrier de retourner le satin à sa volonté, et qu'il doit néanmoins préserver de tout contact avec le cuir noirci qui en endommagerait la fraîcheur ; souliers en vernis et à boutons, et souliers à quartiers et porte-boutonnières en chevreau brun-mouche-d'or, piqûres très-élégantes, faites à l'alène, et formant une guirlande de roses. Cette chaussure, aussi solide que légère, est une véritable parure.

M. Poirier, de Châteaubriant. Ses bottines souliers de chasse imperméables étaient confectionnés dans la perfection.

M. Leterme, de Laval. L'attention du public s'est arrêtée particulièrement sur cette prodigieuse paire de bottes en caoutchouc, cotée au prix de 130 francs. On a du reste généralement reconnu que ses autres produits en cette matière étaient bien conditionnés.

## SABOTS.

D'où vient le mot *Sabot?* Les uns prétendent qu'il est issu de *Bot* qu'on dit avoir signifié *trou en terre* ou *fossette à jouer aux noix ;* les autres du mot espagnol *sapato*, diminutif de *sapo* (gros soulier), d'où dériverait le mot *savate*.

A quelle époque remonte l'origine du sabot? C'est ce que je ne puis dire. Tout ce que je sais, c'est que les dames du Limousin, réputées pour leur coquetterie, portaient, il y a deux cents ans, des sabots fort propres et fort mignons. Le dessus de ces sabots, d'un bois très-léger, était délicatement travaillé à jour, embelli d'ornements faits avec beaucoup d'art et dorés, et l'intérieur garni de velours cramoisi, bleu ou de tout autre couleur. On les liait au moyen de deux courroies fixées par un petit clou de chaque côté du sabot. Le beau sexe Lavallois, qui ne s'est, jamais ni d'aucune manière, laissé surpasser par le beau sexe d'une autre province, devait sans doute, alors comme aujourd'hui, rivaliser de bon goût et de luxueuse mise avec les belles dames du Limousin.

Suivant les ordonnances concernant les eaux et forêts, il était défendu aux sabotiers de tenir leurs ateliers moins éloignés, que d'une demi-lieue des forêts. Cependant, lorsque notre belle forêt de Concise était encore debout, nous avons vu sous ses grands arbres, dans l'épaisseur des bois, des petites huttes de branchages et de terre pétrie former des hameaux entièrement habités par des sabotiers. Un bois de lit rempli de feuilles sèches et un vieux bahut noirci faisaient tout l'ornement de ces demeures enfumées, mais bruyantes de la gaîté vive d'enfants demi-dus, ou resplendissantes du regard et de la parole naïves d'une jeune fille aux formes souples et gracieuses.

Les sabotiers, comme les cordonniers, ont maintenant dans les villes boutiques ouvertes sur la rue, et rivalisent avec eux de bon goût et de savoir faire. Nous devons certainement des éloges à ceux qui ont exposé dans nos galeries. L'étalage de M. Foucoin se composait de 40 paires de sabots en noyer, depuis 60 centimes jusqu'à 20 francs la paire. Les uns étaient à plis, les autres sculptés, mais avec une grande variété de dessins, des brins de fougères, des feuilles de toutes sortes, des tresses de corbeilles, ou des guêtres imitant la pluche ou le drap-nouveauté, piqûres façonnées aux boutonnières, rosette en cordons semblable à celle d'un soulier à coulisses, le tout en bois, ou décoré de dessins en passementeries.

M. Porcher, ouvrier de M. Foucoin, a exposé, pour son propre compte, huit paires de sabots remarquables par la délicatesse du travail. Cet ouvrier est habile et intelligent. Il brode sur le bois comme la modiste sur la gaze.

M. Morenne, de Montsûrs, a exposé seize paires de sabots. Ils sont tous montés en cuir en forme de guêtre ou de brodequins, parfaitement conditionnés, et se recommandent par la modicité de leurs prix.

M. Bellanger, de Mayenne, a mis sous les yeux du public quatre paires de sabots, imitation de soques, propres à recevoir des souliers, et une autre petite paire de couleur bleue, très-gentille, pour enfant.

## OUTILS POUR LES SABOTIERS.

M. Louis Lapierre, de Voûtré, (Mayenne), a exposé différents outils dont la fabrication mérite les plus grands encouragements.

Un *Paroir*, instrument servant à dégrossir les sabots. Il est impossible de façonner un outil avec plus d'entente de son usage.

Une *Vrille*. La mouche est habilement tournée, facile à mener, qualités essentielles pour ne pas faire éclater le bois entre les mains du sabotier.

Un *Boutoir*, pour creuser les sabots, parfaitement poli, uni comme une glace, bien dégagé et facile à affûter.

Une *Rouanne* et une *Cuiller*, très-bien polies et évidées.

Les ouvriers sabotiers que nous avons consultés à propos de ces outils en ont tous parlé d'une manière qui fait honneur au fabricant.

## INSTRUMENTS HORTICOLES.

Les objets exposés par M. Levant, serrurier à Laval, ont fixé l'attention des connaisseurs. C'étaient un grand *Sécateur* à deux manches pour mettre les haies d'épines ou de taillis à bois neuf. Cet instrument, dont la lame est en acier fondu, est parfaitement conditionné et blanchi ; il peut couper des branches de trois centimètres et demi d'épaisseur ; — un *Échenilloir* pour élaguer les branches élevées des arbres sans recourir à une échelle ; — une *Pince à treillager* propre à cinq usages différents : couper et tordre le fil, servir de marteau, de pied de biche et de tourne-vis. Cet outil, d'un beau poli, est non moins élégant que commode ; — une *Serpe-scie*, renfermant deux instruments en un ; — une *Cuiller-transplantoir*, instrument très-utile pour prendre les plantes en pleine terre et les mettre en pots avec leurs mottes sans endommager les racines ; — une *Pince-Coupe-chicot*, pour les églantiers, les orangers et autres arbustes dont les branches mortes ou parasites réclament le couteau. Tel qu'il est confectionné, cet instrument dispenserait presque le jardinier d'avoir assez d'habileté dans la main pour ne pas porter atteinte à toute autre partie de la plante ; — un *Couteau-serfouette* pour le rempotage des pots ; — un *Cueille-haut*, à ressort, pour récolter les raisins, les poires et tous les fruits à longue queue. Il retient son fruit après la coupe. Ce gracieux outil a été dédié aux dames.

M. Levant à également exposé deux *Cadenas à combinaisons* qui annoncent un vrai talent chez cet ouvrier, ainsi qu'un *Coupe-racine* à levier, outil qui pourrait servir d'ornement sur le comptoir d'un pharmacien ou d'un droguiste. Monté sur un plateau de bois verni, sa longueur est de 55 centimètres et sa hauteur de 20 centimètres ; la lame est circulaire et en acier fondu. Le tout est parfaitement travaillé, d'un poli remarquable et fait honneur à l'ouvrier qui a travaillé long-temps sous la direction de l'habile mécanicien Arnheiter, renommé pour ses instruments d'agriculture et d'horticulture.

## SERRURES DE COFFRES-FORTS ET CAISSES DE BANQUIERS,

de M. Théard, serrurier-mécanicien à la Guerche.

Voici deux objets d'art qui mettent en évidence le talent d'un jeune homme d'une petite ville voisine. Nous réclamons l'attention particulière des connaisseurs sur ces deux objets qui peuvent être le point de départ d'une renommée à venir.

La dimension de ces serrures est de 87 centimètres sur 20.

L'une contient sept pènes, l'autre onze, et toutes les deux sont incrochetables. Deux des pènes étant circulaires, il en résulte pour les malfaiteurs les plus exercés une impossibilité matérielle de les repousser. On peut, en outre, y adapter toute espèce de combinaison de fermeture, et la même clef pourrait faire fonctionner autant de pènes qu'on le désirerait.

Ces serrures, à l'extérieur, sont du plus bel aspect, et d'un fini de travail véritablement joli.

Une seule clef, comme celle d'un petit cadenas, fait mouvoir les onze pènes qui s'ouvrent et se ferment avec une douceur et une précision admirables. On sent, en les faisant fonctionner, que, malgré les difficultés immenses d'un pareil ouvrage, l'artiste, par une parfaite conception, a vaincu toutes les difficultés en les réduisant mathématiquement à leur plus simple expression, et en les exécutant avec un fini inconnu jusqu'à ce jour dans cet art qu'il a élevé à la hauteur des travaux mécaniques les mieux entendus et véritablement dignes d'être remarqués.

## PLAQUÉS ET AFFICHES EN FONTE.

Voici une révolution toute pacifique qui nous arrive de Nantes. M. Isidore LEVÊQUE a inventé une *Typographie métallique à lettres en relief*. Il peut faire une inscription, une affiche en fonte aussi promptement que l'imprimeur sur le papier. Les objets exposés par lui dans nos galeries ont attiré l'attention de bien des personnes, et l'on s'est étonné de la beauté d'exécution de la plaque de fondation pour la poissonnerie de Nantes, commandée, exécutée et livrée en *quatre heures*. Le système de sa typographie métallique est identique avec celui de la typographie sur papier. Nous ne savons s'il est le seul en France qui fasse usage de cette application, mais les prix excessivement modérés auxquels sont cotées ses plaques pour charrettes ( 75 centimes) causent une surprise qui est tout en faveur du fondeur.

## VERRERIE.

Il fallait autrefois être gentilhomme pour avoir le droit de souffler et de fabriquer le verre. Cette profession, loin d'occasionner la dérogeance, servait au contraire de titre de noblesse ; car, pour l'exercer, il fallait auparavant avoir produit les preuves de l'antiquité de sa race. L'autorisation de fabriquer le verre était un privilège réservé par les rois en faveur de la noblesse pauvre, afin de ne la pas laisser dépourvue de tous moyens d'existence.

Le Maine possédait plusieurs verreries assez importantes. On y fabriquait des bouteilles de gros et petit verre dont le débit se faisait particulièrement à Paris. Celles de Gastines et de Saint-Denis-d'Orques procuraient la subsistance à *plusieurs familles de pauvre noblesse.*

MM. Leclerc frères, de Fougères, ont exposé plusieurs échantillons de leur fabrique de verrerie. Leur travail mérite les plus grands encouragements. Il y a de l'habileté dans les incrustations de leurs dessins coloriés, et le verre a de la blancheur, de l'éclat et de la transparence.

### VITRERIE.

La vitrerie ne date pas de l'époque de l'invention du verre ; on ne s'en est servi pour les vitres que long-temps après la fabrication de très-beaux ouvrages en cette matière.

Du temps de Pompée, suivant M. Félibien, Marcus Scaurus fit faire en verre une partie de la scène du superbe théâtre élevé dans Rome pour les divertissement du peuple. Cependant, ajoute-t-il, il n'y avait point alors de vitres aux fenêtres. Les personnes riches, qui désiraient avoir des lieux clos, fermaient les ouvertures au moyen de pierres transparentes ( agathe, albâtre et marbres travaillés avec délicatesse ) ; mais, lorsqu'on mit en usage le verre pour les fenêtres, on en fit d'abord des petites pièces rondes que l'on assemblait avec des morceaux de plomb. C'est ainsi qu'ont été faites les premières vitres de verre blanc. Ensuite, on arrangea par compartiments des verres de diverses couleurs qui formèrent des espèces de mosaïques ; et ce fut là l'origine de la peinture sur les vitres. L'effet agréable produit par ces verres de couleur donna l'idée d'y représenter toutes sortes de figures, des histoires même. On en fit l'épreuve sur le verre blanc avec des couleurs détrempées à la colle. Mais, comme ces couleurs, une fois soumises aux injures de l'air, ne tardèrent pas à s'effacer, il fallut trouver un nouveau procédé qui permît aux couleurs de pouvoir se fondre et s'incorporer dans le verre sous l'action du feu. La beauté des vitraux de nos cathédrales témoignent du savoir faire de nos aïeux à cet égard.

Parmi tous les objets d'arts que présentait à l'admiration des visiteurs l'Exposition de la Mayenne nous devons citer, comme une bonne fortune, les vitraux peints de MM. FIALEIX du Mans, et THIERRY, père et fils, d'Angers. Leurs différentes œuvres ont excité l'admiration de tous les visiteurs de nos galeries, tant sous le rapport du dessein que sous le rapport du coloris. Les vitraux de M. Fialeix consistaient dans les objets suivants : *L'Arbre de Jessé*, ( copie d'une verrière 13e siècle, dans la cathédrale du Mans ) ; — *l'Institution de l'Eucharistie*, par M. Fialeix, dessin de M. Chatel ; — une *verrière pour salon*; — *impression sur verre ; une épisode de la vie de Saint-François-Xavier ;* — un *médaillon style 13e siècle*, avec dessin modifié d'après un carton de M. Chatel.

Les vitraux de M. Thierry consistaient en les objets ci-après : *Croisée grisaille géminée, style 13e siècle ;* — *un panneau d'ornement de couleur et mosaïque, 13e siècle ;* — *deux panneaux grisaille, 13e siècle ;* — *cinq panneaux de bordures, différents styles ;* — *un panneau grisaille, dit l'Angelus ;* — *idem, prière à la Vierge ; deux bustes, grisaille moderne ;* — *un panneau d'armoirie ;* — *idem, deux chevaux surpris par un lion.*

### M. MOUSSIER jeune, opticien à Nantes.

M. MOUSSIER a exposé des verres à double foyer, dont il est l'inventeur et qui ont été approuvés par l'académie des sciences, par le jury départemental de la Loire-Inférieure, et sanctionnés par celui de Paris.

Jusqu'à notre époque, bien des physiciens s'étaient mis à l'œuvre pour trouver le moyen de produire des verres à double foyer, afin de voir de *près* et de *loin*, sans changement ni mouvement d'appareils. Leurs veilles et leurs études étaient demeurées sans résultat. On désespérait presque d'obtenir une solution heureuse après tant d'inutiles essais, lorsque, vers la fin de l'année 1849, l'ingénieur Moussier, de Nantes, arriva, à force de méditations et par une pratique consommée, à des succès véritablement inouïs.

Les verres de cet habile opticien sont achromatisés et ils ont une propriété double et simultanée, celle de faire voir à une distance rapprochée et éloignée. Ils sont d'une parfaite fabrication et s'approprient à toutes les vues, sans causer ni fatigue, ni aberrations, ni irritations, ni douleurs nerveuses. S'il est incontestable que des lunettes d'une mauvaise confection conduisent à la perte de la vue, il n'est pas moins vrai aussi que le travail de l'organe visuel à travers un verre, portant un seul numéro, est fatiguant lorsqu'il dépasse la distance voulue par le numéro, que la vue s'embrouille et que l'organe est lésé par la contention forcée à laquelle l'impérieux besoin de voir l'assujettit. Cet inconvénient est paré par les verres à double foyer de M. Moussier. Avec eux, on voit de près et de loin, suivant toutes les conditions naturelles, et dans un milieu toujours normal, ce qui empêche l'œil de s'affaiblir et le conserve dans un état prospère.

L'exposition de la Mayenne nous a fait connaître les verres achromatisés de M. Moussier. Beaucoup de personnes de notre ville en font aujourd'hui usage. Quelques-unes d'elles avaient la vue tristement altérée par des lectures prolongées. Elles n'espéraient plus de guérison, et mettaient leur espoir dans des verres grossissants qu'il fallait un peu plus tard abandonner pour d'autres verres plus grossissants encore. Depuis qu'elles se servent des verres complexes dont nous parlons, elles ne tarissent pas de louanges sur leurs lunettes, comme si elles eussent opéré une cure miraculeuse. Nous ne pouvons qu'en féliciter M. Moussier.

## MENUISERIE ET ÉBÉNISTERIE.

Les menuisiers étaient autrefois connus sous le nom de *huchers*, du mot *huche*, coffre de bois où l'on pêtrit le pain ; ils s'appelèrent ensuite *huissiers*, du mot huis (1), porte d'une chambre. Ces noms leur furent conservés jusque vers la fin de 1382, où il fut ordonné par un arrêt qu'on les appellerait *menuisiers*, du latin *minutarius*, celui qui travaille à de menus ouvrages. Charles de Montigny, garde de la prôvolé, leur donna des statuts en décembre 1290, comme dépendant du maître charpentier du Roi.

Jusqu'au règne de François Ier, la menuiserie avait fait peu de progrès en France, mais sous ce prince elle prit une certaine élégance, se développa ensuite sous le règne de Louis XIII, et atteignit bientôt ce perfectionnement artistique qui fit et fera toujours la gloire des menuisiers.

---

(1) Le bourg de *l'Huisserie*, près de notre ville, a-t-il été ainsi nommé à cause d'une réunion de menuisiers établis en ce lieu, à la proximité des bois, ou bien tire-t-il son origine du mot *huis* qui signifie porte (porte de Laval).

Divisés d'abord en deux corps , *menuisiers en bâtiments et menuisiers ébénistes*, ils sont aujourd'hui partagés en cinq : *menuisiers en bâtiments*, *menuisiers ébénistes*, *menuisiers en meubles*, *menuisiers en voitures et menuisiers en mécanique*, qui tous ont pris naissance dans le corps des menuisiers en bâtiments, qui date de loin, car il a dû trouver son origine dans les siècles où les hommes eurent besoin, à cause de leur multiplicité toujours croissante, de se bâtir des demeures autres que celles qu'ils avaient rencontrées dans les cavités de la terre.

Notre exposition a mis en relief le talent de quelques-uns deux ; nous devons leur consacrer quelques lignes et donner des détails sur leur travail.

1º LIT EN ACAJOU , *exécuté sous les ordres de* M. GAILLARD,
*menuisier-ébéniste à Laval.*

M. Gaillard a fait comme les Romains , qui prirent ce qu'ils trouvèrent de beau dans l'ordre Ionique et dans l'ordre Corinthien pour composer l'ordre composite ou *romain*. Le lit qu'il a exposé peut en effet prendre le nom de *Lit lavallois*, car, en son genre, il n'appartient pas à tel ou tel style de telle ou de telle époque en particulier ; il en rappelle néanmoins le souvenir, et forme un tout moderne d'une beauté aussi riche qu'élégante. Le bateau est ondulé, garni de moulures, et l'acajou extra-riche imite une guirlande prolongée de gerbes de blé ; les garde-oreillers sont ornés de bouquets de roses richement sculptés ; les pieds sont à pans coupés et à ressauts, décorés de neuf cadres, coupés d'onglet, d'une précision d'ajustement merveilleuse ; on les dirait presque coulés. La plinthe, avec son soc, forme piedestal, et le chapiteau, couronné d'un trèfle avec ornementation d'une rose, d'une reine-marguerite et d'une renoncule entrelacées, correspond dignement au cintre surbaissé du dossier orné de moulures ogivales.

Ce travail fait honneur au maître qui en a conçu le plan et à l'ouvrier qui l'a si bien exécuté.

2º LIT EN MÉRISIER ET TABLE EN CHÊNE.

M. Félix BABIN , menuisier à Saint-Georges-Buttavent, a exposé un lit en mérisier qui annonce un bon ouvrier, et une table en chêne, qui, par sa frise et son arrondi, forme table anglaise. Elle est placée sur un pied à volutes et sculptures poussées à la main. Ce pied en renferme deux autres qui permettent, au besoin, d'étendre la table à trois mètres. Cet objet a reçu l'approbation des connaisseurs , et a été acheté dès le commencement de l'exposition.

M. Vannier , ébéniste à Laval , a exposé 1º un lit en acajou , style Louis XV , orné de têtes en relief et d'armoiries sculptées. Les pieds sont à pans coupés, à ressauts, avec modillons garnis de feuillages et cadres à moulures guillochées. Les deux têtes sont des portraits qui rappellent la charmante Gabrielle et Henri,

> Ce diable à quatre

dont le peuple aimera toujours à conserver la mémoire , à cause de son

> .... triple talent
> De boire et de battre
> Et d'être vert galant.

2º Une commode en cerisier de la Mayenne , style Louis XIV , coins ronds et détachés. Ce meuble était fort remarquable par la beauté et la richesse des veines du bois.

M. Cognard , ébéniste à Château-Gontier , a exposé un bois de lit , une commode, genre Renaissance et imitant l'ébène. Cet ouvrier a réellement du mérite. Il y a chez lui du savoir-faire et une certaine habileté dans la composition de son noir d'ébène. L'œil s'y trompait. Toutefois, ces meubles n'ont point obtenu l'approbation générale , par l'unique raison qu'on ne recherche pas les objets propres à engendrer des idées noires et lugubres. Tout le monde ne ressemble pas à cette femme aimante qui , dans le château de Chenonceau , fit garnir les quatre faces et le plafond de son boudoir de tentures mortuaires , afin de s'y mieux ressouvenir de son noble chevalier et de la tendresse de son propre cœur.

## APPAREIL DISTILLO-ÉVAPORATOIRE

du docteur Schweiger , médecin à Laval.

Nul n'est entré dans les galeries de notre exposition, ou n'en est sorti sans s'être arrêté devant l'appareil-distillatoire de M. le docteur Schweiger. C'était à coup sûr pour beaucoup de personnes un objet d'art tout à fait inexplicable, mais qui n'en attirait pas moins les regards par la beauté d'exécution de la main d'œuvre et l'agencement ingénieux de tant d'objets formant un tout propre aux besoins multiples d'un grand établissement.

Cet appareil , en effet , réunit dans son ensemble les conditions les plus importantes pour la fabrication des eaux-de-vie, des alcools, la distillation de plusieurs liquides de nature différente, eaux aromatiques et simples, éther, essences volatiles, et la séparation des carbures d'hydrogène qui se concentrent dans les huiles brutes de tourbes, de schistes et de houilles. On peut s'en servir également pour la préparation des inets, des sirops, l'évaporation de différentes substances médicamenteuses à l'usage des pharmaciens, la fonte et la purification des graisses, suifs, huiles, blancs de baleine. Véritablement hygiénique, cet appareil devient moteur pour administrer des bains et douches de vapeur et bains d'eau chaude dont on fait si souvent usage dans les hôpitaux et les établissements de charité. Sa disposition est telle qu'il peut, avec un seul foyer de chaleur, remplir toutes les conditions d'un calorifère, au moyen duquel on pourrait faire sécher du linge dans divers appartements.

Un seul homme peut diriger la marche de cet appareil qui fonctionne au moyen de la chaleur latente et de la vapeur d'eau au-dessous et au-dessus de 100 degrés centigrades. Quoiqu'il se compose de deux parties, pour la distillation et l'évaporation, on peut l'utiliser en entier ou en partie selon le besoin du distillateur.

### APPAREIL DISTILLATOIRE,

de M. A. ROBERT, chaudronnier-pompier à Laval.

Il y a cinquante ou soixante ans, on ne faisait pas en notre bon pays une consommation d'eau-de-vie à beaucoup près aussi considérable que de nos jours. L'usage de cette boisson nous est venu du côté de Cossé dont les femmes, dit-on, étaient de franches gaillardes et savaient parfaitement lever le coude (jadis bien entendu) avec les hommes dans un cabaret. A Dieu ne plaise que j'indispose contre moi le beau sexe du bourg de Cossé-le-Vivien. Je sais intérieurement lui rendre justice, et repousse bien loin tous les mauvais propos qu'on voudrait tenir à l'endroit de sa réputation.

Revenons à notre alambic. L'appareil présenté à notre exposition par M. A. Robert diffère des anciens qui sont très-imparfaits et dont on se sert néanmoins partout pour la distillation du cidre. Celui de M. Robert se compose de quatre parties principales : *la cucurbite* ou chaudière, *le chapiteau*, *le chauffe-vin* et *le serpentin*.

Les anciennes chaudières consistent en un cylindre d'égal diamètre aux deux extrémités ; le fond seul se trouve en contact avec le foyer et n'absorbe par là que très-peu de calorique. Celle de M. Robert est de forme nouvelle, à peu près sphérique, applatie du côté qui reçoit l'action du feu, et pourvue d'un robinet par où s'échappent les résidus qui ne peuvent plus être distillés. Par cette disposition, le fond et les deux tiers de la chaudière se trouvent en communication avec le foyer, et reçoivent une bien plus grande quantité de calorique.

Le chapiteau de la partie supérieure du collet qui couvre la cucurbite est également bien modifié. Au sortir de la gorge, il présente un renflement assez fort pour que la vapeur, une fois sortie de ce passage étroit, puisse se dilater et s'échapper avec force par le prolongement du chapiteau en col de cygne, mais qui s'oppose, par son élévation, à la fuite du liquide non distillé, par suite d'un trop fort bouillonnement.

Le chapiteau à col de cygne a un prolongement qui traverse un compartiment que l'on nomme *chauffe-vin*. C'est dans cette pièce que l'on introduit primitivement le liquide qui plus tard doit se rendre dans la chaudière, lorsqu'il a absorbé, pendant le cours de la distillation, la première et la plus forte chaleur de la vapeur.

Le liquide échauffé s'introduit dans la chaudière par un tuyau qui, de la partie inférieure du chauffe-vin, lequel est élevé, le conduit dans la cucurbite. Au milieu de ce tuyau est un robinet propre à intercepter à volonté le passage, lorsque la chaudière est suffisamment remplie, ce dont on peut s'assurer au moyen d'un robinet indicateur qui y est adapté. Le but de ce chauffe-vin est de donner au liquide, avant de le distiller, un degré de chaleur très-fort en utilisant une assez grande quantité de calorique perdue entièrement dans les anciens appareils.

Quant au *serpentin*, il est placé à l'extrémité du tuyau qui traverse le chauffe-vin horizontalement. Il reçoit directement la vapeur qui en suit tous les contours et sort enfin liquide par son orifice inférieur.

Cet appareil mérite d'être remarqué ; il présente des avantages bien réels, et dénote chez son auteur de grandes connaissances en distillation.

## APPAREIL A LESSIVAGE.

M. Théophile Guillaume dit Lesvergées, fabricant chaudronnier à Vitré, a exposé une machine à lessivage. Nous n'avons point vu fonctionner cet appareil dont la confection intérieure est simple, et le travail remarquable. Cette machine prend son eau dans le cuvier où est entassé le linge , la chauffe et jette seule son lessif au moyen d'un tuyau en plomb placé au sommet , et au bout duquel est une large écumoire en étain qui sert à étendre l'eau sur toute la surface du linge.

L'essai de cet appareil , en présence d'hommes haut placés et capables d'apprécier les choses à leur valeur , a eu pour résultat , à l'occasion d'une lessive d'environ mille pièces de linge , une grande économie de temps , une dépense de moitié en moins de savon , un blanc de linge éblouissant et sans aucune odeur.

Le lessivage des mille pièces a été fait avec un stère cinquante centistères de bois et en dix heures de temps.

## POMPES.

M. Royer , fabricant de lampes et de pompes à Laval , rue Napoléon , a exposé 1° une Pompe à tous usages , dont il est l'inventeur. Le principal corps est en fonte de fer et les tuyaux en cuivre rouge étamé.

Cette pompe est à jet continu par un seul corps et sans réservoir d'air. L'avantage réel de cette nouvelle pompe est dans la simultanéité de ses deux effets d'aspiration et de projection , produits par un seul mouvement du piston , agissant directement et d'une manière continue sur le liquide , qui est projeté en une quantité double de celle que donnent des appareils à air comprimé , dont le piston n'aspire et ne projette qu'alternativement. Cette pompe n'a qu'un seul corps et qu'un seul tuyau d'aspiration.

2° Un syphon , propre à enlever l'eau des carrières.

3° Un bélier hydraulique. Cet instrument , par sa simplicité nous a semblé d'un rapport très-avantageux en ce qu'avec un simple cours d'eau on peut , sans roue et sans pompe , élever l'eau à une très-grande hauteur , au moyen d'un système de soupapes qui doit rendre sa marche infaillible.

## LITHOGRAPHIE.

M. Edouard Morice , imprimeur lithographe à Laval , a exposé sept pièces de travaux lithographiques de différents genres , faits à la plume ; *Plans , dessins , vignettes , factures* et *écritures* de toutes sortes. On y voit des reports lithographiques , des reports de reports , des reports de gravure sur acier , qui se font tous remarquer par leur pureté.

Une *circulaire* faite à la plume, imprimée à deux teintes et rehaussée de blanc, mérite d'attirer l'attention. Son effet est charmant, et le travail de bon goût et de bonne exécution. Les effets de lumières relevés de blanc sont frappants de justesse et de précision.

Deux albums renfermant des épreuves d'un grand nombre de travaux lithograqhiques, de tableaux de comptabilité, d'administration, de commerce, de plans de chemin de fer et autres compositions variées, attestent le talent de M. Morice dont l'activité et le soin, pour se mettre au niveau du progrès que fait journellement la lithographie, sont réellement dignes d'éloges.

## COUTELLERIE.

MM. Radou et Dubois, couteliers en notre ville, ont exposé chacun une montre contenant divers objets de coutellerie de table et fermante.

Nous sommes loin du temps où le couteau nommé *Eustache*, composé d'une lame sans ressort, entrant dans un manche de bois fendu d'un seul côté, était un *bijou* et le couteau par excellence; comme aussi de l'époque où le couteau de table, à la cour de Louis XV, était considéré comme objet d'art, de luxe et de distinction de rang.

Aujourd'hui, la coutellerie marche de pair avec toutes les industries, prend les formes les plus variées, même celle de la galanterie, et étend sa prévoyance jusqu'aux usages les plus délicats. Un amoureux, par exemple, peut faire cadeau à une jeune personne d'un joli petit couteau, sans crainte, comme autrefois, d'aller couper *le fil de l'amitié*. Le monde d'ailleurs se garde bien maintenant de se troubler pour si peu; c'était bon du temps de nos pères. Quant à nous, nous sommes trop éclairés, témoin cette jeune fillette que j'entendis, la semaine dernière, chanter dans sa chambrette, où probablement elle s'ennuyait d'être seule *(poveretta!)* les litanies suivantes :

> L'homme a vraiment mille défauts,
> Et chez lui le mérite est rare ;
> L'homme est inconstant, l'homme est faux,
> L'homme est jaloux, l'homme est bizarre.
> Il est vain et capricieux,
> Indiscret, volage, incommode ;
> Mais il faut bien, faute de mieux,
> Que la femme s'en accommode. *(Bis.)*

Dans la bouche de la jeune fille , le *faute de mieux* me parut
le sublime du dévouement, surtout après le récitatif scientifique
des vertus de l'autre sexe. D'où je conclus de suite qu'aucun couteau , fût-il même de cuisine , ne viendrait à bout de trancher le
fil de l'amitié qui unirait son cœur à celui d'un homme même
*inconstant , volage* et *incommode.*

## CADRAN SOLAIRE.

M. Garnier , agent-voyer à Laval , a exposé un Cadran Solaire
gravé sur une ardoise. Ce travail mérite l'attention des connaisseurs,
tant sous le rapport de la main-d'œuvre que sous celui du savoir.
Sa forme est circulaire; il comprend 1º un petit cadran pour le
temps vrai ; 2º et un autre plus grand qui occupe tout le centre
de l'ardoise. Sur ce dernier se trouvent 1º une méridienne du
temps moyen , méridienne nécessaire pour régulariser la marche
des horloges ; 2º les heures Babyloniques ; 3º les heures Italiques ;
4º les heures Judaïques ; 5º les courbes des signes du Zodiaque ;
6º les Azimuts ; 7º et les Almicantarats.

Pour ceux qui l'ignorent , nous dirons que les Babyloniens
comptent leurs jours d'un lever du soleil à l'autre ; les Italiens
d'un coucher à l'autre coucher ; et que les Juifs divisent le temps
que le soleil met à parcourir l'espace qui sépare l'orient de l'occi-
dent , en douze parties égales ou heures ; de sorte que le commencement et la fin des heures Babyloniques et Italiques varient sans
cesse , et que la longueur des heures Judaïques n'est pas la même ,
si elle n'est double en été qu'en hiver.

Les Azimuts sont des lignes qui servent à faire connaître l'angle
compris entre le mériden et un cercle vertical passant par le soleil ;
et les Almicautarats des cercles qui indiquent la hauteur du soleil
au-dessus de l'horizon.

Ce cadran porte trois inscriptions aussi bien gravées que choisies.
Ou ne saurait contester le mérite de ce beau travail qui a dû exiger
non-seulement beaucoup de temps pour son exécution , mais
encore des calculs trigonométriques longs , difficiles , et qui attestent de véritables connaissances chez l'auteur. C'était , sans contredit , un morceau capital dans notre Exposition. L'auteur, qui
a voulu garder l'anonyme et se mettre en dehors de tout concours,
ne me fera pas, je pense, un crime , si je me suis, pour ainsi dire ,
fait un devoir , par rapport à son œuvre , de publier son nom.

## LAMPE EN ARDOISE ,

### par LAMBERT, couvreur à Mayenne.

Cette lampe est un chef-d'œuvre de dextérité et de patience. Elle se compose de plusieurs étages formés de rosaces, de dessins à jour, de chaînes nouées et faites d'une seule pièce. Le premier étage est une galerie entourant une pyramide le long de laquelle grimpent des animaux, ce qui forme, avec le portrait de l'auteur en ardoise, le sommet du lustre. Le second étage est une espèce de bourrelet de rosaces, à chacune desquelles est appendue une lettre, dont la réunion établit le nom du couvreur, LAMBERT. Le troisième étage est un autre plus gros bourrelet imitant d'autres dessins à jour, et ainsi de suite, pour se terminer à son extrémité inférieure par un gland en ardoise.

Ce lustre allumé doit avoir de la transparence, car les feuilles d'ardoise sont presque aussi mince que du papier.

## UNE FILEUSE EN COQUILLAGES.

Si nous ne nous trompons, cette fileuse est en costume de Cauchoise. Il a fallu à Mme MOREL, de la Gravelle, une grande patience, beaucoup de goût, de la finesse dans les doigts pour toiletter ainsi une petite poupée avec des coquillages d'espèces, de grandeurs et de nuances si diverses. On ne sait véritablement ce qu'on doit le plus admirer dans tout cet accoutrement sans pareils, et qui ne fait nullement tort aux grâces supposées ou supposables de la nature.

Le *cotillon*, en coquillage de couleur, est à rayures verticales, et dentelé au bas. *La brassière*, en coquillages pointus et d'une petitesse charmante, est colante et du plus beau noir. Le *mouchoir de cou* est de couleurs variées, à franges et parfaitement serré à la taille. La *coiffe* est blanche et imite le casque d'un dragon. Le *tablier* est rose et ses poches ont des ourlets, ou plutôt une petite bordure en coquillages blancs. La *quenouille* est un long coquillage, et le fuseau un coquillage rond.

Ces vêtements ont un mérite réel? nous votons pour qu'ils soient adoptés, car il fournit au beau sexe le moyen de se faire voir et entendre d'assez loin, et aussi, d'un autre côté, de pouvoir se défendre contre les assauts de nos *lions*.

# FLOTTEUR

## de M. Varlot, mécanicien aux mines de Sablé.

Cet appareil, destiné à faire connaître le niveau de l'eau dans les chaudières à vapeur, doit indiquer plus précisément la hauteur de l'eau que les appareils d'alarmes. Il est garni d'un presse-étoupe qui empêche de fuir l'arbre auquel est attachée l'aiguille indiquant le niveau d'eau, et c'est en cela qu'il peut primer les flotteurs d'un autre genre.

## VAISSEAU MODÉRATEUR. — BASCULES A CADRAN INDICATEUR.

L'invention, brevetée S. G. D. G., de M. Dupré, mécanicien à Château-Gontier, a pour but d'annuler le tangage et le roulis des vaisseaux sur mer. Ce système, dont la simplicité est extrême, consiste uniquement dans une ceinture métallique contournant la carcasse extérieure du bâtiment, et fixée à une hauteur relative.

Cette découverte, vraiment utile, devrait fixer l'attention du gouvernement, qui ne manquera pas, si des expériences faites en grand témoignent en faveur de cette invention, de récompenser son ingénieux auteur.

M. Dupré a également exposé deux bascules à cadran indicateur, avec lesquels on peut peser, sans poids ou au moyen des poids, à sa volonté. Elles offrent sur l'ancien système l'avantage d'une plus grande précision et de faire cinq pesées contre une.

## FAULX.

Une bonne faulx est une richesse pour le faucheur ; elle double en effet, en demandant peu de repassages, le produit de son temps.

La fabrication de cet outil, qui paraît très simple, est cependant une opération délicate et qui exige, de la part de l'ouvrier, beaucoup d'habileté et une grande habitude de l'emploi de l'acier, dont le meilleur est celui de forge avec le feu de charbons de bois. Plus qu'on ne croit, cet objet est important ; il affecte essentiellement l'agriculture. Il doit avoir « une grande légèreté, une « courbure et un cambrement convenables, une trempe mitigée et « suivie, une arrête résistante et élastique, pour que, dans la fau- « chaison, l'outil ne ploie ni ne casse, et ne s'ébrèche que rarement. »

M. Jean Bordereau, de Bonchamp près Laval, a exposé trois

faulx dans les galeries de l'Industrie. Elles avaient du mérite, et se distinguaient par un son clair, par la dureté convenable du métal, propre toutefois à bien s'étendre sous le marteau au moyen duquel les faucheurs les affilent

Il paraîtra sans doute étonnant à beaucoup de personnes qu'il faille tant d'habileté pour fabriquer une faulx, objet si simple en apparence. Nous répondons à cela qu'il ne faut pas toujours juger à l'œil de l'importance du travail d'un objet, car on ne soupçonnerait pas, par exemple, qu'une aiguille, avant d'être livrée au commerce, a dû passer entre les mains de cent-vingt ouvriers au moins.

## CORDERIE.

Deux maîtres cordiers de Château-Gontier et un seulement de Laval ont présenté quelques-uns de leurs produits à notre exposition. M. Faiker, des *cannes en corde, filochon pour la pêche et cordages divers*; M. Martinet, des *câbles en fil*, des *câbles en laiton* et *deux cordes sans fin*, en forme de cercle, et M. Lelièvre, *une canne en corde, deux longes de licol en corde, et deux pelotons de ficelle*. Ces objets étaient aussi solidement que proprement travaillés. Les bons ouvriers se font reconnaître partout.

La corporation des cordiers avait autrefois une certaine importance dans l'Etat. Ses statuts datent de 1394, du temps de Charles VI ; ils furent augmentés par Louis XII en 1464, confirmés et approuvés par Charles VIII en 1484, par François 1er en 1519, par Henri II en 1547, par Henri IV en 1601, et par Louis XIII en 1624.

Il était défendu aux maîtres cordiers de faire aucun ouvrage de pieds de chanvre, comme étant trop courts, comme aussi d'en faire en eau, où il se trouvait du chanvre mouillé ou ressuyé, devant être tel dessus que dessous. Ils ne pouvaient non plus travailler la nuit de leur état de cordier, à cause des tromperies qu'on y peut faire ; mais il devaient fournir gratis à l'exécuteur de la haute justice toutes les cordes nécessaires pour les fonctions de son emploi ; au moyen de quoi ils étaient exempts de la commission des boues et lanternes.

Les jurés du métier avaient droit de visite non-seulement dans tous les ateliers de corderie, mais encore dans ceux des selliers, bourreliers, épiciers, cordonniers, savetiers, marchands de fer,

ligniers et autres marchands et ouvriers à qui il était permis de
faire ou vendre quelques marchandises dudit métier.

## CARTES A JOUER.

C'est, dit-on, à Lahire, vaillant capitaine sous Charles VII,
que nous devons les cartes à jouer. Une ordonnance de 1394
défendant tous les jeux qui détournaient des armes les Français
alors en guerre avec les Anglais, il imagina de donner au jeu des
*Tarots* une couleur guerrière; le *Trèfle* rappela la garde d'une
épée; le *Carreau*, le fer carré d'une grosse flèche; le *Pique*, la
lance d'une pertuisanne; et le *Cœur*, la pointe d'un trait d'ar-
balète. Les douze figures furent l'emblême des quatre grandes
monarchies, des quatre principales vertus et de la noblesse française.

La valeur de la consommation annuelle des cartes à jouer en
France s'élève à 1,500,000 fr., et la valeur de l'exportation à
1,000,000 fr. Les cartes aux armes françaises sont prohibées à
toutes les frontières; elles s'exportent néanmoins sans droit pour
la Martinique et la Guadeloupe. Celles destinées à l'exportation
doivent porter les armes des pays (royaumes ou républiques) à
l'usage desquels on les a fabriquées. Elles sont, en France,
exemptes à la sortie; mais, en Amérique, elles sont frappées à
leur entrée d'un droit de plus de 75 p. p. %.

Nulle industrie n'a été en France plus entravée que celle de la
fabrication et du commerce des cartes à jouer. Toutes les législa-
tions ont créé des embarras à cette industrie, avant comme après
la révolution, ainsi qu'on peut s'en convaincre par les arrêtés du
directoire des 3 pluviôse et 19 floréal an 6 ; du 21 vendémiaire
an 7 ; la loi du 5 ventôse an 12 ; les décrets impériaux des 11 et
30 thermidor an 12 ; du 1er germinal, 4 prairial et 13 fructidor
an 13 ; du 16 juin 1808 ; du 9 février 1810 ; les lois et ordonnances du 28 juin 1816, du 18 juin 1817, du 4 juillet 1821,
du 7 juillet 1831 et 24 avril 1832.

M. PELTIER est le seul fabricant de cartes à jouer dont les
produits aient figuré à notre exposition. Ils consistaient : 1° en
cartes superfines à sept couleurs; 2° en cartes marbrées à plusieurs
couleurs. Le collage de ces cartes était bien réussi et solide. La
colle, de farine de froment, n'avait point été soumise à l'action
du feu, et conservait sa blancheur naturelle. Les *têtes* et les
*points* étaient vifs de couleur, et les marbrures, nullement tra-
cées à l'éponge, de nuances égales.

## BOUGIES.

M. Granger-Genesley, de Laval , a exposé un certain nombre de kilos de sa bougie dite de la *Ruche-Bretonne*. Cet article est bien fabriqué par lui et se recommande par sa blancheur, sa dureté et sa transparence. A cette occasion , nous dirons que , sans sortir de Laval , les consommateurs de bougies peuvent s'en procurer chez un compatriote aux mêmes prix qu'à Paris , moins les frais du transport et les droits d'entrée , qui sont , pour ces derniers , de 30 centimes par kilogramme. La qualité n'est point inférieure , on a dû s'en convaincre à notre Exposition.

Les tablettes de cire , qu'emploient MM. les pharmaciens pour composer leur cérat , étaient d'une grande blancheur et d'une grande pureté.

M. Granger a exposé des cierges qui se sont fait remarquer par leur perçage et leur tuyotage. Ils semblaient devoir peser des kilos , et leur poids pouvait s'égaliser avec une plume. Rien de plus léger que ce perçage , et rien de plus gracieux que ce tuyotage , semblable à celui d'une gaze de jabot. L'instrument avec lequel il s'opère doit être une invention du fabricant.

---

## CUIRS.

M. Costé , tanneur à Laval , a exposé différents cuirs qui ont mérité l'approbation des connaisseurs.

1o Un *mâle en croûte* , parfaitement tanné , bien serré , bien blanc , écharné à veines découvertes , propre à faire des cuirs pour chaussures ou pour sellerie.

2o *Veaux en croûte* , bien fabriqués , bien blancs dans toutes les parties du cuir, qui est très-moelleux , qualité grandement estimée des acheteurs.

3o *Bandes* de mâles , vaches et Buenosaires , lissées. Ces bandes sont remarquables par la manière dont elles sont écharnées et tirées , et aussi par leur blancheur, leur fermeté et le tannage qui ne laisse rien à désirer.

4o *Croupons* confectionnés avec soin , bien parés , nourris convenablement avec bonne matière ; ces sortes de cuirs , pouvant résister à l'humidité , s'emploient pour les souliers de chasse.

5o *Veaux* cirés , mis au vent avec soin , bien nourris et parés de manière à les unir comme une glace. Des souliers faits avec ce cuir peuvent remplacer des bottes.

6o *Vache* pour capote. La fabrication de ce genre de cuir exige l'habileté dont M. Costé a fait preuve en rendant les parties fortes de la peau de la même épaisseur que les minces.

7o *Cuir noir* pour courroies de mécaniques et équipages de voitures. Ce cuir a été reconnu par les connaisseurs de première qualité sous tous les rapports. Il est bien tanné, bien passé en suif, parfaitement lissé et drayé dans les parties fortes pour lui donner partout la même épaisseur.

L'exposition a mis en relief le talent de M. Costé, et il ne peut manquer d'obtenir les plus grands encouragements.

M. Brisou, tanneur à Rennes. Cet industriel a envoyé à notre exposition de très-beaux cuirs, particulièrement des cuirs forts, de Buénosayres, tannés à la Jussée, et un cuir de bœuf du pays.

L'établissement de M. Brisou est la première fabrique de tannerie qui a été établie à Rennes. Elle date de 1790. Depuis lors, bien d'autres tanneries se sont élevées et ont donné une valeur immense aux bois de ce pays. La Bretagne, loin d'être aujourd'hui, pour le commerce des peaux, tributaire de l'étranger, exporte ses cuirs jusqu'en Angleterre.

M. Leroux, tanneur à Rennes, a exposé trois côtes de cuirs forts dont deux Buénosayres et un de Bordeaux, et deux autres moitiés de cuirs lissés en cuirs de Rennes et de Montévidéo.

Ces articles sont d'une belle préparation.

La fabrique de M. Leroux produit annuellement 5,000 cuirs forts (4,600 avec des peaux de la Plata et 400 avec des peaux du pays) et 2,400 cuirs lissés (1,000 de peaux du pays et 1,400 de la Plata). Son établissement occupe 70 hommes et une machine à vapeur qui met en mouvement une autre machine propre à comprimer le cuir et à remplacer le battage à la main. La quantité de poudre de tan employée par lui se monte au chiffre énorme de 850,000 kil., ce qui procure du travail, pendant les mois de mai, juin et juillet, à douze cents personnes, hommes, femmes ou enfants, chargés de la récolte du tan.

## PELLETERIES.

M. Martin, de Rennes, a exposé dans nos galeries des articles de fourrures d'une belle confection. Nous en donnons ici la nomenclature.

1º *Manchons* en martre des Pyrénées , martre naturelle , fausse martre de Russie , martre du Canada naturelle , fausse hermine , putois naturel , vison lustré du Canada , putois du nord , grèbe du Rhin , vison d'Amérique , martre naturelle , fausse martre.

2º *Tapis* , renard de Virgine naturalisé , renard de France.

*Fichus anglais* , grèbe du Rhin , fausse hermine de Pologne , fausse martre , vison du Canada , vison d'Amérique.

Toutes ces fourrures font honneur à M. Martin , chez qui elles sont préparées , teintes et confectionnées.

## CARROSSERIE.

Une Sylphide , *sortant des ateliers de* M. B. Laisis , fils aîné , *rue des Fossés à Laval.*

Cette voiture , d'une élégance aussi coquette que luxueuse , a un siège de derrière mobile , double train , pompe au garde-crotte , et boîtes de roues simplifiées d'après le système de M. Laisis. La galerie est d'un seul morceau sans rivure ; les garnitures sont à double frises en reps de soie gris-argent , avec galon à trois nuances , la caisse est peinte en carmin , le train en blanc-d'argent , avec rechampis et filets de carmin. — Lanterne à verres cintrés et bisotés.

Je crois devoir attirer l'attention des connaisseurs sur le *harnais* dont le *reculement est à trois cannelures* , ce travail étant l'œuvre de jeunes ouvriers qui n'ont jamais quitté Laval.

### MM. POURIAU , père et fils , au Mans.

Une calèche contenant quatre places d'intérieur et pouvant se couvrir avec avance et vasistas.

Elle est montée sur cinq ressorts derrière , à moutonnets ou crosses susceptibles au besoin de recevoir des coffres pour le voyage. — Essieux patents à l'huile. — Train très-conrt (80 centimètres d'une roue à l'autre). — Devant monté sur ressorts à épinettes et à crosses très-longues. — Avant-train tout en fer , tirants de volée et embrassures d'une seule pièce. — Lisoir cintré de onze centimètres , accourcissant le train d'autant. — Dessus d'avant-train d'une seule pièce, avec embases imitant un coffre. — Galerie en fer d'une seule pièce. — Caisse de voiture ferrée de fortes bandes sur champ à l'intérieur, et de bandes à plat à l'extérieur. — Panneaux de portières collés et non pointés. — Serrures à becs de canne et à bascules, *s'ouvrant de l'intérieur.* — Marchepied mécanique qui se ferme et s'ouvre en même temps que la portière. — Intérieur garni de soie gris agent. — Cuir verni de Pont-au-de-Mer.

Le harnais, dit de limonière, est pour un seul cheval. Il est tout cuir de Pont-au-de-Mer, avec boucles, dentelé et plaqué double; mords à bassette et cocards argent. Croupière et reculement piqués et doublés. — Fourreaux bombés, nouveau modèle, ainsi que les *guides plats piqués tout le long.*

L'aspect de cette calèche a quelque chose de frappant. On l'admire, mais elle paraît non moins lourde que gracieuse. Pour se convaincre de sa légèreté, il faut se donner la peine de l'attirer à soi avec le doigt. C'est réellement une surprise; et, comme elle est montée sup cinq ressorts derrière, elle doit avoir un mouvement plus doux que sur des ressorts à épinettes.

## VERNIS.

M. Cerf a exposé deux espèces de vernis, l'un pour la chaussure, et l'autre pour la sellerie et la carrosserie. Le premier peut s'appliquer à toute espèce de cuir, gras ou sec, le second, imperméable, peut se laver à volonté.

Tous les fabricants de vernis pour chaussures ne sont pas chimistes, et par conséquent ne savent pas ou peut-être ne veulent pas savoir d'où vient la défectuosité de leurs produits. Comme celle par exemple de ne pas sécher sur les chaussures. Qu'ils s'en souviennent donc bien une fois pour toutes, nous allons leur dire tout franchement la vérité : C'est qu'ils n'emploient pas de bonne matière, et qu'au lieu de *sucre* ils se servent de la *mélasse* qui est la partie gommeuse du sucre : delà vient que le vernis ne sèche pas, qu'il poisse, prend la poussière qui s'y attache, colle aux pantalons et aux robes. Avec des matières supérieures, dégagées de toutes les parties acqueuses et gluantes, le vernis deviendra solide, cristallisé et brillant.

En terme commercial, les grands faiseurs dans cette branche d'industrie ont fait à l'instar de tous les autres, beaucoup de charlatanisme et de mauvaise fabrication. C'est tout simple, ils ont des frais énormes de publications et d'employés, des flacons moulés, des étiquettes dorées, et tout cela coûte fort cher ; il faut bien, pour récupérer toutes ces dépenses, faire du vernis avec des matières à bon marché. D'où il arrive que, non-seulement les dames éprouvent le désagrément de voir le bas de leurs jupes se colorer d'un petit filet semblable à celui d'une lettre de faire part de décès, mais encore que la chaussure devient dure, coriace, et finit par se déchirer.

Les essais, qui ont eu lieu dans notre ville, des vernis pour chaussure de M. Cerf ont fourni la preuve que sa fabrication était consciencieuse et parfaitement réussie. Nous en pouvons dire autant de son vernis imperméable. Il conserve son lustre quand d'autres sont déjà ternis depuis long-temps. Son vernis doit cette propriété a un procédé chimique que nous ne connaissons pas. Il est bon pour le cuir, le bois, le fer, la fonte et la tôle, pour ces derniers surtout qu'il rend presque inoxidables.

## FOURNEAUX ÉCONOMIQUES.

FOURNEAU ÉCONOMIQUE *sortant des ateliers de* MM. JONIAUX frères, *de Laval.*

Ce fourneau, de dimensions nullement embarrassantes, est garni d'ornementations de cuivres de diverses couleurs, avec des panneaux en faïence encadrés dans des moulures de cuivre ; c'est la cuisine d'un grand hôtel en miniature. Les rotis cuisent à l'extérieur du fourneau, qui est parfaitement aéré. Une grillarde couverte y est établie, de manière que la fumée est enlevée dans le conduit de la cheminée, et préserve les appartements de toute détérioration et de la mauvaise odeur que les fumées grasses répandent de tous côtés. Les tablettes de l'étuve servent de chauffe-assiettes, et entretiennent chauds les plats préparés. Une grande pièce d'eau est placée au centre, en élévation sur le fourneau dont la plaque est également garnie de bains-marie et de marmites.

Cet ouvrage, très-élégant et réellement riche, fait honneur aux ouvriers de l'atelier de MM. Joniaux frères, de Laval.

### M. J.-C. JUSSEAUME, de Nantes.

1° FOURNEAU ÉCONOMIQUE *de cuisine pour hospice, communauté ou collège.*

La plaque en fonte de ce fourneau se compose de deux parties ajustées ensemble , avec recouvrement intérieur. Elle est percée de trous dans lesquels s'ajustent quatre bassines , dont les deux plus grandes servent à la préparation du bouillon , et les deux autres à différents usages. Entre les deux grandes bassines se trouve une chaudière , en cuivre étamé, avec robinet flottant à niveau d'eau constant. Cette chaudière sert à alimenter les quatre bassines au moyen de deux robinets à col de cygnes, et fournit de l'eau chaude pour les besoins de la cuisine , à l'aide de robinets placés sur les côtés du fourneau.

Le foyer du fourneau est construit de manière à ne pas outre-passer la quantité des matières nécessaires pour chauffer les diffé-rentes parties de l'appareil.

De chaque côté du foyer , et en dessous des petites bassines , sont deux fours à double compartiment, pour rôtir ou cuire divers mets , et dont les portes ont des prises d'air pour accélérer , au moyen de cheminée d'appel , l'évacuation de la vapeur.

En dessous des fours sont des étuves pour cuire des œufs, pois-sons , fruits , etc. Sous les grandes bassines sont deux étuves à plusieurs compartiments.

On peut , à l'aide de clefs placées de chaque côté des deux façades , modérer ou supprimer la chaleur du fourneau dans telle ou telle partie que l'on veut.

**2° Un Fourneau économique** *pour maître d'hôtel ou maison bourgeoise.*

Il se fait remarquer par un buffet-étuve placé au-dessus du four-neau , et qui permet d'utiliser la chaleur de la fumée.

### 3° Un Calorifère-Cheminée.

Ce calorifère est à double façade : l'une simple , pour une salle à manger ou un cabinet ; l'autre , plus riche et plus ornée , pour un salon , l'intérieur étant garni de glaces qui permettent , au coin du feu , de jouir de la vue d'un petit pied mignon ou de la riche broderie d'une robe de dessous.

Le foyer , de petite dimension , suffit au chauffage de deux ap-partements contigus , et la fumée est utilisée dans son appareil , pour réchauffer la température , d'un côté par des bouches calori-fères , et de l'autre par une galerie à jours faisant bouche de chaleur.

## M. CLÈNET,

### *Constructeur de Fourneaux économiques à Mayenne.*

L'appareil présenté par M. CLÉNET à notre exposition mérite, à tous égards, l'attention des personnes qui cherchent la solidité unie à la simplicité. Destiné à l'établissement de la Roche-Gandon, cet immense fourneau, que tout le monde a vu, sans que beaucoup de gens peut-être se soient rendu compte de sa confection et de son utilité, est dépourvu d'ornements capables de flatter l'œil. C'est une preuve sans réplique de jugement chez le constructeur qui a compris que les choses principales auxquelles il devait s'attacher dans la confection d'un fourneau d'hôpital étaient la simplicité et la solidité réunies, et une propreté continuelle et durable.

Il n'est pas inutile d'entrer ici dans une explication assez étendue à l'égard de ce fourneau.

Cet appareil, fait pour 400 personnes, se compose de quatre chaudières à soupes, deux de trois cents litres et deux de cent litres, c'est-à-dire deux de chaque mesure pour soupes maigres et pour soupes grasses. Il n'y a que deux chaudières qui chauffent à la fois ; au besoin cependant, les quatre peuvent fonctionner ensemble sous l'action du même foyer, et par conséquent produire 800 potages.

Au-dessous des petites chaudières sont des foyers supplémentaires qui ont pour résultat, d'abord d'économiser le combustible au cas que l'on n'eût besoin que des deux ou même d'une seule des petites chaudières, et ensuite, dans les circonstances pressantes, de mettre plus promptement en ébullition les quatre chaudières. On peut encore, au moyen de registres, chauffer chaque chaudière seule à seule, à l'aide du grand foyer qui se trouve sous la plaque, et qui est commun à deux fours et aux quatre chaudières. Les deux fours contiendraient chacun 15 kilogrammes de rôti au moins.

Percée directement sur le feu, la plaque reçoit une bassine ou chaudron contenant environ 30 ou 40 litres de liquide pour faire des ragoûts, et six à huit casseroles pour cuisine bourgeoise.

Le grand foyer est garni d'une porte à charnières qui se rabat horizontalement en démasquant le feu, et sur laquelle on met une lèche-frite reçoit-sauce. Deux autres petites portes s'ouvrent horizontalement ; elles sont munies d'entailles verticales pour recevoir une broche qu'on peut faire mouvoir par un tourne-broche isolé. Un gigot de 7 à 8 kil., ou trois fortes volailles peuvent y cuire facilement et à découvert, comme devant une cheminée de cuisine.

A gauche des fours est une bouillotte d'une contenance de 40 litres. L'eau, toujours bouillante, est distribuée au moyen d'un robinet, pour les tisanes ou le service de la cuisine.

Sur la droite de la plaque de chauffe est un grilloir à cotelettes. Il se compose d'un grand four en tôle, percé au fond d'une certaine quantité de trous. Au-dessous est une partie vide qui communique à la cheminée du grand bouilleur. Ce système, si je ne me trompe, doit offrir ce triple avantage : de permettre à l'air, qui cherche à traverser le charbon et à passer par les trous, de mettre en un instant, par son tirage, le charbon en combustion ; de faire plonger le gaz vers la cheminée, et de préserver les viandes du goût de fumée qu'elles contractent souvent, même dans les plus grandes cheminées de cuisine.

Au-dessus du grilloir à côtelettes se trouve un cendrier de fourneau à charbon, et au-dessus du cendrier trois fourneaux dont deux carrés et une poissonnière. Ces fourneaux peuvent servir au réchauffage des viandes ou des tisannes, et à éviter de mettre le feu au grand fourneau.

Le grand bouilleur en cuivre, traversé par la cheminée du fourneau, contient six cents litres d'eau élevée à une haute température par le calorique perdu qui a servi à chauffer les fours, la plaque et les chaudières. Un foyer supplémentaire est aussi sous ce grand bouilleur, dont l'eau peut alimenter une salle de bains, ou servir aux besoins de la cuisine, au moyen d'un robinet qui se voit derrière le fourneau.

Placés à distances égales entre deux chaudières pour y verser l'eau nécessaire à leur alimentation, deux grands robinets, à cols de cygnes, donnent, l'un de l'eau chaude sortant du bouilleur, et l'autre de l'eau froide prise dans un bassin plus élevé que le fourneau, et qui y est amenée par des tuyaux sous le sol.

Cet important fourneau est en fer et fonte. Il est briqué intérieurement avec des briques réfractaires, placées avec une minutieuse précision. Toutes les briques ont dû être faites sur modèles, car elles suivent, selon la régularité du moulage, toutes les courbes qui sont nécessaires aux conduits intérieurs de la fumée.

La surface totale de ce fourneau est de 9 mètres carrés, recouverte entièrement par une plaque en fonte.

L'appareil de **M. Clenet**, qui n'a qu'un défaut aux yeux de ceux qui aiment les sculptures, est digne de tous éloges. Nous savons d'ailleurs que les deux fourneaux fournis par lui à l'hôpital de Mayenne et à celui de Domfront, semblables à celui qui a figuré à notre Exposition, mais de dimensions plus petites, ont mérité l'approbation de ceux qui les gouvernent, sans avoir nécessité, depuis trois ans pour l'un d'eux, aucune espèce de réparations. Ils sont en outre d'un prix excessivement modéré.

## FORGE D'ORTHE.

Parmi les produits de l'industrie Mayennaise on a certainement remarqué les objets en fonte moulée fabriqués à l'usine d'Orthe, dont le propriétaire est M. Roussel. Cet établissement est unique dans le pays par sa spécialité, par son importance et par la qualité des objets produits. Quelques détails sur la nature et la provenance des minerais traités, sur la consistance de l'usine et sur les objets exposés, ne seront donc pas sans intérêt.

### *Minerais traités.*

Les minerais traités à la forge d'Orthe appartiennent tous à l'espèce minéralogique dite *fer oxidé hydraté;* quelques-uns sont fortement manganésifères. Ils ont les dénominations suivantes :

1º Minerai de Saint-Pierre-la-Cour ;
2º Minerai de la Gauchardière et de la Trottinière ;
3º Minerai de Saint-Georges-sur-Erve ;
4º Minerai des Besrons ;
5º Minerai de Saint-Christophe.

La plupart d'entre eux, et particulièrement celui de la Trottinière et des Besrons, sont exploités par travaux souterrains qui n'ont jamais une bien grande étendue. Les ouvriers s'associent ordinairement par quatre, tirent deux pipes de mine par jour, et gagnent chacun 1 fr. 50. Au sortir de la minière, le minerai est porté au lavoir où il subit un débourbage avant son transport à l'usine.

Comme exemple de prix de revient d'une pipe de mine lavée, prenons pour exemple celui des Besrons, qui peut s'établir comme suit :

| | |
|---|---:|
| Extraction. . . . . . . . . . . . . . . . . . | 3 f.35 |
| Redevance au propriétaire du sol . . . . . . . . | « 50 |
| Transport au lavoir . . . . . . . . . . . . . | « 50 |
| Lavage. . . . . . . . . . . . . . . . . . . . | « 50 |
| Transport à l'usine. . . . . . . . . . . . . . | 3 50 |
| TOTAL . . . . . . | 8 35 |

Le minerai rendu à l'usine est traité dans un haut fourneau, où l'on utilise les gaz combustibles sortant du gueulard de la soufflerie pour chauffer l'air à 250°. Remarquons en passant que cette disposition, adoptée aussi à l'usine du Port-Brillet, a déterminé sur la production de la fonte une notable économie de combustible.

Les dimensions principales du haut fourneau sont comme suit :

| | | |
|---|---|---|
| Largeur au gueulard . . . . . . . . . . . | «m | 80 |
| Largeur au ventre. . . . . . . . . . . | 2 | 90 |
| Largeur de la base supérieure du creuset . . . . | « | 90 |
| Largeur de la base inférieure. . . . . . | « | 60 |
| Hauteur de la cuve. . . . . . . . . | 8 | « |
| Hauteur du ventre. . . . . . . . . | 1 | « |
| Hauteur des étalages . . . . . . . . | 2 | « |
| Hauteur du creuset. . . . . . . . . | 1 | « |
| Hauteur totale . . . . . . . . . | 12 | « |

En vingt-quatre heures, on pousse dans cet appareil douze charges, pesant chacune de 900 k. à 1,000 k. La composition d'une charge est comme suit :

| | |
|---|---|
| Charbon. . . . . . . . . . . . . . | 180 k. |
| Mine. . . . . . . . . . . . . . | 550 |
| Castine. . . . . . . . . . . . | 137 |
| Sornes de forge. . . . . . . . . | 25 |
| Menu fer . . . . . . . . . . . | 25 |
| Total . . . . . | 917 k. |

Le produit par mois est de 150,000 k. de fonte, soit 1,800,000 k. par an, qui se divisent comme suit :

| | |
|---|---|
| En articles de ménage . . . . . . . . | 600,000 k. |
| En différentes pièces sur modèle. . . . . | 500,000 |
| En fonte pour seconde fusion . . . . . . | 300,000 |
| En fonte pour la fabrication du fer. . . . | 100,000 |
| En déchets de moulerie . . . . . . . | 300,000 |
| | 1,800,000 k. |

Pour ce produit, le haut fourneau a consumé :

| | |
|---|---|
| 26,400 sacs de charbon à 3 fr. . . . . . | 80,000 fr. |
| 4,000 pipes de mine à 8 fr. . . . . . . | 32,000 |
| 500,000 k. de déchets de fonte. . . . . | 40,000 |
| 1,000 pipes de castine. . . . . . . . | 4,000 |
| Total . . . . . | 156,000 |

Quand à la main-d'œuvre , elle se divise comme suit :

| | |
|---|---|
| 80  ouvriers mouleurs et aides . . . . . . . . . | 40,000fr. |
| 50  nettoyeurs. . . . . . . . . . . . . . | 7,000 |
| 12  attachés au fourneau . . . . . . . . . . | 6,000 |
| 10  journaliers aux magasins. . . . . . . . . | 4,000 |
| 20  journaliers dans les chantiers . . . . . . . | 6,000 |
| 15  ouvriers charpentiers, menuisiers, mécaniciens | 10,000 |
| | 73,000 |

Les produits en fonte sont vendus comme suit :

| | |
|---|---|
| Fonte brute , les 100 k. . . . . . . . . . . . | 12  fr. |
| Fonte moulée de première fusion , les 100 k. . . . | 24 |

### Cubilot.

Outre le haut fourneau, l'usine renferme un cubilot destiné à la production des objets moulés en seconde fusion. Cette opération a pour effet d'adoucir la fonte et de la préparer ainsi à la fabrication d'objets susceptibles d'une plus grande tenacité que les produits de la première fusion.

La consommation du cubilot a été comme suit en 1852 :

| | |
|---|---|
| Coke. . . . . . . . . . . . . . . . . . . | 70,000 k. |
| Fonte. . . . . . . . . . . . . . . . . . . | 45,000 |
| | 115,000 |

Ce chiffre montre qu'on ne passe au cubilot qu'une minime portion de la fonte totale produite dans le haut fourneau. C'est que cette dernière est de si bonne qualité qu'il est presque toujours inutile de la refondre pour l'employer aux usages les plus divers.

### Fabrication du fer.

Le fer est fabriqué par la méthode Walone.

Les nombres qui suivent représentent très-exactement l'importance de sa production.

Matières consommées :

| | |
|---|---|
| 100,000 k. de fonte à 10 fr. les 100 k. . . . . . | 10,000fr. |
| 2,000 sacs de charbon à 3 fr. . . . . . . . . | 6,000 |

Salaires :

| | |
|---|---|
| 6 ouvriers , payés par an. . . . . . . . . . . | 4,000 |
| Total de la dépense . . . . . | 20,000 |

Produits :

| | |
|---|---|
| 80,000 k. de fer valant 50 fr. les 100 k., soit. . | 24,000fr. |

Cette courte notice suffit pour donner une idée générale de l'importance de la forge d'Orthe et pour justifier amplement la médaille d'or que le jury lui a décernée. Il me semble cependant nécessaire de la compléter par l'énumération des objets exposés.

### Fontes, articles de ménage.

Marmites normandes du N° 1 au N° 100.
Marmites anglaises du N° 4 au N° 70.
Marmites toupies ou pots du N° 4 au N° 70.
Casseroles avec queues en fer et en fonte.
Coquilles à pieds et sans pieds.
Fourneaux ronds ou réchauds.
Galletoires à pieds et sans pieds.
Daubières à pieds et sans pieds.
Coquilles à rôtir.
Fourneaux Tuyères.
Chenets à figures et à colonnes.
Poëles à chauffer, de différents modèles.
Potagères et poissonnières.
Chaudrons du N° 3 au N° 160.
Chaudières avec ou sans bord, avec ou sans pitons.

### Articles sur modèles.

Plaques de cheminée.
Portes de four.
Poulies.
Poids d'horloges; poids à peser.
Tuyères de maréchal.
Pilons et moulards à pommes.
Vis de pressoir et accessoires.
Pièces de charrues.
Boîtes de roues ordinaires, de cabriolets et de charrues.
Tuyaux de descente et de conduite.

### Pièces mécaniques, fonte douce.

Pour filature et tissage.
Pour moulins à blé.
Pour machines à battre le blé.

### Industrie du fer.

Socs de différentes formes.
Essieux martinés.

Bandages percés.
Fer pour taillanderie.
Fer fendus de tous échantillons.
Fer applati et feuillards.

## AGRICULTURE.

Un roi dont la mémoire sera toujours chère aux français, Henri IV a dit : « Le plus grand et légitime gaing et revenu des « peuples, mesme des nostres, procède principalement du labour « et culture de la terre. »

Dans son travail sur les *risques et forces de la France*, M. Eugène Cramouzaud émet les idées suivantes qui sont dignes de l'attention de tous ceux qui s'intéressent à la prospérité de leur pays : « L'agriculture, dit-il, devrait être enseignée dans toutes les écoles normales primaires, ainsi que cela se pratique depuis plus de cent ans au Hanovre, en Saxe et dans le duché de Milan, ainsi que M. Cunin-Gridaine, ministre de l'agriculture, recommandait de le faire dès 1839.

« L'instituteur communal, dont les élèves sont presque tous des fils d'agriculteurs, pourrait alors enseigner aux enfants les principes de la culture, et donner aux parents des conseils utiles. Il devrait de plus être chargé de la culture d'un jardin, dont l'état serait constaté par les inspecteurs compétents, et des primes seraient données à ceux dont les conseils auraient eu le plus d'influence sur l'introduction dans leur commune de plantes nouvelles, ou bien de méthodes utiles.

« En Suède, depuis le dix-septième siècle, l'étude de l'agriculture est obligatoire dans tous les séminaires, afin que les ecclésiastiques puissent l'enseigner à leurs paroissiens. L'Empereur se proposait d'introduire cette coutume en France! Pourquoi cette pensée serait-elle oubliée? Les résultats en seraient excellents, car ce serait donner aux curés de campagne un moyen bien facile d'améliorer la condition des malheureux paysans.

« Pourquoi n'est-il jamais question d'agriculture dans les établissements d'instruction secondaire? Comment des enfants, bourrés de récits de batailles, de plaidoyers d'avocats, de harangues de toutes les couleurs, pourraient-ils deviner que ce cliquetis d'armures ou de mots, tout ce bruit de trompettes, tous ces discours pompeux sont la fièvre ou l'orgie de la vie, mais ne sont pas la vie? Pauvres enfants, on les grise; et puis il faut qu'ils trouvent leur chemin, qu'ils le suivent sans faire ni erreur ni faux pas, sans quoi la société châtie ceux qui s'en écartent, et, quant à ceux qui tombent, on en rit et on passe sans leur tendre la main.

« En Allemagne, Ernest-Auguste, duc de Saxe-Weymar (1730), mit entre les mains des collégiens les agronomes grecs et latins; pourquoi ces livres, ou les élèves prendraient quelques idées d'agriculture, sont-ils remplacés dans nos colléges par les livres-discours ou les livres-batailles?

« On sème à profusion rhétorique, belles-lettres et harangues de la plus belle espèce, et l'on s'étonne ensuite de voir pousser partout des littérateurs et des avocats. On récolte ce que l'on a semé.

« L'introduction des sciences dans l'enseignement des colléges est incontestablement une sage et utile mesure, mais pourquoi ne pas prendre la précaution d'indiquer aux élèves les immenses ressources que l'application des sciences à la culture pourrait leur présenter?

« Si l'on veut détruire l'absentéisme si l'on veut ramener à l'agriculture les populations qui l'abandonnent et vont se jeter dans les villes pour y trouver les plus amères déceptions, il importe de donner de bonne heure aux enfants quelques idées d'agriculture, de les avertir, au moins, qu'il y a dans la vie rurale un moyen d'utiliser leurs facultés en travaillant à assurer leur repos et la prospérité publique. »

Ce n'est pas sans doute les bras qui manquent en France à l'agriculture, mais les méthodes de culture bonnes tout en étant abrégées.

« Aujourd'hui, écrit M. H. Dussard, dans l'*Encyclopédie du Commerçant*, deux tiers de la nation sont occupés aux travaux nécessaires à la subsistance de tous; il faut donc le travail de deux laboureurs pour acheter celui d'un ouvrier manufacturier.

« Si, au contraire, un laboureur suffisait à faire vivre, en même temps que lui-même, deux ouvriers manufacturiers, il aurait en échange de son travail le produit du travail de ces deux hommes. Cela est évident.

« Si l'introduction de méthodes abréviatives de travail est nécessaire dans toutes les industries, elle l'est plus encore dans l'industrie agricole. L'industrie manufacturière s'exerce au moyen de deux élémens : le *capital* et le *travail ;* l'industrie agricole est grevée d'une troisième charge , la *rente* due au propriétaire du sol. Si cette rente était fixe , les progrès dont l'agriculture a encore à profiter parmi nous ne tarderaient pas à compenser la charge imposée par la rente. »

L'état dans lequel végète, en effet, notre agriculture, réclame tous les soins et les efforts réunis de nos agriculteurs. Pourquoi les productions de notre sol ne surpassent-elles point nos besoins ? Pourquoi notre pays reste-t-il, sous le rapport de ses produits annuels , inférieur à d'autres pays beaucoup moins fortunés ?

« L'Angleterre et l'Ecosse , dit M. Dussard , avec 5 millions de bras et 13 millions d'hectares, nourrissent une population de 16 millions d'habitants.

« La France , avec 22 millions de bras et 40 millions d'hectares de culture nourrit seulement le double d'habitants , encore la nourriture qu'elle leur procure est-elle bien inférieure à celle des Anglais.

« Mais le tableau suivant prouvera mieux que tous les raisonnements que les agriculteurs de notre beau et fertile pays, s'il était cultivé comme l'Angleterre, pourraient nourir les 32 millions d'habitants en abandonnant une grande partie du sol actuellement en culture , et en rendant à d'autres travaux la moitié de leur travail, ou bien encore, et c'est sans contredit ce qui vaudrait le mieux , augmenter d'une manière prodigieuse la production sans y employer un seul bras de plus.

*Tableau des principaux produits annuels de la France et l'Angleterre.*

| DESIGNATION. | La Grande-Bretagne , sur 30 millions d'hectares . et à l'aide de 5,209,010 travailleurs , produit : | La France, sur 40 millions d'hectares, et à l'aide de 22 à 24 millions de travailleurs, produit ; | La France, sur ce sol triple et avec un nombre de travailleurs diminué du tiers, devrait produire au moins trois fois autant que l'Angleterre, savoir : |
|---|---|---|---|
| Grains (hect). | 56,000,000 | 153,000,000 | 168,000,000 |
| Chevaux.... | 170,000 | 40,000 | 510,000 |
| Bœufs....... | 1,250,000 | 800,000 | 3,750,000 |
| Moutons.... | 10,200,000 | 5,200,000 | 30,600,000 |

D'après ce tableau , les hommes réfléchis doivent comprendre à quel immense avenir notre agriculture , dont le produit annuel , évalué en argent à cinq milliards , qui représentent précisément le produit annuel de toutes les autres industries prises ensemble , serait appelée si les améliorations que réclame cette industrie ne se trouvaient point entravées par la routine.

Il est donc de la plus haute importance d'encourager les agriculteurs. La protection dont les entoure le gouvernement ne suffit pas pour donner l'essor convenable à cette industrie. Des primes devraient être offertes par les communes , par les propriétaires , afin d'exciter le zèle des métayers soigneux et intelligents. C'est le moyen, non-seulement d'arriver à des résultats heureux pour la fortune publique , mais encore de moraliser le peuple en adoucissant son sort. Car , on peut facilement s'en assurer , l'agriculteur dont les bestiaux se recommandent par leur beauté et leur propreté à l'attention des acheteurs , est un homme particulièrement noté , par M. le Curé et M. le Maire de la commune , pour être entre tous un métayer honnête , probe et humain.

L'observation suivante , consignée dans les *Mémoires d'Outre-Tombe* de Châteaubriant , trouve ici naturellement sa place. « Arrêté, dit cet illustre écrivain, pour dîner entre 6 et 7 heures du soir à Moskirch , je musais à la fenêtre de mon auberge : des troupeaux buvaient à une fontaine ; une génisse sautait et folâtrait comme un chevreau. Partout où l'on agit doucement avec les animaux, ils sont gais et se plaisent avec l'homme. En Allemagne et en Angleterre on ne frappe point les chevaux , on ne les maltraite point de paroles ; ils se rangent d'eux-mêmes au timon ; ils partent et s'arrêtent à la moindre émission de la voix , au plus petit mouvement de la bride. De tous les peuples , les Français sont les plus inhumains. Voyez nos postillons atteler leur chevaux ! ils les poussent aux brancards à coups de botte dans le flanc , à coups de manche de fouet sur la tête , leur cassant la bouche avec le mors pour les faire reculer , accompagnant le tout de juremens , de cris et d'insultes au pauvre animal. On contraint les bêtes de somme à tirer ou à porter des fardeaux qui surpassent leurs forces , et, pour les obliger d'avancer , on leur coupe le cuir à virevoltes de lanières. »

Ce tableau est d'une grande vérité. On peut, à la seule inspection des animaux, juger , sans crainte d'erreur , du caractère et des penchants de l'homme qui les soigne. Voyez ces chevaux traînant leur charge d'un air triste et abattu. Ils sont entre les mains d'un conducteur aussi brutal que peu soigneux. Bientôt ils tomberont sur le flanc, et le voiturier sera fort en peine d'où lui peut advenir ce malheur. Peut-être s'en prendra-t-il à telle ou telle personne qui a, par jalousie, jeté un sort sur ses chevaux, et, dans l'excès de sa douleur, on le verra, comme nous en avons été un jour témoin, entraîné un instant à commettre un crime.

Les mêmes effets se reproduisent chez les animaux dans les métairies. S'ils sont tristes et maladifs, le métayer peut être à coup sûr taxé de peu de soins et de brutalité à leur égard. Pour s'en convaincre, il ne s'agit que de comparer ses troupeaux à ceux de la communauté des Trappistes du Port-du-Salut. Là, on ne sait ni frapper, ni maltraiter les animaux. On s'en fait obéir par un seul signe, par un léger sifflement, et ils sont doux, gais, obéissants et d'une belle apparence.

Les produits animaux exposés le 29 septembre sur la place de Hercé ont été dignement appréciés par MM. les membres de la commission agricole. La race bovine était bien représentée par deux taureaux pur-sang de durham, âgés l'un de 28 mois et l'autre de 10 mois seulement, appartenant, le premier à M. le comte du Buat de la Subrardière, le second à M. Gernigon, propriétaire-agriculteur à Saint-Fort. Un Durham-Charollais, appartenant à M. de Robien de la Marie, a mérité l'attention du jury d'examen pour ses formes parfaites de boucherie, et comme offrant en outre un remarquable écusson de reproducteur laitier. Dans la race chevaline, le jury a remarqué deux pouliches, l'une bai-clair et l'autre alezan-brulé, appartenant à M. Lévêque-Berangerie, de Saint-Germain-le-Guillaume ; une jument alezan-doré à M. Fevrier, fermier de la Grande-Courteille de Bonchamp, et une jument de six ans, suitée d'un poulain mâle, appartenant à Mme Ve Jouet.

Le sujet qui nous occupe m'engage à transcrire les lignes suivantes que je trouve dans le *Journal d'Agriculture pratique ;* elles ne manquent pas d'intérêt pour les personnes qui s'occupent sérieusement de leur profession. Cet avis s'adresse surtout à MM. les maréchaux ferrants qui doivent, dans la confection de leurs fers, montrer de l'intelligence et du savoir faire. Voici ces lignes :

« La nature, admirable dans toutes ses œuvres, a donné au cheval un pied tel qu'il le lui fallait pour fouler le sol des prairies ou les sables du désert; mais ce pied ne pourrait résister à une marche de tous les jours sur le pavé de nos villes ou sur nos routes empierrées. Pour le conserver , on l'a garni d'une bande de fer fixée par des clous, et ce préservatif indispensable a amené d'autres inconvénients. Un grand nombre de chevaux deviennent boîteux par suite de la ferrure, et souvent il faut les sacrifier, encore jeunes et pleins de force, parce que leurs pieds ne peuvent plus les porter.

« Le talent du maréchal consiste à contrarier le moins possible la nature , à altérer le moins possible la forme du pied. Mais combien est petit le nombre de ceux qui possèdent ce talent! Combien, au contraire , est grand le nombre de ceux qu'on pourrait appeler les bourreaux des chevaux !

« Si les pauvres chevaux pouvaient, comme les chiens, en appeler par leurs plaintes à la pitié de l'homme, les cœurs les plus durs saigneraient, et l'on s'abstiendrait d'actes que l'on commet avec tranquillité et indifférence, uniquement parce que la malheureuse bête souffre avec une muette résignation.

« Ainsi s'exprime l'auteur du livre que je voudrais faire connaître (1). Il a vu le mal, et l'observation , jointe à l'étude anatomique du pied du cheval, l'a amené à un mode de ferrure qui me semble présenter de grands avantages.

« La boîte de corne qui forme l'enveloppe extérieure du pied du cheval n'est pas un corps privé de tout mouvement ; elle est élastique , en même temps que les parties intérieures qu'elles contient sont douées d'une extrême sensibilité. Lorsque le cheval , en marchant, pose le pied par terre , la partie inférieure , la sole et la fourchette s'abaissent , et les talons s'écartent l'un de l'autre. Par là se trouve amortie la secousse qu'éprouve le pied en tombant sur un sol dur. Or, si ce pied est garni d'une bande de fer clouée sur tout son pourtour, tout écartement des talons , toute dilatation du pied devient impossible. C'est ce qui a amené l'auteur à fixer le fer sur toute la longueur d'un quartier seulement, en diminuant de près de moitié le nombre des clous. Au lieu de 7 à 8 clous qu'ont les fers ordinaires , il n'en emploie que 5 , et il affirme qu'il a fait ferrer ses chevaux avec 3 clous seulement, et que les fers ont parfaitement tenu. »

---

(1) *Du pied du cheval et des moyens de le conserver sans défaut*, par Villiam Milés, écuyer, 7ᵉ édition. Londres 1852.

Nous devons à l'obligeance de M. GUEDON-RUBILLARD , rapporteur de la section de l'agriculture , l'article suivant , qui ne peut manquer d'être dignement apprécié par les amis de l'industrie agricole. Nous nous empressons de lui en témoigner ici toute notre gratitude.

« L'exposition des produits de l'industrie dans notre département aura , nous l'espérons , une influence des plus heureuses sur l'avenir commercial du pays.

« Pour nous qui nous sommes spécialement occupé de la partie agricole de cette exposition , nous constatons avec bonheur qu'elle a donné un certain élan au désir du progrès chez nos cultivateurs et colons.

« Placés en dehors et à l'entrée de la salle, les instruments et machines agricoles, charrues modifiées de l'ancien système, charrues nouvelles, avec ou sans avant-train, scarificateurs, pressoirs, machines à battre , etc., étaient visités, scrutés et jugés, avec une certaine sagacité, par une foule de praticiens locaux qui s'en retournaient pensifs, réfléchissant à l'avenir tout nouveau qui s'ouvrait devant eux.

« Malheureusement, à l'exception des machines à battre, les autres instruments ne peuvent être jugés efficacement à l'état de repos, et nous nous sommes pris à regretter qu'un concours annuel ne soit pas institué dans notre chef-lieu, où tous ces instruments pourraient être essayés sur un champ de manœuvres, ainsi que cela se pratique dans beaucoup de lieux.

« Tant que ce mode d'expérimentation ne sera pas établi, il sera difficile, indépendamment des causes que nous signalons ci-après, de faire adopter une forme d'instruments toute nouvelle, et qui change de fond en comble la forme arable du sol. Aussi nos cultivateurs s'attachaient-ils de préférence aux charrues modifiées qui s'éloignaient le moins de la forme des leurs.

« Quant aux araires, nombre d'essais ayant été faits par des laboureurs inhabiles ou malveillants, nous ne pouvons espérer les voir marcher que dans la main des jeunes gens qui sortiront des fermes-écoles ou régionales. Leur non-réussite, dans le premier cas, a tué pour long-temps tout désir de changement dans l'esprit de nos laboureurs. Il faut le dire aussi, la brièveté des baux ne permet pas aux fermiers à prix d'argent d'essayer des changements aussi radicaux. Incertains s'ils seront conservés sur leurs fermes à l'expiration des baux, ils sont peu tentés de transformer, par exemple, leurs sillons en planches. Ils savent, par l'expérience seule du retaillage de leurs sillons, que le soc large et pénétrant des araires ramènerait au jour une terre neuve et inféconde, qui pourrait compromettre pendant deux ou trois ans le succès de leurs récoltes eu égard à l'assolement qu'ils suivent, les racines seules réussissant bien sur une terre récemment défoncée. Or, sous peine de ruine, il leur faut un revenu annuel à peu près égal.

« Encore moins voudraient-ils entreprendre un drainage coûteux qui profiterait au fonds de terre principalement, et leur permettrait, tout au plus, de percevoir l'intérêt de leur dépense sans espoir de recouvrer le capital avancé.

« Ils ne feraient ces sacrifices d'argent qu'autant qu'un bail long et modéré de prix leur donnerait la facilité de couvrir la dépense des premières années. Quant aux colons partiaires, c'est bien pis encore ; ils n'ont pas de baux et peuvent, bien que le cas soit rare, être expulsés par un simple congé, signifié un an et même six mois à l'avance. Attendez donc de leur part un achat d'instruments nouveaux, alors même qu'ils en saisiraient l'avantage ? Quant aux travaux profitant au sol, n'en espérez pas de leur part, à moins que vous ne consentiez à faire toute la dépense, vous bornant à exiger seulement l'entretien du travail fait, au moyen d'une main-d'œuvre peu coûteuse.

« Il ne faut pas oublier que le métayage n'est qu'un état de conservation, mais ne peut jamais être un état de progression pour un fonds de terre. Tout récemment, dans son mémoire sur la boucherie, M. Henry de Riancey a émis cette idée que le progrès agricole, dans notre département, était dû au métayage. Pour être dans le vrai, il aurait dû ajouter : Quand le propriétaire fait seul les dépenses profitant au fonds, et, par conséquent, établit une meilleure condition culturale pour son métayer.

« On le voit il est plus facile de blâmer l'incurie, l'esprit de routine des colons partiaires, que de leur donner les moyens d'en sortir, si l'on ne sait pas apprécier sainement leur position et les causes qui les maintiennent forcément dans un état d'infériorité relative.

« Cependant, parmi les instruments récemment introduits dans le pays, il en est un que, malgré son haut prix, les fermiers ne tarderont pas à se procurer ; nous voulons parler des machines à battre les grains.

« Ils ont aisément compris l'avantage que leur procurerait un modé de battage prompt et sûr , qui donne aux grains une qualité supérieure et leur laisse tout le temps nécessaire aux travaux de la terre., si pressant en septembre et en octobre. L'intérêt de la dépense se trouve couvert dès la première année , et le capital dépensé doit s'amortir en peu de temps. Quant aux colons partiaires, comme les frais de récolte leur incombent en entier , bien qu'ils n'aient qu'une part des produits , leur intérêt à se procurer cette machine est évident si le propriétaire , comme nous le croyons juste , en paie la moitié.

« Aussi est-ce autour de ces intruments de battage que nous avons remarqué chaque jour une foule d'amateurs ruraux ; et la place en était littéralement encombrée lorsque l'essai en a été fait par la commission.

« Voici quel a été le résultat de ces épreuves.

### Machine Lootz , de Nantes.

« La machine de M. Lootz, à un manège direct , n'éprouve aucune décomposition de forces , attendu qu'elle n'a ni arbre de couche, ni courroie. De plus , la longueur des enfléchures ajustées étant de 10 mètres , on conçoit facilement qu'elle ne doit pas exiger un fort tirage , attendu la longueur du levier représenté ici par les enfléchures ou attelles. Aussi, lors de sa mise en œuvre, devant le jury d'examen , les assistants ont-ils pû remarquer l'extrême facilité avec laquelle manœuvraient les deux chevaux qu'on y avait attelés. L'encliquetage, placé dans l'intérieur et qui s'oppose à tous bris des roues d'engrenage dans les mouvements désordonnés des animaux qui la meuvent , est encore un avantage dont les autres machines sont privées , avantage que remplace difficilement le tendeur de quelques-unes. Ici, la main de l'homme est nécessaire ; là, l'action préservatrice se produit d'elle-même.

« On a regardé comme un désavantage la longueur des attelles qui permettent difficilement de trouver un bâtiment assez large pour les mettre à couvert. Mais le battage de 15 à 20 hectares de graines pouvant se faire dans cinq à six jours , il nous semble peu dangereux de battre en plein air lorsqu'on choisit bien son temps. Le service de cette machine , en égard au système de manège, n'offre dans la pratique aucun des inconvénients que l'on peut craindre à la première vue ; l'expérience l'a démontré. Un très-grand avantage qu'elle a sur les autres , selon nous , c'est la facilité avec laquelle on peut la transporter d'une ferme à l'autre, aussitôt que le battage est opéré dans la première. Dix minutes suffisent pour l'ajuster sur quelque train que ce soit, et le battage peut commencer aussitôt ; à raison de cela, beaucoup de personnes en font un objet de spéculation et marchandent les travaux de battage dans les fermes qui n'en sont pas pourvues. Ces diverses considérations ont fait classer cette machine en première ligne par les membres de la commission d'examen. Sa solidité, sa parfaite exécution et la précision de son ajustage ne laissent rien à désirer.

« La machine de M. Stubenrauch, de Château Gontier, classée en seconde ligne, se distingue de celle de M. Lootz par son arbre de couche et sa courroie, puis par une cheminée en tôle servant d'exutoire à la poussière que produit la gerbe battue. Toutefois, pour produire tout son effet, elle exige l'emploi de quatre chevaux et un personnel en proportion pour que le service ne chôme pas. Cette nécessité de quatre animaux moteurs qu'elle partage, du reste, avec les deux autres machines dont nous allons parler, nous semblent un inconvénient pour toutes les fermes qui ne possèdent pas plus de quatre chevaux en état de travailler, et c'est le plus grand nombre. On ne peut conséquemment les remplacer de deux heures en deux heures, comme il conviendrait de le faire, et on les excède de travail. Cependant, la machine Stubenrauch, bien qu'attelée de deux chevaux seulement, a battu, dans l'expérience, ses dix-huit gerbes en cinq minutes et demie, tandis que la précédente en avait exigé six. Cet avantage, toutefois, ne nous parait pas compenser l'inconvénient du quadruple attelage. »

### Machine Bodin.

« Cette machine du directeur de la ferme-modèle de Rennes, dont la réputation, comme agronome et comme mécanicien, est à l'abri des critiques, nous a paru d'une construction plus solide et plus soignée que la précédente par la disposition de ses roues d'engrenage, sans courroies. Mais dépourvue de la pièce de détente qui existe dans celle de M. Lootz, elle doit être exposée au bris de ses roues dans une traction irrégulière ou précipitée. Elle a exigé 8 minutes 1/2 pour le battage des 18 gerbes.

### Machine Houyau.

« Cette machine fonctionne avantageusement dans un grand nombre de fermes de l'Anjou et du pays de Sablé.

« Dans l'expérimentation qu'elle a subi devant le Jury de

Laval, elle a éprouvé un désavantage notable en ce qu'elle a exigé 14 minutes 1/2 pour le battage des 18 gerbes ; encore les deux chevaux éprouvaient-ils une difficulté de traction telle qu'ils marchaient par bonds et par sauts. Pour être juste, il faut dire que cette machine avait été déplacée pendant l'absence de l'Inventeur et rajustée, sans qu'il y présidât, par des ouvriers peut-être inhabiles. C'est sans doute à cette circonstance qu'il faut attribuer l'infériorité dont elle a fait preuve dans l'expérience.

« Hâtons-nous toutefois de le proclamer, nous considérons toutes ces machines comme une introduction des plus heureuses dans notre pays à céréales; nul doute qu'elles ne deviennent bientôt partie intégrante et indispensable du mobilier agricole.

### *Produits animaux.*

« La cessation des guerres, une meilleure répartition de la richesse publique et les améliorations agricoles, ainsi que les défrichements survenus depuis vingt ans, ont augmenté d'une manière notable la population française.

« La nécessité de nourrir ces masses toujours croissantes qui s'amoncellent autour de nous a fait tripler nos récoltes céréales, et, à cet égard, nous n'avons rien à envier aux contrées les plus favorisées. Sous le rapport de la production animale, le progrès a-t-il suivi le même élan? Nous ne le pensons pas. La prédilection trop exclusive de nos cultivateurs pour les grains y apporte un obstacle qui deviendrait insurmontable sans la persistance que nos maîtres en agronomie mettent à combattre ces funestes tendances. Tel est l'engouement de nos fermiers pour les céréales, dont la culture est si épuisante quand elle n'est pas soumise aux règles de la prudence, que tout est bouleversé aujourd'hui dans notre marche agricole.

« Ici vous voyez faire un froment sur une récolte d'avoine de printemps semée sans engrais; là, dans un sol robuste, on fait deux froments, grains d'hiver l'un sur l'autre. Plus loin, le cultivateur, bravant toute prudence et ne voyant que son intérêt présent, s'adonne au système biennal, prend chaque année la moitié de sa terre en froment, laisse l'autre en pâture sauvage, ou, tout au plus, y sème un pâturage annuel. Il se peut que cette méthode soit favorable à son intérêt privé, mais nous doutons que le fonds de terre y trouve aussi bien son compte. Combien de temps peut durer un pareil dévergondage de culture? Un avenir prochain nous le dira, si la prudence des propriétaires n'y met ordre.

« Aussi est-ce avec un vif sentiment de plaisir, nous dirons même de gratitude, que nous voyons les plus habiles et les plus éclairés d'entre eux lancer leurs fermiers sur la voie de l'amélioration de nos races de boucherie. A cet égard, il est vraiment à regretter que la classe nombreuse des gens de campagne ne s'habitue pas à la viande de bœuf. Elle est trop chère, disent-ils ; cela nous ruinerait ! N'est-il pas vrai pourtant qu'en réduisant dans une certaine mesure l'étendue de leurs soles de céréales au profit d'une plus forte production de fourrages, ils pourraient faire plus d'élèves ? Ayant plus de bestiaux, ne pourraient-ils pas en consommer, par exemple, un sur cinq. En réduissant ainsi de 5 à 4 le nombre de ceux qu'ils exposeraient en vente, la valeur commerciale n'atteindrait-elle pas le même niveau par cette diminution d'un 5me dans la quantité vendue ? N'est-il pas vrai enfin que le ménage du cultivateur profiterait annuellement, au grand avantage de la santé générale, de la consommation de ce bœuf, sans que sa bourse en souffrit. C'est impossible, nous dit-on, le fermier tout le premier. Qu'il y réfléchisse cependant, ou plutôt, qu'on y songe pour lui, le résultat en vaut la peine.

« La tenue du bétail, il faut le reconnaître, est le seul fondement solide de toute amélioration agricole. M. Rieffel a prouvé d'une manière incontestable qu'alors que le guano, le noir animal, la poudrette coûtaient 30, 16 et 10 francs pour la fumure d'un espace donné, le prix du fumier produit à l'étable ne s'élevait pas à plus de quarante centimes pour la même étendue.

« Spécialiser, au point de vue de la boucherie, nos races de bœufs, de porcs et de moutons, est donc un œuvre de profit et de philanthropie tout à la fois ; car, en travaillant à leur précocité, on en vendra beaucoup plus sans augmenter leur nombre dans nos étables. En les nourrissant mieux pour arriver au but, les fermiers seront bien supérieurs, en quantité comme en qualité. Les terres étant mieux fumées, un moindre espace suffira pour donner une quantité de produits, sinon supérieure, du moins égale à celle que nous récoltons aujourd'hui sur une plus vaste étendue.

« Ces réflexions se pressaient en foule dans notre esprit pendant que nous admirions la nombreuse et belle exposition animale du dernier jour de nos fêtes. Notre admiration passait, toujours nouvelle, des deux magnifiques taureaux pur-sang Durham de MM. Dubuat et Gernigon aux demi-sang non moins remarquables de MM. de Robien, de Moulin, Collet-Chouanière, propriétaires, Thuau et Madiot, fermiers. Nous n'éprouvions qu'un seul regret, celui de ne pouvoir apprécier en même temps les magnifiques bœufs d'engrais que M. Chrétien prépare à Courcelles pour le concours national de Poissy. Nous ne pouvons oublier les quelques moutons Dislhey , au corps large et arrondi en tonneau , de MM. Collet-Chouanière, Guédon et Deshays , fermiers à Maisoncelles.

« Mais, ce qui captivait surtout notre attention et éveillait nos tendances économiques, c'était le magnifique vérat de race Leicester introduit dans notre pays par M. Gernigon de Saint-Fort.

« La viande du porc est celle du pauvre et de l'ouvrier, et nous supputions avec bonheur combien le croisement de cette race anglaise avec notre bonne petite espèce Craonnaise, au nez court, au front droit , pouvait apporter de masse alibile délicate à la consommation du pays.

« Le poète , le littérateur et l'industriel peuvent rire de notre enthonsiasme, mais aucun d'entre eux n'est capable d'apporter à la société une aussi grande somme de bien-être que ne l'ont fait les inventeurs de ces races nouvelles et les agriculteurs qui mettent tous leurs soins à les propager et conserver.

« Nous bornons ici nos réflexions sur cette partie de l'exposition , laissant au rapqort officiel le soin de nommer les lauréats de cette classe , et de combler ainsi les lacunes que présente nécessairement cette courte analyse. »

### *Produits végétaux.*

Outre les magnifiques racines pour bestiaux qui attiraient l'attention publique , on remarquait des bottes de lin et surtout des pieds de chanvre de Chine ayant 7 mètres de hauteur. Ils ont été recueillis dans la commune de Saint-Jean-sur-Mayenne , et croissaient encore , la veille qu'ils ont été arrachés , de 40 centimètres par jour.

## HORTICULTURE.

Pendant plusieurs jours , au commencement de septembre , la grande salle de notre Exposition a présenté le coup-d'œil d'un parterre richement étagé, où la nature étalait à côté de sa parure de fleurs du printemps son manteau de fruits de l'automne dans les quatre parties du monde. Les étrangers ont pu le reconnaître : nos horticulteurs ne sont point en arrière de ceux des plus grandes villes. Chez nous, comme ailleurs, les maîtres jardiniers ont compris qu'ils étaient presque une puissance dans l'Etat. D'eux dépend souvent la bonne humeur dans le ménage, et par contre coup la paix entre les hommes et la tranquillité dans le gouvernement. Avouez-le, au sortir de l'Exposition, ne trouviez-vous pas que votre bien-aimée compagne était plus aimable, plus gracieuse, plus complaisante que d'habitude, qu'elle souriait à toutes vos paroles, et se faisait vive et folâtre pour vous plaire. Ce bonheur, vous le deviez à telle ou telle fleur sur laquelle ses regards s'étaient arrêtés et fixés par la magie d'un souvenir ou d'une tendre émotion du cœur.

Pour moi, qui ne suis qu'un vieux garçon, la vue de ces fleurs m'était un sujet de tristesse; car, pensais-je, tandis que cette jeune fille contemple avec délectation cette jolie fleur dans la pensée de s'en faire une parure pour plaire à son fiancé, une autre jeune fille peut-être regarde cette même fleur sous un autre ciel, avec des larmes et des regrets, au souvenir d'une espérance trompée, d'un bonheur perdu.

Quoiqu'il en soit de la vie du monde, parlons quelque peu des fleurs de notre Exposition et de leur éducation par nos horticulteurs.

### M. Georget, *horticulteur à Laval.*

Une collection d'Achimènes, de Gloxinias, de Fougères, Lycopodes, Balisiers et Roses.

L'*Achimène* a beaucoup de ressemblance avec la Pervenche. Il y en avait de toutes les couleurs. — *Gloxinias*, quatre espèces : 1º à *fleurs jaunes*, du Brésil, feuilles ovales, grandes, rouges en dessous, fleurs jaunes axillaires et terminales, munies de grandes bractées ; 2º à *grandes fleurs*, de Fernambouc, feuilles ovales, crénelées, pétiolées, fleurs très-grandes, d'un bleu d'azur violacé, portées sur de longs pédoncules terminaux et axillaires ; 3º *Brillante*, du Brésil, tige nulle, feuilles radicales, oblongues, vélues, violâtres en dessous, fleurs bleues ou blanches portées sur de longs pédoncules radicaux ; 4º *Velue*, de la Nouvelle-Hollande, sans tige, mais très-velue, fleurs nombreuses, moins bleues et moins grandes que les précédentes.— Le *Lycopode* est une jolie petite plante formant gazon, qui décore tres-bien les rochers, les cascades et les fontaines des serres chaudes et tempérées. — *Balisiers.* Diverses espèces ; *Canne d'Inde*, de l'Amérique Méridionale, feuilles bordées d'un filé blanc, fleurs d'un bel écarlate, fruits arrondis, hérissés, contenant des semences qui mûrissent ; à *feuilles étroites*, de l'Amérique équinoxiale ;

*Glauque*, de l'Amérique Méridionale, feuilles larges et fleurs jaunes pâles ; *Gigantesques* feuilles ovales oblonques, fleurs pédonculées, écarlates.

M. Georget avait également exposé une grande variété d'arbres verts ; nous citerons parmi les plus remarquables : 1º le *Cèdre Deodora*, à tête tombante, imitant une cascade ou un pavillon chinois ; 2º le *Cèdre de l'Atlas*, maintenant sa tige droite et bien élancée ; le *Pin de la Californie*, introduit en France depuis cinq ans, il pousse très-rapidement, et on en a vu en Californie qui avaient atteint jusqu'à 107 mètres de hauteur ; le *Pin excelsa*, à reflets argentés ; *Taxodium sempervirens, taxodium du Nepoul*, semblable à un plumet d'un très-beau vert, et imitant des branches d'asperges ; *Taxodium* à feuilles pendantes, se recourbant vers la terre ; *Crytomeria japonica*, arbuste d'ornement, qui produit un magnifique effet par sa légèreté, le *Pyramidal*, couvert de petits fruits rouges comme des framboises, mais lisses et plus brillantes ; *Cyprès funèbre*, formant de jolies touffes, de petits buissons, imitant la bruyère ; *Araucaria excelsa*, le plus pittoresque des arbres verts, pyramidal, à rameaux étagés, étendus horizontalement, hérissés de nombreuses petites feuilles très-rapprochées, sessiles, rudes, élargies à la base, courbées en faulx et piquantes. Cet arbre est rare. Il en a été vendu un, il y a trois ou quatre ans, à Paris, au jardin d'hiver, 14,000 fr. ; *Araucarca lanceolata*, arbre d'un très-beau port, à feuilles en forme de lames ; *Araucaria imbricata*, feuilles piquantes tout le long ; *Tuya aurea, Warena, articulata*, etc.

### MADAME GEORGET.

L'Exposition a fourni à M^me Georget l'occasion de révéler à tous ceux qui l'ignoraient *l'importance* de son beau talent. Par le fait, un bouquet semble être une chose bien peu difficile à faire. Un enfant cueille des fleurs, les enserre dans un fil et voilà un bouquet. Soit ! mais, dans ce cas, un bouquet n'est pas un bouquet digne de la main des grâces, un bouquet capable de faire fortune, d'attirer autour d'une jolie femme une avalanche de compliments ; c'est un bouquet, je le veux bien, mais à la manière d'une fleur qui peut être jalousée ou chérie parce qu'elle nous arrive par telle main ; ce n'est réellement pas un bouquet à la hauteur de notre siècle, de notre civilisation d'aujourd'hui. Le bouquet d'une jolie femme de nos jours doit avoir une sorte de parenté avec la littérature de notre époque, beau et flambant comme le style de Châteaubriant, mystérieux et enivrant comme la poésie de Lamartine. Voilà le bouquet nécessaire, indispensable et dont l'actualité trouve parfaitement sa raison dans la délicatesse de l'esprit du sexe.

Je sens que je suis disposé à parler du beau sexe aujourd'hui à propos.... de fleurs. Peut-être ne ferais-je pas mal de m'en tenir là. Occupons-nous par conséquent des bouquets que M<sup>me</sup> Georget a, par une complaisance toute particulière, façonnés si habilement pour notre Exposition.

Nous en avons remarqué plusieurs, un d'abord qui était un mélange de *Fuchsias*, *Gesnerias*, *Achimènes*, *Begonias*, *Lycopodes et Roses* avec une guirlande de petites feuilles de Lierre ; le second, composé uniquement de boutons de Roses ; le troisième, de *Balsamines blanches*, *roses*, *panachées*, *Abutilons*, *Epatoires*, *Torenias*, *Begonias rouges*, *Fuchsias*, *Heliotrope*, *Plumbago*, *Russelias*, feuilles de *Géranium panachés*, *Bruyères*, le tout garni de *Fougères* et surmonté au milieu d'une belle touffe de *Lys ;* le quatrième, de *Marguerites blanches et Alteas ;* enfin une guirlande, pour coiffure de bal, en *Roses blanches et rouges*, garnie de *Fougères* et de *feuilles de Lierre.*

Tout cela était charmant, et, il faut bien le dire, en fait de guirlandes pour coiffures, de bouquets à la main, de bouquets de corsage, de bouquets de robe (pour ceux qui ne le savent pas, nous dirons que ce bouquet se place au sommet du relevé de la robe en tulle sur la robe en satin), M<sup>me</sup> Georget a un véritable talent, un talent de premier ordre, qui est grandement prisé par les dames d'Angers, de Nantes et de la capitale même.

M. Félix Gaultier, *horticulteur à Laval.*

Les serres de M. Gaultier ont fourni à notre Exposition une grande variété de fleurs parmi lesquelles nous avons distingué les suivantes : — *Indigo fera-decora*, plante toute nouvelle, à grandes feuilles composées de plusieurs petites, et dont la fleur est une jolie grappe rose. — *Datura ;* cette plante nous vient d'Egypte ; tige branchue, feuilles larges et sinuées, fleurs deux corolles blanches l'une dans l'autre. — *Fuchsia don Jyovani*, portant des fleurs rouges magnifiques. — *Fuchsia Pearl of England*. — *Diadem offer*, très-forts et bien ramifiés, à fleurs blanches. — Fuchsias, en sujets moins forts, mais bien vigoureux et en espèces nouvelles, telles que *général Oudinot*, à fleurs d'un beau rouge et d'une grosseur remarquable ; *Voltigeur, Magnificus, l'Abbé Bourgeois, Président Porcher, Louise Mieillez, Grand-Duc, Globosa magniflora, Globosa-alba.* — Œillets remontants, de nuances variées et fort belles : *Beauté de Paris*, fond blanc marbré rouge ; *Triomphe de Lyon*, blanc strié rose vif ; *Triomphe de Rennes*, jaune strié rouge ; *Belle Sarah*, rouge vif marbré de brun ; *Amédée*, rose pâle. — Une collection de *Verbenas*, plantes fort agréables par leurs variétés de nuances et leur floraison qui dure depuis le mois de mai jusqu'au commencement des gelées. Ses fleurs sont nombreuses et disposées en corymbes terminaux. — *Lilium lancifolium album*, Lys à calice retourné, blanc avec une rayure verte sur chaque pétale pointillée de blanc. — *Rubrum*, fond rose pointillé de points rouges. Ces fleurs sont remarquables et sont les plus jolies de cette saison. — *Reines - Marguerites* pyramidales, à fleurs grandes et d'une bonne tenue, blanches, bleues, roses, panachées. — Collection de *Roses coupées*, d'un coloris nouveau. — Collection de *Dalhias* d'une belle forme et parfaitement tuyautés.

### M<sup>lle</sup> GAULTIER CAROLINE.

Ainsi que M<sup>me</sup> Georget, M<sup>lle</sup> Caroline Gaultier a, par ses bouquets, fait preuve d'un joli talent. Ils étaient tantôt bombés ou plats et composés de fleurs bien choisies : Lilium, Héliotrope, Œillets de chine, Rose, Géranium, Verbena, surmontés de *Stippa-Papennata* ( herbe soyeuse qui ressemble à des plumes d'oiseau de Paradis ), et entourés de Tamarix, arbuste à feuilles menues et imbriquées, non moins légères que gracieuses.

Au bal de septembre, à notre mairie, on a remarqué des bouquets en Reines-Marguerites blanches et en Roses jaunes et rouges montés par M<sup>lle</sup> Caroline Gaultier, et qui étaient d'un joli effet.

### M. DOUDET.

Tout le monde a pu admirer sa collection *d'Oranges et de Citrons*, produits fort rares dans nos climats.

### M. FRANÇOIS GAULTIER,

Il a présenté un superbe *Agave* en fleurs, d'une hauteur de quatre mètres. Le nom de cette plante est tiré du mot grec *Agave* féminin *d'Agavos*, qui signifie *admirable*. Cette plante fleurit

très-rarement ; mais , lorsqu'elle a acquis le volume et l'âge suffi-
sants , et lorsque la saison y est propre , alors du milieu des
feuilles s'élève une tige nue , haute quelquefois de quinze à vingt
pieds, terminée par une innombrable quantité de fleurs d'un blanc
vert-jaunâtre. Les fleurs passées , la tige se flétrit aussi , et la
plante , qui a rempli le vœu de la nature , meurt en laissant un
nombre infini de semences et quelques œilletons qui fournissent
un moyen et plus sûr et plus prompt de la propager.

Le jardin des plantes à Paris n'a jamais vu peut-être l'épa-
nouissement des fleurs de l'*Agave*. En 1793 ou 1794, la saison
ayant cessé d'être favorable à la floraison d'un *Agave-Pitte* , ses
fleurs se transformèrent en bulbes , qui ont du reste la vertu de
germer et de produire des individus de leur espèce.

Cet Agave americana a été élevé dans les serres de M^me de
Launay, dont M. Gaultier est le jardinier.

### M. Lardeux , *jardinier de M. La Beauluère.*

Cet horticulteur avait exposé un superbe *Coccoloba-Pubescens*,
un Ravenala-Madagascariensis , dont les feuilles avaient deux
mètres de long.

### M. Louis Agnès, *jardinier de M. Vaubernier.*

Nous féliciterons cet horticulteur ou son patron d'avoir exposé
des *Aubergines* , car cette plante porte également le nom de
Mayenne. Elle offre plusieurs variétés, les unes à fruit long et
pourpres , les autres à fruid rond de la même couleur, une autre
à fruit blanc de la forme et de la grosseur d'un œuf ; aussi a-t-on
donné à celle-ci le nom de *poule-qui-pond*. — Il a également
exposé un Bananier en fruit , des Ananas, six espèces de tomates ,
cinq espèces de piments , en un mot des légumes et cucurbitacées
au nombre de près de trois cents espèces.

### M. de Landevoisin (Armand).

M. de Landevoisin a exposé , comme amateur , une riche collection de *Palmiers* et des plantes diverses d'une grande beauté,
parmi lesquelles on a remarqué un magnifique échantillon du
*Nepenthes-distillatoria* en fleur et d'une hauteur de trois
mètres.

### *Comice horticole d'Angers.*

Une nombreuse collection de *Poires , Pommes et Prunes* ,
choisies parmi les meilleures variétés.

*MM. les Curés de l'Huisserie et de la Baconnière.*

Tous les gourmets ont contemplé avec délices les *Melons énormes* du premier , et les petites friandes , les superbes variétés de *Cerises* du second.

## OBJETS D'ART ANCIENS ET CURIOSITÉS.

Mme de BAILLY a présenté un vieux meuble sculpté , sur lequel nous avons remarqué quatre personnages en relief , et dont l'un représente peut-être un seigneur du pays.

M. LA BEAULUÈRE : Un émail du XVe siècle , de Jehan Limousin, *Jésus docens in templo.* — Charlémagne, émail du XVIIe siècle de H. Poncet. — Heures manuscrites du XVe siècle. — Saint Jean dans le désert , émail du XVIe siècle , de Nouailher.

M. CANDY, bottier à Laval : Saint Ignace de Loyala , émail de H. Poncet. — Une paix , émail de Pelitot. — Un repoussé en argent *( l'Adoration des bergers ;* la coiffure de ces pasteurs est remarquable , c'est le bonnet de laine des paysans de la lisière de la Mayenne du côté de la Bretagne ). — Une heure du XVe siècle, avec vignettes.

M. l'abbé Auguste COQUEREAU : Vaisselle du Japon.

M. DESTOUCHES Auguste : Un coffret en loque , avec incrustations en cuivre, genre Louis XIV. — Un bénitier en émail de Nouailher.

M. GASTÉ , d'Andouillé : Douze panneaux antiques sculptés , XVe siècle.

Mme de LANDEVOISIN : Heures du XVe siècle avec vignettes.

M. LEMARIÉ Auguste : un couteau à manche d'ivoire , représentant Pygmalion.

MM. LEVY frères, fondeurs à Paris: Un coffret à bijoux , présenté par Mme Darémont.

M. MOUNIER , contrôleur des contributions directes à Laval : Un fusil arabe pris dans la tente d'Abd-el-Kader par le colonel Mounier. La garniture est en argent , le canon est ciselé et la monture est parsemée de larges grains plats , couleur corinthe.

M. RIGOT, curé de Mesnil : Un plan en relief, en laiton , de l'église de Mesnil.

M. RIGOT Léon , de Château-Gontier : Une Vierge antique , peinture sur bois.

Mme BLANC des Chinoiseries.

M. MOTTIER de Laval : Une paire de sabots antiques. Cette paire de sabots remonte à plus de deux cents ans, et peut, par les dessins qui y sont exécutés assez grossièrement avec le ciseau, servir à attester la coquetterie des jeunes filles de ce temps-là. C'est du reste une heureuse maladie dont les hommes ne désireront jamais voir le beau sexe se guérir.

M. MORIN, au Gué-d'Orger, commune d'Avesnières : Un os pétrifié. C'est sans doute une partie de mâchoire d'un animal antédiluvien. Nous ne sommes pas assez habile pour en décider. Nous avons essayé de nous tirer d'embarras en recourant aux lumières de quelques savants ; mais, comme ces messieurs ne s'accordaient point entre eux, nous avons résolu de n'émettre aucun jugement sur cette antiquité.

### TAPA d'une dame d'honneur de la Reine POMARÉ.

M. Pierre GANDON de Laval, ancien militaire, a mis à l'exposition le manteau d'une dame d'honneur de la reine Pomaré. Il est d'une étoffe non tissée, c'est-à-dire tout simplement de l'écorce passée sous le foulon, colorée de jaune, de blanc et de rouge en forme de dessins, mais à jour comme une toile d'emballage. Le manteau est percé de trois grands trous, un pour la tête, les deux autres pour les bras.

Cet objet de toilette est précieux comme monument historique de la simplicité d'un peuple ; car, si les dames sujettes de la reine Pomaré n'ont pas d'autre mise pour se donner un petit air de coquetterie auprès des hommes, c'est que sans doute elles n'en ont pas besoin, et qu'elles sont pourvues de tous les agréments possibles.

### MÉDAILLER.

M. CANDY, maître bottier à Laval, possède une belle collection de médailles antiques. Il en a exposé une certaine quantité dans une montre pendant le temps qu'a duré l'ouverture de nos galeries. Nous ne pouvons donner de détails sur chacune d'elles parce que cela nous entraînerait trop loin, mais nous ne voulons pas néanmoins frustrer de leur espérance les amis de la numismatique, et nous arrêterons leur attention sur quelques-unes de ces pièces que nous avons remarquées et étudiées.

### Première époque des monnaies.

#### PIÈCE DARIQUE.

Ces pièces ont commencé avec l'art lui-même. M. Candy a enrichi sa collection d'un DARIUS, roi de Perse. C'est le roi lui-même dans l'attitude d'un archer se préparant à tirer de l'arc. — Revers : aire en creux, dont la forme est tout à fait grossière.

### Seconde époque.

*Médaille d'argent d'Athènes.* Elle est déjà d'un meilleur style que la précédente ; elle porte une tête et un sujet au revers. Mais la tête a un caractère semi-barbare. L'œil de face sur une tête de profil annonce l'enfance de l'art.

L'aire creuse du revers a pris la forme régulière d'un carré, et elle a été remplie d'un type relatif au type principal ; c'est la Chouette, oiseau de Minerve. Auprès sont des feuilles d'olivier, arbre que, selon la fable, la déesse avait fait naître. Les lettres A T H E sont les initiales du mot Athénaiôn ( des Athéniens ). Cette pièce est un tétradrachme, c'est-à-dire qu'elle pèse quatre drachmes attiques. (Du Mersan).

MÉDAILLE D'ARGENT DE LÈTE, ville de Macédoine. Le sujet représente un Centaure enlevant une femme ; ce pourrait être Nessus enlevant Déjanire. L'idée que les Centaures et les Satyres cherchaient à s'emparer des femmes remonte aux premiers âges de la société. Le revers est un carré creux, reste de l'aire primitive.

Cette médaille ne peut manquer d'être d'une époque reculée, car le mot Lètaiôn est en caractères rétrogrades, c'est-à-dire l'*Omicron* au lieu de l'*Oméga*, que Simonide n'a introduit dans l'alphabet grec que 580 ans avant J. C. (Du Mersan).

### Troisième époque.

#### PIÈCES ROMAINES.

L'As ROMAIN. Tête de *Janus bifrons.* L'as valait un peu plus que quatre déniers tournois.

L'As ROMAIN, avec nom de famille *Fonteia.*

As ROMAIN. Tête de femme. — Revers : un coq.

QUADRANS. Tête casquée de Pallas à droite, au-dessus... Revers : proue de navire ; au-dessus *Roma* ; au-dessous...

Il fallait quatre quadrans pour faire un As.

DENIER. Tête casquée et ailée de Pallas, à droite derrière, un X. — Revers : Les *Dioscures* galoppant à droite, ayant chacun un astre au-dessus de la tête ; au-dessous : P. PAETUS ; à l'exergue *Roma* (argent).

*Sicile.* Tête de femme, couronnée de roseaux, avec un collier et des pendants d'oreilles ; autour quatre poissons. — Revers : inscription punique ; figure dans un quadrige couronnée par la Victoire, ( argent ). — Cette pièce est du nombre de celles que l'on pense avoir été frappée en Sicile par les Carthaginois ( J. B. a. a. Barthélemy ).

## MÉDAILLES DES FAMILLES ROMAINES.

*Æmilia* (famille patricienne). M. Scavr. œd. cvr. Rex Aretas. Ex. S. C. Le roi Aretas à genoux, tenant un chameau par la bride, et tendant une branche d'olivier. — Revers : P. Hypsævs. æd. cvr. C. Hypsæ. Vcos, Preiver. Captv. Jupiter foudroyant dans un quadrige ; sous les pieds des chevaux, un scorpion. — Cette monnaie, comme on le voit, a été frappée pendant l'édilité curule de M. Æmilius Scaurus et de P. Plautius Hypsæus. Le type de l'avers rappelle la défaite d'Aretas, roi d'Arabie, par Scaurus, lieutenant de Pompée, et le revers fait allusion à la prise de Privernum par C. Plautius, l'an de Rome 425 (Barthélemy).

*Antonia.* (famille patricienne) Leg. V. Aigle entre deux enseignes. — Revers : Ant. Avg. III vir. R. P. C. — Galère (M. Antonius, triumvir reipublicæ constituendæ.) — Les monnaies du triumvir Marc-Antoine étaient consacrées à rappeler le souvenir des légions romaines.

*Aurelia* (famille plébéinne). — *Carisia* (famille plébéienne).

*Cassia* (famille patricienne et plébeine). Tête de femme couronnée de pampres ; devant, L. Cassi. Q. F. — Revers : Tête de Pallas couronnée de pampres (L. Cassius Quinti filius). — Quintus Cassius, prêteur urbain en 678, était petit fils de L. Cassius Longinus, qui, étant prêteur en 641, ordonna, sur la dénonciation du tribun Peduceius, la révision du procès intenté à trois vestales qui s'étaient laissées séduire ; le collége des prêtres n'avait condamné à mort que la première ; sur les instances de Cassius, la même sentence fut portée contre les deux autres, dans le temple même de Vesta où le tribunal avait été placé (1).

---

(1) Les Vestales faisaient vœu de virginité pour trente ans, après lesquels il leur était permis de se marier. Celles qui, pendant ces trente années, rompaient leur vœu de virginité, ou commettaient quelque faute contre la chasteté, étaient condamnées à mort. On les enterrait vivantes dans un cachot profond qu'on creusait dans un champ appelé *le champ exécrable*. On les y faisait descendre le visage voilé. On ne leur laissait qu'une lampe allumée, un peu de pain, d'eau, de lait et d'huile, et le jour qu'on les enterrait, toute la ville était en deuil, et les boutiques étaient fermées. Le complice de la Vestale avait part à son supplice. On le faisait fouetter jusqu'à ce qu'il eût rendu l'âme.

*Claudia* (famille patricienne). — *Coponia* (famille plébéienne). — *Cordia* (famille plébéienne).

*Cornelia* (famille patr. et pléb.). MARCELLINVS. Tête nue de vieillard ; derrière, un *triquetra*. — Revers : MARCELLVS. COS. QVINQ. Personnage revêtu d'une toge, portant un trophée dans un temple.

*Fabia* (famille patricienne). — *Flaminia* (famille plébéienne).

*Julia* (famille patricienne). Tête jeune, ailée ; derrière, un trident et un scorpion. — Revers . Ex. A. P. *(ex argento publico)* Victoire dans un quadrige, tenant une couronne ; au-dessous, L. JVLI BVRSIO (Lucius Julius Bursio).

*Junia* (famille patr. et pléb.). LIBERTAS. Tête de femme. — Revers : BRUTUS. Le consul entre deux licteurs et précédé d'un messager.

*Marcia* (famille plébéienne et patricienne).

*Mamilia* (famille plébéienne). Tête de Mercure coiffée d'un pétase ; derrière, un caducée et la lettre M. — Revers : C. MAMIL. LIMETAN. Personnage coiffé du piléus, s'appuyant sur un baton ; devant lui un chien semble aboyer en le reconnaissant. — Ce type représente Ulysse reconnu par son chien Argus en rentrant dans son palais. Les membres de cette famille prétendaient descendre de Mamilius, fils d'Ulysse et de Circé (Barthélemy). Cette pièce, dans Mionnet, est cotée 150 francs.

*Minucia* (famille plébéienne). — *Norbana* (famille plébéienne). — *Plancia* (famille plébéienne). — *Plautia* (famille plébéienne). L. PLAVTIVS). — *Porcia* (famille plébéienne). — *Postumia* (famille patricienne).

*Roscia* (famille plébéienne). L. ROSCI. Tête de Junon Sospita, derrière un bouclier. — Revers : FABATI, jeune fille debout, à droite, portant dans son sein de la nourriture à un serpent dressé devant elle ; dans le champ, une massue. — Tous les triumvirs monétaires, appartenant à des familles originaires de Lanuvium, n'ont pas manqué de représenter sur leurs monnaies Junon Sospita, principalement honorée dans cette ville. Le revers rappelle qu'à Lanuvium il y avait un bois sacré non loin du temple de Junon, dans lequel résidait un dragon qui ne recevait sa nourriture que lorsqu'elle lui était offerte par une jeune vierge (Barthélemy).

*Rubria* (famille plébéienne). — *Satriena*. P. SATRIENVS. C'est un surnom ; le nom de famille est inconnu. — *Scribonia* (famille plébéienne). — *Sergia* (famille patricienne).

*Servilia* (famille patr. et pléb.). FLORAL, PRIMVS. Tête de femme, les cheveux ornés de fleurs. — Revers : C, Servili. C. F. Deux guerriers, l'un vis-à-vis de l'autre, se présentant chacun une épée. — Cette monnaie a été frappée en Asie par le questeur de Brutus et de Cassius, vers 711, et rappelle qu'un de ses ancêtres institua le premier les *floralia* en l'honneur de Flore, suivant les uns, et d'une courtisane de ce nom, suivant Lactance. On suppose que le revers indique le pacte des deux Servilius Casca, meurtriers de César.

*Thoria* (famille plébéienne). — *Tituria*. Tête nue; derrière, Sabin. — *Valeria* (famille patricienne et plébéienne). Aciscvlvs. — *Vibia* (famille plébéienne). Tête de Pan; derrière le *pedum*. — *Volteia*. Tête imberbe d'Hercule, couverte de la peau du lion.

### MÉDAILLES DES EMPEREURS.

#### (Argent. Revers rares.)

*S. Pompée*. Mag. Pivs imp. iter. Tête de Pompée entre un lituus et un præfericulum. — Revers : Præf. clos. et. Marit. ex. S. C.; Neptune nu, un pied sur une proue de navire et tenant l'acrostolium; à droite et à gauche Anapius ei Amphinomus, de Catane, sauvant leurs parents.

*Jules César*. Tête de Vénus. — Cæsar. Enée portant le palladium et Anchise son père. — Ce dernier, antérieur à 706 de Rome, rappelle les prétentions généalogiques de la famille des Jules; ils se vantaient de descendre de Iule ou Ascagne, fils d'Enée et petit-fils de Vénus (Barthélemy).

*M. Agrippa*. L. F. cos. III. Tête d'Agrippa ceinte d'une couronne rostrale. — *Drusus Junior*. Tête de femme voilée; au-dessous, Pietas.

*Marc-Antoine*. Tête de Marc-Antoine; derrière, *præfericulum*...... Imp. Pont. III vir. R. P. C. (imperator, pontifex, triumvir Reipublicæ constituendæ.) — Revers : Tête d'Octave.... III vir R. P. C. M. Barbatus.

*Auguste*. Tête de femme, inscription effacée.

*Tibère*. Ti. Cæsar Divi Avg. F. Avgvstvs. — Tête laurée. — Revers : Femme assise tenant une lance. Pontif. Maxim.

Tibère naquit 42 ans avant J. C. Il répudia Vipsanie, sa première femme, pour épouser Julie fille d'Auguste, auquel il succéda. Il mourut à Misène, étouffé par Caligula (37 de J. C.)

Cet empereur avait eu de sa troisième femme Scribonie une fille connue dans l'histoire sous le nom de Julie. Il prit un soin tout particulier de l'éducation de cette princesse ; il la faisait travailler assidûment à des ouvrages de laines, lui défendait de rien dire et rien faire qu'en public, afin que la crainte d'être censurée la portât à concerter et mesurer ses paroles et ses actions. Tout commerce avec les étrangers lui était interdit de la manière la plus absolue. Un nommé Tucinius, s'étant permis d'aller à Bayes saluer la princesse, s'attira la colère d'Auguste qui blâma son indiscrétion et sa témérité dans une lettre écrite en termes fort aigres.

Julie, toutefois, ne répondit point aux espérances qu'avait fait concevoir son éducation. Elle suivit les penchants de son cœur avec la violence d'un torrent qui franchit toutes les digues. C'était du reste la conséquence des complaisances de l'empereur pour sa fille, qu'il fallait, disait-il, traiter avec ménagement aussi bien que la république. Julie était d'une beauté remarquable. *Ses yeux*, dit un historien, *faisaient autant de conquêtes qu'ils lançaient de regards, tant ils étaient dangereux pour la liberté.* Cette princesse eût pour premier mari Marcellus et épousa ensuite Agrippa. Des *amis* lui ayant demandé un jour d'où venait que ses enfants avaient tant de ressemblance avec Agrippa, qui n'était peut-être à leur égard que dans la condition du *pater est quem nuptiæ demonstrant*, elle leur répondit fort plaisamment : *Nunquam, nisi plenâ navi, tollo vectorem*, réponse dans laquelle on découvre, dégagés de tout nuages, les penchants de cette princesse.

Antonia Avgvsta. Tête d'Antonie. — *Germanicus*. Cæsar Avg. Germanicvs. Pon. M. T. Pot. — Agrippine, Agrippina M. F. Mat. C. Cæsaris Avgvsti (Agrippina Marci filia, Mater Caii Cæsaris Augusti.

*Néron et Drusus*. Nero et Drvsvs, Cæsares Avg. Les deux frères à cheval. — Revers C. Cæsar. Avg. Germanicvs. Pon, M. Tr. Pot; dans le champ s. c. Ils étaient issus de Germanicus et d'Agrippine. Néron mourut de faim (21 de J. C.) dans l'île de Ponce où il avait été exilé par Tibère, son grand-oncle. Drusus mourut aussi d'inanition dans une cave de la maison même de Tibère où il avait été enfermé par ordre de cet empereur.

*Caligula*. Tête de Caïus. Germanicvs Cæsar. T. Avg. F. Divi Avg. N. (Germanicus Cæsar Tiberius Augustus, filius, Divi Augusti Nepos.)

*Claude*. Ti Clavdivs Cæsar Avg. P. M. Tr. P. Imp. Tête de Claude. — Revers : Ceres Avgvsta. La déesse est assise tenant d'une main des épis, et de l'autre une torche allumée.

C'est de cet empereur qu'on a dit qu'il était *gros , gras et bête.*
Deux femmes , *Messaline* et *Agrippine* , ont illustré son règne
de toute la célébrité de leurs noms. Avant d'épouser sa cousine
Messaline , Claude avait déjà eu quatre femmes : *Emilia Lepida,*
qu'il répudia avant d'habiter avec elle : *Livie Medulline* , qui
mourut le jour même de ses noces ; *Plantine* , dont il eut un fils
et une fille , et qu'il répudia , après avoir fait exposer sa fille toute
nue à la porte de sa mère , pour épouser *Elie Petine* , de laquelle
il eut *Antonie* , et qu'il répudia aussi pour prendre *Messaline* ,
princesse qui a rempli sa vie de tous des désordres et de tous les
débordements. Elle avait , disent les historiens , assez de beauté et
assez de crédit pour s'attirer des galants , et trop peu de vertu pour
les laisser long-temps souffrir. Le dérèglement de ses mœurs
s'étendit jusqu'à faire dresser dans son palais une chambre qui
devint un gouffre où la pudeur des dames les plus qualifiées de
Rome alla faire un triste et déplorable naufrage. Messaline tirait
un gain honteux de ses déportements , auxquels elle ne renonçait
que par suite de la prostration de ses forces. *(Et lassata viris,
nondùm satiata , recessit.* Juv.)

L'empereur Claude était si stupide et si hébété que Messaline lui
faisait croire tout ce qu'elle voulait. Il lui prit fantaisie d'épouser
publiquement C. Silius et d'avoir deux maris à la fois. Toutes les
cérémonies accoutumées furent exactement observées. On dressa le
contrat ; on appela les témoins pour le signer ; la clause solennelle
qu'ils se mariaient pour avoir des enfants y fut apposée ; et la
merveille est que Claude , à l'insu de qui avait lieu ce mariage
quoiqu'il se fît en sa présence , signa lui-même au contrat , Messaline lui ayant fait croire que tout cela n'était que pour détourner
de lui quelque malheur dont il était menacé par certains présages
et pour le faire tomber sur Silius. Claude étant allé à la campagne ,
les noces furent célébrées avec éclat. Messaline parut dans l'assemblée parée en épouse. Elle sacrifia aux dieux pour la prospérité de
son mariage , et , après un superbe festin qu'elle donna aux invités ,
elle se retira dans la maison de son nouvel époux et vécut avec lui
aussi familièrement et avec autant de tranquillité que si elle eût
été avec Claude.

La vie de Messaline devait se terminer d'une manière violente.
N'ayant pas le courage de se l'ôter elle-même avec un poignard
que ses mains tremblantes approchèrent plusieurs fois de son cœur ,
un capitaine , sans plus attendre , lui épargna cette peine et la
perça d'un coup d'épée.

Après la mort de Messaline, Claude se remaria de nouveau. Il épousa *Agrippine.* Aucune princesse n'a fait plus de bruit que cette impératrice. Elevée chez Antonie sa grand'mère, dont la conduite irréprochable pouvait lui servir de modèle, elle rendit inutiles tous les soins qui lui étaient prodigués, annonçant une malheureuse fécondité pour toutes sortes de crimes. Antonie eut le chagrin de voir ses petites-filles coupables avec leur frère dans un âge où il semblait que leur cœur ne pouvait être encore capable d'aucune passion.

Agrippine épousa d'abord *Domitius Enobardus*, homme fourbe, cruel, barbare, brutal, souillé de meurtres et d'inceste, et qui avoua que de son mariage avec Agrippine il ne pouvait naître rien que de pernicieux à la République. Cette union, en effet, donna naissance à Néron.

*Néron.* Pont. Max. Tr. Pot. imp. P. P. S. C. Néron en habit de femme, comme Apollon, et jouant de la lyre.

L'effigie de Néron, sur les différentes pièces grecques et romaines que possède M. Candy, décèle au premier regard le caractère niaisement féroce de cet empereur. C'est le type réel du fils de cette Agrippine qui ne sut rougir d'aucun acte devant le fruit de ses entrailles, de ce Néron capable, après avoir fait assassiner sa mère, de lui faire une insulte digne de l'exécration du genre humain, en maniant le corps de sa mère et en en faisant ressortir brutalement les beautés et les défauts ; de ce Néron répudiant son épouse Octavie, qui joignait à une beauté avec laquelle peu d'autres auraient pu entrer en comparaison, cette noble simplicicité et cette aimable pudeur qui en font le plus grand charme ; de ce Néron, choisissant pour favori Tigellin, âme de boue, mercenaire capable de toutes sortes de crimes, qui fit donner la question aux femmes et aux domestiques d'Octavie pour leur arracher, contre leur maîtresse, un faux témoignage auquel se refusa une intrépide servante, qui eut la force de choquer de front l'impudente bassesse de l'accusateur en lui répondant ( *ex quibus una, instanti Tigellino, castiora esse muliebria Octaviæ quam os ejus, respondit* ) ; de ce Néron reléguant Octavie dans l'île de Pandaterie pour la faire mourir de la main d'un satellite qui la lia, lui ouvrit les veines et l'étouffa dans un bain ; de ce Néron, après la mort d'Octavie, époux de Poppée, coupable de la mort de la mère et de la première épouse de Néron, femme qui n'épargna aucune dépense pour conserver sa beauté et employa des sommes prodigieuses à la composition de certaines lessives, de certains fards particuliers, faisant nourrir avec beaucoup de soins cinq cents ânesses qui avaient mis tout fraîchement bas, desquelles elle faisait tous les jours traire le lait pour s'y baigner, et se faisant suivre de ce cortège en quelque ville qu'elle allât (Poppée mourut d'un coup de pied que son mari lui donna brutalement dans le ventre); de ce Néron qui, époux en troisièmes noces de Messaline, veuve de Vestinus, à qui il avait fait ouvrir les veines par cruauté, n'épargna, dans ses lubricités, ni condition, ni parenté, ni sexe, exerça sa fureur contre Rome même en ruinant ses édifices, ses temples, ses palais par un incendie affreux, fit servir des chrétiens, couverts de vêtements de poix, à éclairer, en guise de torche, ses promenades et ses jeux nocturnes dans ses jardins.

Telles sont les turpitudes et les abominations que rappellent les effigies de Claude et de Néron ; elles en portent le cachet.

Si je me suis étendu si longuement sur les désordres de la société romaine, c'est pour faire remarquer qu'aucune philosophie humaine n'aurait pu implanter la religion du Christ dans ce sol qui la rejetait de toute la force des habitudes de sa corruption. Pour comprimer les besoins de ces mœurs effrénées, il fallait la volonté divine, la puissance de régénération surnaturelle attachée au signe de la Croix.

*Titus. — Vitellius. — Othon. — Galba.*

*Titus.* — T. Cœsar imp. avg. P. Tr. cos vicensor. Tête laurée. — Revers Jvdæa capta : femme assise pleurant au pied d'un palmier.

*Julia Augusta. — Domitianus. — Nerva. — Trajan Antonin. — Marc-Aurèle. — Adrien. — Commode. — Caracalla. — Faustine, mère. — Faustine, fille* (Veneris genitrix.) — Lucille, etc., etc.

MONNAIE GRECQUE.

Une superbe pièce en argent, parfaitement conservée. *Type :* Tête de Diane entourée de boucliers macédoniens. — Revers : *légende Macédonienne,* Makêdonôn Protès. Trois monogrammes et massue dans une couronne de chêne ; au-dessous, un foudre.— Paul-Émile, après avoir vaincu Persée, divisa la Macédoine en quatre parties : la première, *Makêdonôn Prôtès,* avait pour capitale Amphipolis ; la seconde *deutéras,* Thessalonique ; la troisièma, Pella ; la quatrième Macédoine, *tétartès,* Pelargonia.

## MONNAIE DE FRANCE.

M. Candy possède également une assez belle collection de pièces à l'effigie des rois de France. Nous n'entrerons dans aucun détail à leur égard pour ne pas nous laisser entraîner trop loin. Nous passons sous silence les pièces de monnaies qui appartiennent aux autres états de l'Europe, Angleterre, Espagne, Allemagne, Russie, et qui sont de différentes époques, et nous terminons notre compte rendu du médailler de M. Candy par la description de quelques jetons, pris au hasard parmi des centaines qui demandent à être bien classés.

### JETONS.

Une pièce ayant d'un côté, un carré coupé en croix, formant quatre petits carrés, qui portent, à l'opposé les uns des autres, un dauphin et trois fleurs de lys, avec ces mots en gothique autour : *Guettes, entendes à v. compte;* et de l'autre une nappe de fleurs de lys, avec ces mots autour : et *vous gardes de mescompte.*

Une autre petite pièce au millésime de 1555, d'un côté une H couronnée, barrée par deux croissants entre C. D.; au-dessous un croissant; autour *Ave, Maria, gratiâ plena.* De l'autre côté, les armes de France couronnées, au milieu, du collier de l'ordre du Saint-Esprit; autour : *O mater Dei, memento mei.*

Une autre petite pièce, au millésime de 1659 : d'un côté un lion terrassé, au-dessus une main tenant une hache qui va frapper, avec ces mots autour *Vltimvs imminet ictvs;* de l'autre côté, les armes de France couronnées; autour : *Nil nisi consilio.*

Une pièce en cuivre jaune : d'un côté l'effigie de Louis XVI, la tête ceinte d'une couronnes d'épines; autour ces mots : *Lud. XVI rex Galliæ defunctus.* — Revers : une urne, au pied un sceptre et une couronne; autour : *Sol regni abiit.* A l'exergue, Den. 21 janv. 1793.

Deux ou trois cents autres monnaies ou médailles, auxquelles nous ne connaissons rien, nos études ne s'étant pas tournées vers la numismatique, mais qu'on dit fort rares et curieuses.

# CLOTURE DE L'EXPOSITION.

Le jeudi 30 septembre, à dix heures du matin, pour la clôture de l'Exposition de l'Industrie de la mayenne, Mgr l'évêque du Mans célébra pontificalement, dans l'église de la Sainte-Trinité, une messe en action de grâces, à laquelle assistaient les autorités civiles et militaires, les membres de la Société de l'Industrie, une foule d'hommes, de toutes les conditions et de tous les rangs, et de dames élégamment parées pour ce beau jour de fête. Pendant l'office, la musique de la ville a exécuté plusieurs morceaux d'harmonie. Une compagnie de sapeurs-pompiers et de soldats du 3e de ligne formait la haie autour de l'enceinte réservée. M. le Président de la Société, un plat d'argent à la main, a parcouru tous les rangs de la foule qui se pressait dans l'église, et a fait là quête pour les pauvres.

A deux heures, M. le préfet du département, quelques-uns de MM les conseillers de préfecture, M. Toutain, faisant les fonctions de maire, M. le général de Cuny, MM. Gasté et Duclaux, président et vice-président du tribunal civil, et MM. les chefs des diverses administrations, sont arrivés en grande pompe au palais de l'Industrie pour la distribution des récompenses. La foule remplissait depuis longtemps les galeries, chacun se hâtant de jouir encore une fois de la vue de tant d'objets avec lesquels il avait, pendant un mois, fait une agréable connaissance. C'étaient maintenant des amis dont il fallait se séparer, et presque une petite part de paradis que nous allions perdre.

Mgr l'évêque du Mans, debout au milieu de la foule à l'entrée de la salle du milieu, voulut attendre ainsi, malgré les instances qui lui furent faites, l'arrivée du cortége. Ce fut là qu'il fut rencontré par M. le préfet qui en témoigna toute sa surprise et s'empressa de conduire notre pieux et saint évêque à la place qui lui était réservée sur l'estrade.

La musique de la ville salua de ses accords l'ouverture de cette cérémonie. Quatre discours furent ensuite prononcés, le premier par M. le préfet, le second par M. le maire, le troisième par M. Denis, fabricant et filateur à Fontaine-Daniel, et le dernier par M. Des Cepeaux, président de la Société de l'Industrie. Nous les donnons ici en entier.

*Discours de M. le vicomte de Charnailles, préfet de la Mayenne :*

MESSIEURS ,

Avant de clore le brillant concours industriel qui dure depuis un mois, avant de distribuer à MM. les exposants les récompenses qu'ils ont si dignement conquises, laissez-moi me féliciter de la bonne fortune qui m'est échue et que j'aurais voulu justifier par une coopération plus complète et plus large à une œuvre qui vient de faire dans le département une sensation si profonde.

Mais, si je n'ai pu m'associer que tardivement à son organisation, nul n'a joui plus que moi du brillant spectacle qui vient de nous être offert et du haut enseignement que l'industrie mayennaise vient de donner aux départements voisins.

Comment, en effet, aurais-je pu demeurer indifférent à un acte d'une si haute portée ? Indépendamment des intérêts locaux qui me sont chers, je ne saurais oublier que j'ai l'honneur de représenter ici un gouvernement qui s'est vu naguère contraint de proclamer, comme une vérité nouvelle, ce principe vieux comme la société, que le travail est la vraie, l'indispensable base de la grandeur et de la prospérité des peuples.

Il a fait mieux que le proclamer, il l'a démontré ; car il a suffi au Prince-Président de jeter son épée entre la société et ses ennemis pour que le travail, et avec lui la prospérité dont il est la source, reprissent immédiatement leur cours.

Oui, Messieurs, l'élan actuel et général de toutes les industries, les capitaux qui abondent et viennent seconder les efforts des travailleurs, tout cela est dû au gouvernement du Prince qui, en calmant les mauvaises passions, a rouvert les écluses de la richesse publique et rendu la fécondité à un sol que le venin révolutionnaire avait momentanément frappé de stérilité.

Depuis Henri IV et Sully, qui, les premiers, encouragèrent en France les industries agricoles et manufacturières, depuis le grand Colbert, qui avait fait de la manufacture française l'objet habituel de ses préoccupations, et qui, par des règlements sévères, lui avait imprimé le caractère de haute moralité qui fit longtemps sa gloire et son crédit dans le monde commercial, tous les gouvernements qui se sont succédé en France ont cherché, par des voies diverses, à développer ces précieux éléments de la richesse publique.

Mais, de tous les moyens de les faire progresser, le plus rapide et le plus fécond, le plus propre à lui rendre la vie, fut en même temps le plus tardif : je veux parler des expositions périodiques de notre industrie nationale.

Ce ne fut qu'après les événements de la révolution, après les victoires qui nous avaient soumis la Belgique, la rive gauche du Rhin et le Nord de l'Italie, que surgit cette heureuse pensée.

La première exposition eut lieu en 1798, bientôt suivie de celles de l'an II, de l'an III et de l'an VI, où figuraient les produits de 110 départements qui composaient alors la France impériale.

Encore une institution due à cette immortelle époque du Consulat et de l'Empire, de laquelle nous tenons en réalité tout ce que la France possède aujourd'hui de grand et de durable ; car la révolution avait tout renversé de son souffle destructeur, et s'agitait sur des ruines, impuissante à rien réorganiser, quand le général Bonaparte fit le 18 brumaire et, pétrissant de sa main créatrice cet amas d'idées nouvelles, d'institutions détruites, de crimes odieux et de vertus héroïques, lui donna tout-à-coup cette forme puissante qui, durant quinze années, domina l'Europe.

Telle est la destinée de ce nom que la Providence semble lui avoir donné la mission de cicatriser nos plaies et de féconder nos discordes civiles.

Mais l'Empereur ne faisait rien à demi ! A peine avait-il conçu la pensée de régénérer notre industrie française que déjà les distinctions les plus flatteuses, les récompenses les plus brillantes ne lui coûtaient rien pour encourager ceux qui lui faisaient faire quelques progrès.

Dans une visite à l'établissement de Jouy, fondé par Oberkamp pour la fabrication des toiles peintes, Napoléon détache sa propre croix pour en orner la poitrine de l'illustre industriel, et lui dit ces paroles remarquables :

« *Vous, comme fondateur de Jouy, et moi, comme Empe-*
« *reur, nous faisons aux Anglais une guerre acharnée ;*
« *mais, il faut l'avouer, votre mode de guerroyer vaut*
« *mieux que le mien.* »

Bientôt après, ce même Oberkamp, ce modèle de vertu et de

modestie, refusait la dignité de sénateur comme il avait refusé jadis les lettres de noblesse que lui offrait le roi Louis XVI.

Mais ce n'était pas seulement aux sommités de l'art industriel que l'Empereur réservait ses encouragements et ses faveurs.

Un simple ouvrier ( c'est ainsi du moins qu'il avait commencé ), inventeur d'une admirable machine que vous avez vue fonctionner dans cette enceinte, *Jacquart*, fut décoré de la croix de la Légion-d'Honneur, qu'enviaient alors avec ardeur les mérites les plus distingués et les plus hautes positions sociales.

Le Grand Homme savait bien que, si nous admirons à juste titre les talents favorisés par la fortune et l'éducation, nous devons une estime plus grande encore et des éloges plus éclatants à l'artisan qui, privé de ces secours, n'ayant pour lui que les ressources de la nature, s'habitue à penser profondément, tout en laissant travailler mécaniquement ses membres.

L'exemple était bon à suivre : il fut suivi en effet ; car, à l'exposition de 1834, un garçon de ferme, le laboureur Grangé, obtint la médaille d'or et la croix de la Légion-d'Honneur pour une charrue qu'il n'avait pas même exposée, mais que de nombreux plagiaires avaient tenté de produire sous leurs propres noms.

Avec de tels encouragements la carrière industrielle avait nécessairement pris rang parmi les plus honorables et les plus recherchées, et grand a été son essor, si l'on en juge par l'opulence des fortunes qui s'y sont faites, par le nombre des illustrations, des législateurs et des hommes d'Etat qu'elle a fournis depuis.

Il semblerait dès-lors qu'elle doive être chère à ceux qui, de père en fils, possèdent les traditions de la science et de l'honneur commercial, et que les relations, formées à la longue, consolidées par une vieille réputation d'intelligence et de probité, se doivent transmettre comme un précieux patrimoine de famille.

Il n'en est malheureusement pas toujours ainsi : on voit les enfants de ceux qui ont acquis la fortune oublier qu'ils ont encore la gloire à conquérir et préférer l'oisiveté.

Les autres, malgré les leçons de l'expérience, abandonnent souvent, pour courir à de folles aventures, les honorables travaux de leurs pères, et se voient parfois conduits à maudire une société qu'ils croient ingrate parce qu'ils n'ont pas su y garder leur place.

Cependant, l'élan donné par les premières années de l'Empire avait fondé en France le système des expositions périodiques ; elles se sont rapidement succédées depuis cette époque : en 1819, 1823 et 1827, sous la Restauration : en 1834, 1839 et 1844, sous le gouvernement de Juillet ; et, chaque fois plus brillantes, elles venaient témoigner de la puissante énergie de notre industrie.

Sans les désordre de février 1848, peut-être eussions-nous enlevé à nos voisins d'outre-Manche la gloire d'une exposition universelle qu'ils ont réalisée, il faut le dire, avec un succès et un bonheur inouïs, et que favorisaient du reste merveilleusement leurs relations avec toutes les parties du globe.

L'exposition de Londres a dépassé tout ce qu'on pouvait attendre ; elle a été comme le poëme épique de l'industrie ; mais l'édifice, si dignement couronné, a besoin d'être complété dans ses détails ; il faut organiser l'exposition à tous les degrés de l'échelle nationale, afin de communiquer de proche en proche le bienfaisant esprit d'émulation qui féconde l'intelligence, combat la routine et stimule l'indifférence elle-même.

C'est ce que le département de la Mayenne vient de tenter en s'associant aux départements limitrophes, en leur portant un pacifique défi, où tous, vainqueurs et vaincus, auront quelque chose à gagner.

Mais, Messieurs, en voyant le beau résultat que nous avons sous les yeux, n'allez pas croire que ce fut chose simple et facile que de préparer, à Laval, une exposition de l'industrie.

Si on l'avait pu croire un instant, il suffirait, pour se détromper, de l'expérience qui vient d'être faite : sans parler des questions d'argent généreusement résolues par le conseil municipal de Laval et le conseil général du département, vous dire les travaux préparatoires de la société, les obstacles vaincus, les doutes décourageants et les sinistres prophéties qu'il a fallu braver, ce qu'il a fallu, en un mot, de volonté, de persévérance et de dévouement pour atteindre le but, ce serait peut-être blesser la modestie de ceux qui, sous l'impression d'un si beau succès, semblent oublier eux-mêmes les difficultés de leur œuvre.

Mais, honneur, Messieurs, honneur à ceux qui ont conduit à bien une entreprise que je ne crains pas d'appeler colossale, si je me reporte aux moyens d'exécution dont disposèrent primitivement les inventeurs.

J'ai dit qu'elle avait fait dans le département une sensation profonde ; mieux que cela, elle y demeurera à l'état d'institution et exercera sur son avenir une influence décisive.

13

Oui, Messieurs les membres de la Société de l'Industrie, vous avez des droits à la reconnaissance publique ; elle vous est déjà largement acquise, et je suis heureux de m'en faire ici l'interprète au nom de vos concitoyens, dont aucun ne reniera mes éloges, et au nom du gouvernement, car son intérêt s'attache à tout ce qui peut être utile aux ouvriers, dont les besoins, sans cesse présents à son esprit, sont l'objet de sa plus vive sollicitude.

*Discours de M. Toutain, conseiller municipal faisant fonctions de maire.*

Messieurs,

Je prends la parole pour remercier, au nom de la ville de Laval, M. le président et MM. les membres de la Société de l'Industrie de la Mayenne de tous les soins qu'ils ont donnés, depuis six mois, à une première exposition qui, j'ose l'espérer, sera le développement de la prospérité de notre pays.

C'est à leur activité, à leur dévouement que nous devons en grande partie le succès si complet de cette heureuse entreprise. Mais, hâtons-nous de le dire, leur pensée a été noblement comprise de tous, et, s'ils se sont montrés persévérants et dévoués, ils ont trouvé partout, à Laval comme ailleurs, dans le département comme dans les départements voisins, les plus vives et les plus louables sympathies.

Aussi, Messieurs, permettez-moi, pour être juste, d'adresser des remerciements non moins sincères à tous ceux qui, de près ou de loin, ont apporté à notre entreprise leur part de bonne volonté et contribué ainsi à son succès :

A vous, Monseigneur, qui, pour la seconde fois, venez avec tant de bonté de bénir une œuvre que vous avez vue, avec joie, grandir et prospérer ;

A M. le Préfet, pour la bienveillance extrême qu'il a toujours témoignée à la Société dans toutes les occasions où elle a eu besoin de son appui ;

Aux membres des conseils du département et de la cité, pour leur empressement à voter d'importantes subventions ;

A tous les membres de la Société, pour leur concours puissant et leur généreuse propagande ;

Enfin, aux artistes et aux industriels exposants, à ceux de nos

compatriotes surtout qui ont répondu à notre appel avec tant d'in
lelligence et d'ardeur.

Notre exposition, Messieurs, est un grand pas fait par le département de la Mayenne dans la voie du progrès industriel ; c'est un
événement considérable qui aura une influence immense sur son
avenir, comme il aura en même temps un long retentissement dans
le pays.

A partir de ce jour, le département de la Mayenne, jusqu'olors
un peu en arrière du grand mouvement industriel de notre époque,
vient de conquérir tout d'un coup un place honorable parmi les
plus intelligents et les plus avancés ; et c'est là seulement ce que
j'admire, c'est là ce qui m'émeut profondément.

Aussi ne saurions-nous trop prodiguer les encouragements et
les éloges à tous ceux qui ont coopéré à cette œuvre, soit de leur
énergie et de leur influence, soit, comme MM. les exposants, de
leur talent et de leur bonne volonté !

Puisse le résultat de notre exposition leur procurer des avantages
mérités et leur donner des forces et du courage afin de poursuivre
ce qu'ils ont déjà si heureusement commencé.

Ne nous arrêtons pas là, Messieurs ; un premier pas en amène
un autre, et, maintenant que nous sommes engagés dans cette route,
difficile peut-être, mais glorieuse, du progrès artistique et industriel, il faut que nous la parcourions jusqu'au bout.

Or, je connais trop le bon esprit de mes concitoyens pour craindre un instant qu'ils veuillent s'arrêter en chemin.

Messieurs ,

La ville de Laval a fait de grands sacrifices pour donner à la solennité de notre première exposition tout l'éclat qu'elle méritait ;
le conseil municipal, lui aussi, désireux de s'associer autant qu'il
le pouvait à tant de louables efforts, a épuisé en quelque sorte ses
ressources, pour la consacrer par des fêtes brillantes dont la mémoire se perpétuera dans la population. C'était un devoir pour lui ;
puisse-t-il l'avoir rempli au gré de tous.

Notre exemple, d'ailleurs, Messieurs, ne sera pas perdu, nous
aurons des imitateurs. Les départements voisins, nos amis plus que
jamais, nous convieront bientôt, je l'espère, à des fêtes plus belles
encore. Nous répondrons à leur appel comme ils ont répondu au
nôtre ; car, désormais, une même pensée nous unit ; nous avons
contracté ici pour toujours des liens indissolubles de fraternité industrielle.

Honneur donc, encore une fois, honneur à vous tous qui avez pris la généreuse initiative de cette œuvre, comme à vous tous aussi, industriels, artistes, jeunes gens qui l'avez si dignement soutenue !

Vous avez fait une chose utile et vraiment patriotique, dont notre pays, et que ce soit là votre récompense, gardera un immortel souvenir.

*Discours prononcé par M. Denis, filateur et fabricant à Fontaine-Daniel.*

Messieurs,

Organe de la commission de Mayenne, si je n'avais l'honneur de la représenter ici, je m'abstiendrais de prendre la parole, fût-ce même pour exprimer une pensée de reconnaissance et de remercîment, qui est cependant la pensée de mes concitoyens et la mienne. Devant ce grand et émouvant spectacle, encore sous le charme du plaisir que m'ont causé les paroles éloquentes que vous venez d'entendre, je me recueillerais en silence, afin de mieux garder mes souvenirs.

Mais comment rester muet au milieu des hommes d'élite qui se pressent aujourd'hui dans cette enceinte, aujourd'hui le dernier jour de cette exposition, pour honorer par leurs paroles ou leur présence la distribution des médailles que doit y faire le premier magistrat de ce département.

Ces nombreux fonctionnaires de tous genres et de tous grades, ces artisans, ces industriels, ces commerçants, ces agriculteurs qui sont venus enrichir ce palais, tous ces sociétaires dévoués qui nous entourent, ce digne magistrat qui dirige avec autant de talent que de zèle et de fermeté les affaires du département, ce vénérable prélat qu'accompagne un respectable clergé, cet évêque qui naguère, au milieu d'une cérémonie touchante et auguste, nous rappelait, dans cet édifice même, que toute puissance et toute gloire viennent de Dieu, tous ne sont-ils pas pour moi une excitation en même temps que leur bienveillance est un encouragement !

A cette exposition, Messieurs, et pour la première fois, le département de la Mayenne a pu compter ses richesses ; pour la première fois, le palais de l'industrie s'est ouvert afin de les recevoir, de les classer pour en mieux réfléter l'éclat !...

Richesses minérales, richesses agricoles, richesses industrielles, richesses artistiques. tout est là , en échantillons au moins....

Depuis un mois, notre industrie, au sein de ce palais, s'est révélée ; elle a pris un corps. Le caducée mayennais, réunissant enfin ses tronçons disséminés, n'est plus un mythe ; ses anneaux se resserrent, et, dans le présent, le passé s'unit à l'avenir, la chaîne des temps se soude, 1852 touche à 1290, et l'exposition actuelle au temps de Béatrix de Gâvres, rappelée si heureusement et si à propos comme la meilleure des excitations au bien.

Quels souvenirs chers et touchants cette époque n'offre-t-elle pas en effet ! Histoire ou légende, réalité ou fiction, qu'importe ! A mesure que les temps se déroulent à nos yeux, ils se colorent des plus doux reflets.

C'est la Providence divine ayant pris la plus gracieuse des formes humaines ; c'est une femme qui apporte à Laval les trésors d'une agriculture, d'une industrie nouvelles, qui l'enrichiront un jour! Des cultivateurs flamands la suivent, des tisserands la précèdent ; les premiers cultiveront le lin que tisseront les derniers.

Heureux les noms, Messieurs, qui, comme celui de Béatrix, éveillent encore, après six cents ans, des souvenirs de reconnaissance et d'amour !

Qu'elle soit bénie la femme qui, dans ces temps d'ignorance et de barbarie, a compris ce qu'il y avait d'avenir pour sa ville bien aimée dans l'institution qu'elle fondait !

Mais, Messieurs, pour être justes, ne devons-nous pas dire que l'hommage rendu à sa bienfaitrice par la ville de Laval a été digne à la fois de la ville et de la châtelaine ! Disons-le donc et ajoutons : Heureuse la ville reconnaissante qui, pour trouver des mânes à révérer, à fêter, à bénir, n'a eu besoin que de feuilleter son histoire...

Et nous aussi, nous avons inauguré une époque industrielle !... Le 1er septembre 1852 nous permettra peut-être de donner à l'avenir des gages qui le prépareront à une époque plus féconde encore. Demandons à Dieu, pour la France, qu'il accorde à la main puissante et providentielle qui préside aux destinées de notre patrie la faveur de pouvoir cicatriser toutes les plaies que lui a fait un passé funeste !...

Et maintenant, Messieurs, debout devant le présent, nous avons évoqué le passé ; que devons-nous attendre de l'avenir? Osons lui arracher son secret, et qu'il nous dise que cette exposition sera suivie de bien d'autres ; sans cela, notre tâche n'est pas finie : il faut fonder, si nous voulons être utiles.

La postérité ne tient aucun compte des efforts, même conscien-
cieux, quand ils sont impuissants ; que les nôtres, par leur utilité,
méritent d'être préservés de l'oubli ; que le flot des âges respecte
ce que nous avons fait !

Continuons notre œuvre avec courage, avec persévérance, notre
œuvre si bien commencée ! Que cet édifice, imposant symbole de
durée, s'ouvre périodiquement aux expositions de l'industrie pendant une longue suite d'années, afin de témoigner de la volonté de
cette Société, qui n'a pas été fondée pour exister seulement un jour,
mais qui veut long-temps encore diriger l'agriculture, l'industrie et
le commerce mayennais dans le grand courant des améliorations !...

*Discours prononcé par M. Des Cepeaux, président de la Société
de l'Industrie.*

### MESSIEURS,

Vous venez d'entendre les félicitations adressées par vos magistrats à la Société de l'Industrie de la Mayenne, ainsi que les éloges
donnés à l'Exposition formée par vos soins. Vous avez sanctionné
ces félicitations et ces éloges par vos applaudissements, et c'était
justice, je ne crains pas de le dire.

Mais, dans cette solennité qui termine une première période de
l'existence de notre association, il nous reste une obligation à remplir. En indiquant de quel point nous sommes partis, proclamer les
services qui nous ont été rendus, reconnaître combien nous leur
sommes redevables, voilà ce qu'il convient de faire en ce moment,
et je me trouve heureux d'être ici l'interprète de notre administration pour remplir un tel devoir.

La Société de l'Industrie de la Mayenne, à peine constituée depuis deux ans, est parvenue, à force de zèle, d'activité, de persévérance, à atteindre le but qu'elle s'était proposé dès sa formation.
Elle a réussi à organiser cette Exposition, qui met à la fois sous nos
yeux et les produits naturels de notre territoire et ceux qui sont
le fruit du travail intelligent de sa population.

Je ne veux point rappeler les obstacles qui se sont rencontrés,
ni les oppositions qu'il a fallu vaincre, je dirai seulement que toutes
les difficultés ont été surmontées, et que le succès, un succès, qui a
passé toutes nos espérances, est venu couronner nos efforts.

Je n'ai pas à développer ici les avantages qui résultent d'une

Exposition qui réunit sur un même point les diverses productions d'un pays. Ces avantages sont devenus évidents pour tous, et l'on ne peut plus les contester de bonne foi.

Une autre tâche m'est donnée par la Société qui m'a fait l'honneur de me choisir pour président. Cette tâche, dont je voudrais pouvoir m'acquitter dignement, c'est d'exprimer notre reconnaissance à tous ceux qui, en nous apportant leur concours, ont amené la réalisation des plans que nous avions formés.

Daignez donc permettre, Monseigneur, qu'à mon tour je m'adresse à vous et vous prie d'agréer, avant tous, le tribut de notre respectueuse gratitude pour la bienveillance toute paternelle avec laquelle vous avez accueilli notre entreprise. Non-seulement il vous a paru bon de venir deux fois la consacrer par vos bénédictions ; mais, de plus, vous avez bien voulu inscrire votre nom dans la liste de nos sociétaires. Soyez assuré, Monseigneur, que ce nouveau témoignage de l'intérêt affectueux que vous portez aux gens de la Mayenne ne s'effacera pas de leur souvenir, et qu'il ajouterait encore, s'il était possible, aux sentiments de profonde vénération que vous leur inspirez.

Maintenant, je demande à l'assemblée qu'elle me permette de revenir sur quelques détails dont on l'a déjà entretenue, mais que je crois devoir développer davantage. Il importe que leur exactitude soit bien établie ; car il est juste qu'on signale à la population de la Mayenne ceux auxquels elle est redevable d'un établissement qui peut devenir une source de prospérité pour le pays.

Dans ses commencements, la Société de l'Industrie, entrant dans une voie à peine tracée, avait besoin de secours et d'encouragements pour s'établir et réaliser ses projets. Ce fut dans ces conjonctures qu'elle fit appel à l'administration municipale de Laval, et celle-ci, appréciant aussitôt l'importance de l'entreprise commencée, n'hésita pas à venir à son aide avec le plus généreux empressement. Prenant donc l'initiative pour faciliter une exposition industrielle dans la Mayenne, elle offrit le local de la halle aux toiles et vota une somme de 16,000 francs pour l'approprier à sa nouvelle destination. Puis, quand il fallut subvenir à des frais imprévus, elle ne se refusa pas à faire de nouveaux sacrifices pour assurer la réussite des plans arrêtés. Ajoutons que MM. de Chalais et Toutain qui, durant cette époque, ont fait, tour à tour, les fonctions de maire, se sont montrés toujours pleins de zèle pour soutenir notre cause et seconder nos efforts.

Ce fut encore d'après le rapport favorable de la mairie de Laval que le conseil général du département prit confiance en notre association et nous accorda, à deux reprises, des subventions pour faciliter l'achèvement de nos galeries.

Dès l'origine, tous les membres, de l'un et de l'autre conseil s'étaient fait un devoir d'entrer dans la Société de l'Industrie, et plusieurs d'entre eux, en prenant une part active aux travaux de notre administration, ont mérité nos remerciements particuliers.

Pour compléter cette indication des soutiens que nous avons eus, de l'aide qui nous a été apportée, je dois faire mention de l'utile entremise de la préfecture pour établir notre association avec les départements voisins. Cette association, avantageuse pour tous, a enrichi nos galeries de produits vraiment remarquables, et elle aura pour conséquence d'amener une heureuse émulation entre les travailleurs des cinq départements.

J'ajouterai que M. le préfet, nouvellement arrivé au milieu de nous, a tout aussitôt apprécié favorablement notre œuvre; il en a fait valoir l'importance auprès du gouvernement, et nous a témoigné, en toute occasion, l'intérêt qu'il prend à nos succès. Nous le prions d'en agréer nos remerciements sincères. Nous les adressons aussi aux autorités militaires qui se sont empressées de nous prêter leur utile protection. Je désirerais pouvoir nommer ici tous ceux à qui la Société a des obligations particulières; je ne le saurais faire en ce moment; cependant je ne me refuserai pas d'en citer quelques-uns.

M. Renous, l'architecte chargé du plan des galeries et de la direction des travaux de construction, est parvenu, avec de modiques ressources, à élever un édifice remarquable par son élégance et ses heureuses distributions. Bien qu'il ait vivement regretté de ne pouvoir mettre la dernière main à son œuvre, il n'en a pas moins obtenu les suffrages les mieux mérités.

Je voudrais pouvoir dire aussi les obligations que nous avons à nos vice-présidents : MM. Lefizelier père, de Chalais, Denys ( de Mayenne ) et Jamet (de Château-Gontier); aux présidents des sections : MM. Jules Le Clerc, Prosper Gasté, Beauluère père, Berangerie, Toutain père, Baptiste Couanier; aux rapporteurs des divers jurys : MM. Guédon, Caillaux, Beauluère fils, Daveau, Piquet, Jules Lefizelier, etc.

Nos jeunes commissaires également ont fait preuve d'un dévouement qui doit être mentionné, ainsi que celui de beaucoup de nos sociétaires qui n'ont pas hésité à laisser leurs propres affaires pour assurer par leurs soins le succès de l'Exposition.

Forcé d'abréger cette indication des services rendus à la Société de l'Industrie, je dois néanmoins vous signaler encore, et entre tous les autres, ceux de notre premier secrétaire, M. Chamaret. En disant que son zèle infatigable, sa persévérante activité ont été au-dessus de tout éloge, je me tiens assuré d'exprimer l'opinion générale, et je saisis avec bonheur cette occasion de renouveler, au nom des sociétaires et des exposants, les remerciements qui lui sont dus à si juste titre. — Si j'osais exprimer ici mon sentiment, je dirais qu'il me paraîtrait juste qu'un témoignage particulier de la reconnaissance de tous lui fût offert au nom de l'industrie de la Mayenne.

Maintenant, à vous tous qui avez pris part à notre belle exposition : agriculteurs, artistes, fabricants, ouvriers, producteurs en tous genres, j'ai à vous adresser des félicitations. Grâce à vous, la Mayenne a obtenu le succès que nous avions ambitionné pour elle.

Croyez-le, Messieurs, vous avez fait ici un acte de vrai patriotisme en montrant ce que peut l'industrie de notre pays. Et ceux même d'entre vous qui n'ont pu faire preuve que de bonne volonté n'en méritent pas moins la reconnaissance de leurs concitoyens.

A la suite de ces remerciements si mérités, et que j'eusse voulu rendre moins implicites, je demanderai qu'il me soit permis d'exprimer, devant cette assemblée, toute ma reconnaissance pour l'honneur qui m'a été fait pour présider la Société de l'industrie. Je ne le cacherai point, j'ai éprouvé une véritable satisfaction d'avoir eu, une fois, par le suffrage de mes compatriotes, l'occasion de montrer mon bon vouloir et mon zèle pour être utile à mon pays.

Il me reste encore quelques mots à dire à l'assemblée, je la prierai de vouloir bien me prêter de nouveau son attention.

Messieurs, cette Société de l'Industrie, qui a réussi à se former en dépit des obstacles, cette Exposition, qu'elle est parvenue à organiser à la satisfaction de tous, pourraient-elles n'avoir pas d'autre suite? Serait-ce donc une clôture définitive à laquelle nous prenons part?

Je ne le veux pas croire ! Et vous tous, Messieurs, je me plais à l'espérer, vous êtes fermement résolus à poursuivre une œuvre si heureusement commencée.

Oui, nous continuerons de rester associés pour suivre cette carrière ouverte dans l'intérêt général. J'ose dire que c'est un devoir pour nous de ne pas l'abandonner. Il est bon d'avoir au moins ce terrain neutre où, à l'abri des agitations politiques, nous viendrons oublier nos différents pour nous unir dans une pensée commune dont le seul mobile sera l'intérêt général et le bien-être du pays.

Messieurs, je dois vous rappeler qu'une obligation reste imposée à la Société de l'Industrie.

Le conseil général lui a accordé ses subventions à la condition qu'une partie des galeries construites avec son assistance serait consacrée désormais à recevoir en dépôt les modèles de machines utiles et des échantillons de tous les produits des divers cantons du département qu'il importe de faire connaître aux acheteurs. Ce serait à la fois un entrepôt et un conservatoire des arts et métiers qu'il s'agirait d'établir.

J'aurai l'honneur de provoquer, dans l'assemblée prochaine, une délibération sur ce sujet important, et une commission sera chargée de poursuivre l'exécution d'un projet qui me semble utile sous tant de rapports.

# LISTE DES LAURÉATS.

Les noms de ceux qui ont mérité des récompenses ont été ensuite proclamés par chacun de MM. les rapporteurs des diverses sections.

## Première section, Agriculture.

M. GUÉDON-RUBILLARD, rapporteur.

Division hors ligne.

Génie rural.

### *Drainages, irrigations.*

M. Bordillon dans l'arrondissement de Château-Gontier, M. Renous, ancien élève du Camp, dans l'arrondissement de Laval, s'étant livrés à ces travaux d'une manière fort remarquable, la société industrielle a voulu leur donner une preuve de la haute estime qu'elle porte à ces travaux en accordant une médaille d'or à M. Bordillon, une médaille d'argent, grand module, à M. Renous.

*Prix du conseil général de la Mayenne aux meilleurs élèves de la ferme du Camp.*

Quatre prix, consistant en instruments de géométrie et en instruments d'art vétérinaire, ont été décernés à deux élèves de la deuxième année et à deux élèves de la troisième année, dont les noms suivent :

### TROISIÈME ANNÉE, MM.

1. Prix. Houdebine Jean-Baptiste, de Houssay.
2. Prix. Fourmont Alexandre, de Désertines.

### DEUXIÈME ANNÉE, MM.

1. Prix. Portier René, de Thorigné-en-Charnie.
2. Prix. Marais Pierre, d'Ahuillé.

## Produits animaux.

Prix d'honneur. Médailles d'or à M. Dubuat de la Suhardière, pour un Durham pur sang, 28 mois.

— A M. Gernigon, de Château-Gontier, pour un Durham pur sang, 10 mois.

1. Prix des demi-sang, médaille d'argent, grand module, à M. De Robien, pour un Durham-Charollais, de 30 mois.
2. Prix. Médaille d'argent, grand module, à M. de Moulins, pour un trois quart sang Durham, de 28 mois.
3. Prix. Médaille d'argent, grand module, à M. Collet-Chouanière, pour un demi-sang Durham, âgé de 4 ans.
4. Prix. Médaille de bronze à M. De Madiot, d'Ampoigné, pour un Durham-manceau, de 27 mois.
5. Prix. Médaille de bronze, à M. Thuau, fermier, pour un Durham-manceau, de 22 mois.

## Race chevaline.

1. Prix. Médaille d'argent, grand module, à M. Levêque-Berangerie, pour une pouliche bai-clair, de 2 ans.
2. Prix. Médaille d'argent, petit module, pour une pouliche alezan brûlé, de 2 ans.
3. Prix. Médaille d'argent, petit module, pour une jument alezan, de 4 ans, à M. Février, fermier à la Grande-Courteille, de Bonchamp.
4. Prix. Médaille de bronze à la veuve Jouet, de Saint-Germain-d'Anxure.

## Race porcine.

1. Prix. Médaille d'or à M. Gernigon, pour un verrat de race Leycester.

2. Prix. Médaille d'argent, grand module, à M. De Maden, pour un verrat de race Hampshire.

Mention honorable à M. De Quatrebarbes, pour un verrat et une truie de race Hampshire.

## Race ovine.

1. Prix. Médaille d'argent, grand module, à M. Collet-Chouanière, pour un lot de moutons de race Dislhey pur sang.

2. Prix. Médaille d'argent, petit module, au sieur Guédon, fermier à Maisoncelles, pour un belier Dislhey pur sang.

3. Prix. Médaille d'argent, petit module, au fermier Deshays de Maisoncelles, pour un belier et une brebis pur sang de race Dislhey.

## Produits végétaux.

Dans cette division, des mentions honorables ont été accordées à la société industrielle d'Angers pour une série remarquable de froment pour semences d'une qualité supérieure, ainsi qu'à M. Girard de Châteauvieux, Ille et Vilaine, pour la culture en grand, dans son domaine, des choux branchus et moëlliers du Poitou, dont on a pu admirer à l'exposition les échantillons monstrueux.

Des mentions favorables ont été également accordées à MM.

Busson fils, de Juvigné, pour échantillons de lins.

Garnier, de Chailland,         idem.

Alfred Courte, de Charney,      idem.

Collet-Chouanière, pour échantillons de chanvre.

Viel, de Lavalette,         idem.

Guesdon, d'Ille et Vilaine, idem.

Bourgault, de l'hospice St-Louis, pour racines de grande culture.

Croissant, de la Roë,        idem.

Collet-Chouanière,          idem.

Crussard, d'Ille et Vilaine, pour gerbes de froment.

Beûcher, de la Gravelle,      idem.

De Jourdan, Ille et Vilaine,     idem.

Collet-Chouanière, de Laval,   idem.

Nous devons signaler ici les racines de grande culture de M. Vaubernier, de Laval, et ses échantillons de chanvre de Chine, d'une hauteur (7 mètres) et d'une grosseur énorme. Ce chanvre porte graine chez M. Vaubernier, à Goudin, tandis que sous le climat de Paris, M. Vilmorin n'avait pu en obtenir.

### Produits agricoles industriels.

Une médaille d'argent, grand module, est accordée à M. Elias Roussin, de Rennes, pour ses magnifiques échantillons d'orge et grains perlés.

Une médaille d'argent, grand module, est accordée à M. Derrieu, de Nantes, pour ses guanos artificiels; M. Derrieu a obtenu la médaille d'or au grand concours de Versailles.

### Machines et instruments aratoires.

Une médaille d'or est accordée à M. Lootz, de Nantes, pour sa machine à battre, à manège direct.

Une médaille d'or est également accordée à M. Stubenrauch, de Château-Gontier, pour sa machine à battre, son pressoir et sa baratte rotative.

Une médaille d'argent, grand module, est décernée à M. Bodin, de Rennes, pour sa machine à battre.

Une médaille d'argent, grand module, à M. Victor Houyau, de Cheffes, pour sa machine à battre.

### Charrues, houes à cheval, herses, etc.

Une médaille d'or est accordée à M. Letessier, de Laval, pour ses instruments d'agriculture.

Une médaille d'argent, grand module, à M. Bodin, de Rennes, pour sa collection d'instruments agricoles.

Deux médailles d'argent, petit module, à MM. Couët frères, de Méral, pour leurs charrues modifiées.

Mentions honorables à MM. La Chesnaye, Porty, La Loge, de St-Brice, Nantais et la Mazure, d'Andouillé, pour leurs charrues modifiées.

Mention honorable à M. Collet-Chouanière, pour sa collection d'instruments aratoires.

Médaille de bronze à M. Préaubert, d'Angers, pour ses vases à crème, en zinc.

Médaille de bronze à M. Brocherie, de Quelaines, pour son collier à bœufs.

Médaille de bronze à M. Le Pannetier, de Thévalles, pour sa cuve en terre cuite.

Certifié conforme :

GUÉDON-RUBILLARD.

**Sous-section de la première section.**

*Horticulture, Arboriculture.*

M. LA BEAULUÈRE, rapporteur.

Horticulteurs-marchands, MM.

1 Georget, de Laval, médaille d'or.
2 Gaultier Félix, de Laval, médaille d'argent, grand module.
3 Mottier, de Laval, médaille d'argent, grand module.
4 Lefevre, de Sablé, médaille d'argent, grand module.
5 Doudet, de Laval, médaille d'argent, grand module.
6 Denuault, de Laval, médaille de bronze.
7 Dupré, closier au Gué-d'Orger, médaille de bronze.
8 Mme Georget, de Laval, médaille d'argent, petit module.
9 Mlle Gaultier, médaille de bronze.
Charles, jardinier de M. Dutreil, mention honorable.

Amateurs, fleurs, MM.

Armand de Landevoisin, prix d'honneur, un vase de Sèvres.
10 Pierre Lardeux, jardinier de M. La Beauluère, médaille d'argent, grand module.
11 François Gauthier, jardinier de Mme De Launay, médaille d'argent, grand module.

*Légumes et fruits*, MM.

12 Louis Agnès, jardinier de M. de Vaubernier, médaille d'argent grand module.
13 Comice horticole d'Angers, médaille d'argent, grand module.
14 Louis Hutin, jardinier de M. Léon Leclerc, médaille d'argent, grand module.
M. le curé de l'Huisserie, mention honorable.
M. le curé de la Baconnière, mention honorable.

**Deuxième Section.**

M. BAPTISTE COUANIER, rapporteur.

Cette section comprend les divers tissus de fil, fil et coton, coton, laine et coton et pure laine : les filatures de ces mêmes substances ; les teintures et apprêts ; enfin les instruments et ustensiles se rattachant à l'industrie du tissage.

Quarante et un exposants ont mérité les récompenses suivantes :

MM. Paul Tirouflet et Davaux, Jean-Baptiste Couanier, Léon Rigot, fabricants, membres du jury, mus par une honorable susceptibilité, se sont retirés du concours.

Toutefois, nous sentons le besoin de dire que :

La première maison avait exposé des tissus dont la perfection et la beauté attiraient incessamment les regards des connaisseurs et pouvaient victorieusement soutenir la concurrence ;

La seconde maison offrait aux regards un bel assortiment de toiles en tous genres ;

La troisième maison, de Château-Gontier, méritait aussi par ses tissus en laine, fabrication qui a besoin d'encouragements.

### *Médailles d'or.* — MM.

1o Pre Marie, Bretonnière et Cie, de Laval, pour leurs magnifiques piqués et leurs coutils fantaisie.

2o Piednoir et Gontier, pour leur belle fabrication et collection complète de coutils unis et façonnés.

3o Verdier frères, de Fresnay, pour leurs superbes toiles de lin, jaunes et blanches.

4o Chesneau, de Laval, pour ses flanelles laine et coton, ou laine et fil, et filature de laine.

5o T. Mercier et Cie. de Brives, près Mayenne, pour cotons filés, en écheveaux et en bobines.

6o Ve P. Horem et Denis aîné, à Fontaine-Daniel (Mayenne), pour leurs calicots écrus, unis et rayés, tissage mécanique.

### *Grandes médailles d'argent.* — MM.

1o Chevrie frères, d'Avesnières, pour leurs coutils unis et façonnés.

2o Journé et Grisier, de Changé, pour leurs coutils fantaisie, si bien encadrés dans les produits de leur fabrique troyenne.

3o Caternault, Caillé et Cie, de Chollet, pour leurs fils de lin et mouchoirs blancs.

4o Vetillart père et fils, du Mans, pour fils ocrés, crémés et blanchis.

### *Médailles d'argent.* — MM.

1o Moulinais-Barbrel, de Laval, pour coutils écrus, façonnés et toiles à paillasse.

2o Chauvin-Georget, de Laval, pour sa collection de coutils unis.

3º Pellaumail, Durand et Cie, de Chollet, pour leurs toiles blanches imitant la batiste.

4º Hugon et Alliot, de Chollet, pour coton à coudre et à broder, ganses et retors pour lissures.

5º A. Hillaire, d'Angers, pour tuyaux en chanvre sans couture et seaux en toile.

6º Raton-Rambos, de Vitré, pour ses tricots fantaisie et tricots à l'aiguille.

7º Brasseur, de Laval, pour sa collection de cotons, fils et plumes teintes en toutes nuances.

### *Médailles de bronze. — MM.*

1º Adolphe Cré, d'Avesnières, pour ses coutils unis et façonnés, établis à des prix très-avantageux.

2º Léon Vannier, de Laval, pour ses courses bas prix, très-bien fabriquées.

3º Barré-Ledonné, d'Oisseau, pour ses toiles de coton écrues, blanches, et coutils pour lits.

4º Camus, de Chollet, pour mouchoirs écrus et blancs.

5º Roussel-Pilatrie, d'Ambrières, coutils pour literie.

6º Rabbé, de Laval, pour toiles blanches et linge ouvré.

7º Pouteau-Simon, de Laval, pour cotonnades diverses, grisettes, jaspés et doublures.

8º Guyau-Guillouard, de Laval, pour assortiment de blouses en tous genres.

9º Fournier-Bouttevin, de Mayet (Sarthe), pour étoffes unies en laine à l'usage de la campagne.

10º Mansey-Gontier, d'Avesnières, pour coutil de literie, en fil et coton.

11º Mlle Poirier, de Vitré, pour tricots fantaisie.

12º Thuilerie, de Laval, pour échantillons de teintures sur coton et fil.

13º Mlle Verger, de Laval, pour un tapis fait à la main.

14º Féron-Marie, de Mayenne, pour teintures et apprêts de lustrines.

15º Bordeau-Yvain, de Mayenne, pour collection de peignes à tisser.

### *Mentions honorables. — MM.*

1º Cribier, d'Avesnières, coutils façonnés.

2º Coulon, de Montsûrs, toiles jaunes.

3º Paul Carré, de Laval, coutils unis.

4° Dinomais, d'Avesnières., linge ouvré.

5° Pineau frères, de Chollet, mouchoirs de couleur.

6° Boisseau-Yvon, d'Avesnières, flanelles côtelées.

7° Léon Derault, de Laval, navette à crochet indépassable.

8° Herriau, de Laval, châsse pour 3 navettes.

9° François Chauvin, de Craon, paquet de fil du pays.

Parmi les exposants étrangers au concours régional que le jury regrette vivement de n'avoir pú récompenser comme ils le méritaient, il faut citer particulièrement MM.

1° Feray et Cie, d'Essonne, pour leurs filatures de Palleau et de Corbeil et leur fabrication de linge damassé.

2° Duret, de Brionne, pour ses cotons fins en chaîne continue.

3° Aberdeen-Gordon, de Montrose (Ecosse), fils de lin.

4° Théodore Rosney, d'Ouilly-le-Vicomte, cotons chaîne continue.

5° Gallet frères jeunes, de Flers, cotons imprimés.

6° Petit et Cie, de Saint-Léger, près Rouen, cotons chinés.

7° Dieul, de Flers, fabricants de peignes à tisser et lissures à maillons.

### Troisième section.

M. E. CAILLAUX, rapporteur.

La troisième section comprend

Les produits minéraux, — la métallurgie, — les machines, — l'horlogerie, — la chaudronnerie, — la carrosserie et les instruments d'optique et de mathématique.

Cette section renferme 83 exposants.

Le jury a classé et récompensé les produits qu'ils ont présentés dans l'ordre suivant :

*Exploitations placées hors lignes :* Vases de Sèvres, donnés par le gouvernement.

1° La compagnie générale des mines d'anthracite de la Sarthe et de la Mayenne.

2° Compagnie des mines de houille de Saint-Pierre-la-Cour, département de la Mayenne.

### *Médailles d'or.* — MM.

1° La compagnie des ardoisières de Chattemoue près Javron (Mayenne), dont les remarquables produits méritent une distinction spéciale.

14

2o Gourdin, horloger à Mayet (Sarthe).

3o Roussel, propriétaire des forges d'Orthe (Mayenne).

4o Marié, directeur des forges du Port-Brillet (Mayenne).

### Grandes médailles d'argent. — MM.

1o Jarlaud. mécanicien aux mines de Sablé, *inventeur* d'un nouveau système de flotteur indicateur du niveau de l'eau dans les chaudières à vapeur.

2o Camille Humeau, mécanicien à Laval, pour la chaudière à vapeur qu'il a exposée.

3o Jusseaume Constant, fumiste à Nantes, pour ses fourneaux culinaires.

### Médailles d'argent. — MM.

1o Clenet, mécanicien à Fontaine-Daniel, près Mayenne, pour un grand fourneau économique.

2o Joniaux frères, à Laval, pour un fourneau de cuisine et un calorifère.

3o Laisis, carrossier à Laval, pour des voitures, un harnais et divers appareils de précision.

4o Pouriau, carrossier au Mans, pour une voiture.

5o Leconte, horloger à Rennes, pour un réveil à curseur.

6o M. Schweiger, docteur-médecin à Laval . pour l'appareil distillo-évaporatoire qu'il a inventé.

7o Bodereau Jean, à Bonchamp, près Laval, pour trois faulx d'une qualité et d'une confection remarquables.

8o Dabe, fondeur à Laval, pour une roue d'engrenage.

9o Moussier, opticien à Nantes, pour ses verres de lunettes à double foyer.

10o Dunial, au Mans, pour ses bascules.

11o Riby, d'Angers, pour une meule de moulin.

### Médailles de bronze. — MM.

1o Crinière, à Villaines (Sarthe), pour deux meules de moulin.

2o Praud, chaudronnier à Laval, pour un fourneau, un pot à bouillon et une pompe.

3o Robert, de Laval, pour un appareil distillatoire.

4o Chesneau, carrossier à Laval, pour une voiture.

5o Covlet, fondeur à Laval, pour une chaire à prêcher et roue d'engrenage.

6o Chassebœuf, armurier à Rennes, pour les fusils qu'il a exposés.

7° Baudry, armurier à Laval, pour les fusils et pistolets qu'il a exposés.

8° Théard, serrurier à La Guerche (Ille-et-Vilaine), pour une serrure de coffre-fort, confectionnée avec le plus grand soin.

9° Journault, Monnier et Cie, de Renazé, pour leurs ardoises.

10° René et Fiacre Bourdais, de Renazé, pour leurs ardoises.

11° Viot, aux Agets, commune de Saint-Brice (Mayenne), pour ses échantillons de carrelage et ses tuyaux de drainage.

12° Trottier d'Angers. pour une poutre en tôle et bois.

### Mentions honorables. — MM.

1° Tallois, fabricant d'instruments mathématiques à l'Angibaudière, commune de Chevaigné (Mayenne).

2° Haumouche, carrossier à Laval, pour uue voiture dog-car.

3° Langlois, fumiste à Laval, pour les cheminées qu'il a exposées.

4° Juigny, fumiste à Laval, pour une cheminée qu'il a exposée.

5° Goutier, mécanicien à Avesnières, pour une vis de pressoir.

6° Macé François, charron à Laval, pour des instruments de charpentier, jardinier et terrassier.

7° Bossard, de Rennes, pour une enclume.

8° Drouilleau et Covlet, à Laval, pour leurs échantillons de carrelage.

9° Chrétien, directeur de la ferme-école du Camp, pour ses tuyaux de drainage.

10° Levesque, serrurier à Nantes, pour une serrure d'un nouveau système.

11° Letessier, serrurier à Laval, pour une serrure d'un nouveau système.

12° Beucher, de La Gravelle, pour sa poudre, dite poudre d'or.

13° Fournier, ferblantier à Laval, pour la statuette qu'il a exposée.

En résumé, le jury a accordé dans cette section, sur 93 exposants,

2 Mentions d'honneur, hors ligne.
4 Médailles d'or.
3 Médailles d'argent ( grand module ).
11 Médailles d'argent ( petit module ).
12 Médailles de bronze.
13 Mentions honorables.

En total 45 récompenses.

## Quatrième Section, (170 exposants).

M. PIQUET père, rapporteur.

*1re Catégorie. — Cuirs tannés et chamoisés.*

*Grande médaille d'or.*

M. Costé-Tafforeau, de Laval, pour cuirs forts et cuirs de sellerie.

*Médaille d'or.*

M. Brizou, à Rennes, pour cuirs forts à La Jusée.

*Médailles d'argent. — MM.*

Leroux, à Rennes, pour cuirs du pays et de Buénos-Ayres.
Martin, à Rennes, pour pelleteries préparées pour manchons.
Savary Léon, de Château-Gontier, pour guêtres en cuir d'une seule pièce, fourniture pour l'armée.

*Médaille de bronze. — MM.*

Bouin Léon, de Vitré, pour cuirs-vaches en huile, très-bien faits.
Bossé Pierre, à Châteaubriant, pour peaux noires en poils, très-bien chamoisées.
Bougué aîné, de Laval, pour cuirs forts étirés, pour courroies de machine.
Besnier Philéas, de Châteaubriant, pour bazanes en croûte, très-bien passées.

*2me Catégorie. — Chaussures cuir et bois, chapellerie, vernis.*

*Médailles d'argent. — MM.*

Poirier, à Châteaubriant, pour souliers de chasse, imperméables, solides quoique légers.
Candy, à Laval, pour bottes et souliers de diverses sortes.
Simon, de Laval, pour souliers divers, très-bien conditionnés.
Foucoin, sabotier à Laval, pour sabots façonnés, à un prix très-modéré, et sabots-souliers.
Edard-Labutte frères, fabricants de chapeaux à Evron, pour chapeaux de feutres.

*Médailles de bronze. — MM.*

Leterme, de Laval, pour chaussures en caoutchouc et divers objets.

( 215 )

Moranne , sabotier à Montsûrs , pour sabots-souliers et brodequins , d'un prix modéré.

Cerf, fabricant de vernis à Nantes , pour vernis de harnais et
chaussures , de très-bonne qualité.

### Mentions honorables. — MM.

Jouault, cordonnier à Laval.

Porcher , ouvrier sabotier , à Laval.

Bellanger , sabotier à Mayenne.

Croissant , chapelier à Laval.

Routtier , chapelier à Laval.

Boulay , de Saint-Denis-du-Maine , pour chapeaux de paille du
pays.

3me Catégorie. — *Menuiserie, ébénisterie , tapisserie.*

### Médaille d'or.

M. Diot , au Mans, pour un billard en bois de chêne , un parquet
et lames de parquet.

### Grandes médailles d'argent. — MM.

Babin , à St-Georges-Buttavent , pour une table de salon en
chêne, à un seul pied , s'ouvrant à 3 mètres , pour table de salle à
manger, et un lit en mérisier, exécutés de tous points par l'exposant.

Saillot , à Laval , pour un canapé , un fauteuil et une chaise en
bois sculpté et découpé , et un prie-dieu d'acajou.

### Médailles d'argent. — MM.

Gaillard , ébéniste à Laval , pour un lit en acajou de forme élégante ; les sculptures de ce lit ne sont pas faites par l'exposant.

Rousseau, de Rennes , pour un billard en palissandre, à bandes
élastiques en métal , nouveau système.

Rousseau , au Mans , pour échantillons de parquets et pavages
en bois de bout.

### Médailles de bronze. — MM.

Robin, de Cossé-le-Vivien , pour un petit meuble de salon,
d'un beau travail.

Rual, de Rennes , pour un lit incrusté d'un très-bon goût.

Hubert , au Mans , pour une série de presses pour menuisiers et
ébénites , d'un travail parfait.

Fiquemont , tapissier à Rennes , pour un boudoir dressé dans
les galeries de l'exposition.

Lalbin , à Angers, pour treillages de jardins de divers modèles,
à prix modérés.

*Mentions honorables.* — MM.

Vannier , de Laval, pour un lit et une commode d'un bon
travail.

Guichard , de Laval, pour trois chaises d'une coupe élégante et
solide.

Guérin , de Rennes , pour un lit et une table de nuit en mar-
queterie.

Coignard, de Château-Gontier, pour un lit et une armoire imitant l'ébène.

Gendron , d'ibid. , pour bans rustiques , etc.

Clain , tourneur au Mans , pour petits meubles , etc.

Paguet, de Mayenne , pour un fauteuil et jardinière rustiques.

Mme Godbert, à Laval, pour fleurs en bois , table et jardinière
rustiques.

4me Catégorie. — *Papeterie, lithographie, reliure,
cartonnages.*

*Grandes médailles d'argent.* — MM.

Artru et Jarry , de Ste-Appollonie , pour leur fabrication considérable de papier continu pour rouleaux de tenture et journal.

Tonnelier et Cie , à Navrans et Lacourbe , pour leur fabrication
de papiers à plat remarquables par la beauté des pâtes.

Landais et Oberthur , de Rennes, pour cartes géographiques,
modèles d'adresses et lithographies diverses.

*Médailles d'argent.* — MM.

Herment frères , de Rennes, pour leur fabrication de papiers
peints et la beauté des dessins.

Morice , de Laval, pour ses divers travaux de lithographie,
adresses et armoiries frappées.

Cosnier et Lachaise, d'Angers , pour l'impression de quatre
volumes du Roi René.

*Médaille de bronze.*

M. Buffé , relieur à Laval , pour la bonne confection de deux
registres.

*Mentions honorables.* — MM.

Le Peltier , à Laval , pour sa fabrication de cartes à jouer.

Génouël , relieur à Laval , pour divers volumes reliés.

**5me Catégorie.** — *Broderies et passementeries.*

*Médaille d'or.*

M<sup>lle</sup> Foulquié et Cie, à la Miséricorde, à Laval, pour broderies au passé sur filets de soie.

*Grande médaille d'argent.*

M. Lemoine, d'Angers, pour une bannière et pentes de dais, richement brodés en demi-relief.

*Médailles d'argent.* — MM.

Lardeux négociant, à Laval, pour broderies au crochet, exécutées en grand dans le département, et vendues en Bretagne et en Normandie.

Barbot, de Laval, pour sa fabrication de passementeries de toutes espèces.

*Médaille de bronze.*

M<sup>lle</sup> Haton, de Laval, pour dessins de broderies de sa composition.

*Mentions honorables.*

M<sup>lle</sup> Clémentine Foucher, pour confection d'une chemise piquée, d'un travail parfait.

M. Oger, marchand de blanc à Laval, pour confection de blanc et broderies.

Aux dames de Saint-Joseph de Laval, pour broderies.

Aux Orphelines de Laval, pour broderies.

A M<sup>me</sup> Le Breton-Coupel, pour un tapis de table.

Aux Sœurs d'Ernée, pour lingerie.

A M<sup>lle</sup> Haquin, pour broderies en soie sur papier.

Aux Orphelines d'Ernée, pour broderies.

**6me Catégorie.** — *Corsets et perruques, dents artificielles et vêtements.*

*Médaille de bronze.*

M<sup>lle</sup> Le Neveu, de Nantes, pour un corset.

M. Beucher jeune, à Laval, pour perruques et postiches, cheveux implantés sur gaze, etc.

M. Blum, tailleur à Laval, pour vêtements d'hommes bien confectionnés, à prix très-modérés.

*Mentions honorables.*

M<sup>me</sup> Vautier, de Rennes, pour deux corsets.

M^me Paumier, de Laval, pour un corset satin.

M. Dupuis, de Nantes, pour perruques et postiches implantés.

M. Bellanger, à Laval, pour une perruque.

M. Marchand, dentiste à Laval, pour dents artificielles et rateliers.

### 7^me Catégorie. — *Substances alimentaires.*

#### *Grande médaille d'argent.*

M. Pellier, du Mans, pour conserves alimentaires végétales et animales.

#### *Médaille d'argent. — MM.*

Fayon, à Rennes, pour pâtes à potages d'une très-bonne confection et qualité.

Gaillard, fabricant de chocolats à Nantes, pour ses divers produits en chocolat.

Combier-Destres, liquoriste à Saumur, pour ses liqueurs et sirops, imitation de Hollande et d'Italie.

#### *Médaille de bronze. — MM.*

Priou, chocolatier à Angers, pour ses produits.

Besnier, chocolatier au Mans, pour ses produits.

#### *Mentions honorables.*

M. Leconteur et Devilliers, à Rennes, pour conserves alimentaires.

M^me veuve Amouroux, propriétaire à Saumur, pour ses échantillons de vins de Champigny.

### 8^me Catégorie. — *Cires, bougies et huiles.*

#### *Médaille d'argent.*

M. Granger-Genesley, de Laval, pour cierges et bougies stéariques de sa fabrique.

#### *Médaille de bronze. — MM.*

Letarouilly, cirier à Rennes, pour cires et bougies.

Greslier, de Nantes, pour huiles épurées, graines et tourteaux de sa fabrique.

#### *Mentions honorables. — MM.*

Richard, cirier à Château-Gontier, pour cierges bien confectionnés.

Allard, cirier à Laval, pour cierges et bougies stéariques de sa fabrique.

Pellier, fabricant de chandelles à Laval, pour chandelles et bougies de sa fabrique.

9me Catégorie. — *Industries diverses.*

*Médailles d'argent.* — MM.

Lory Charles, naturaliste à Laval, pour une collection d'oiseaux et quadrupèdes empaillés.

Julien Jean, de Rennes, pour sa fabrication de jouets d'enfants.

Martinet, cordier à Château-Gontier, pour câbles en chanvre et aiton, et cordages sans bouts.

Renous, à la Flèche, pour fabrication de résine, essence de thérébentine et colophane.

Baligaud, amidonnier au Mans, pour sa fabrication de fécules et amidons.

Leclerc frères, à Fougères, pour les produits de leur verrerie.

Naboulet, à Sablé, pour sa fabrication de savons noirs et blancs à prix très-modérés.

*Médaille de bronze.*

M<sup>lles</sup> Sarrazin, à Laval, pour une corbeille de fleurs artificielles.

Cretal, fabricant de pipes à Rennes, pour ses pipes de divers modèles.

Les Trappistes du Port-du-Salut, à Entrammes, pour fromages fabriqués, imitation de Hollande.

Hureau, d'Angers, pour un sommier élastique d'une bonne fabrication.

*Mentions honorables.*

M<sup>lle</sup> Delisle, fleuriste à Laval, pour ses fleurs artificielles.

M<sup>lle</sup> Legrand, fleuriste à Laval, pour ses fleurs artificielles.

Deschamps, à Laval, pour vitrines d'oiseaux empaillés et autres objets d'art.

Lambert, couvreur à Mayenne, pour confection d'un lustre en ardoises découpées au marteau, d'un travail difficile.

Levêque, de Nantes, pour sa fabrication de pains d'autel.

Froger, de Laval, pour oiseaux empaillés.

Letessier Bazile, pour confection de paillassons en jonc du pays.

## Cinquième Section.

M. Jules Lefizelier, rapporteur.

*Beaux-Arts et industries qui s'y rattachent.*

Peinture et dessin. — Sculpture. — Architecture. — Arts céramiques. — Vitraux peints. — Lutherie. — Orfévrerie. — Marbrerie. — Dorures et encadrements.

Cette section comprend 100 exposants.

Quarante-six récompenses leur ont été décernées, savoir :

3 Vases de Sèvres.

3 Médailles d'argent, grand module.

16　　　id.　　　petit module.

7 Médailles de bronze.

14 Mentions honorables et citations favorables.

Le jury de la cinquième section a classé et récompensé les objets exposés, ainsi qu'il suit :

### 1re CLASSE. — *Peinture et dessin.*

*Deux grandes récompenses hors ligne* (deux vases de Sèvres).

M. Charles Landelle, peintre à Paris, né à Laval.

M. Louis Coignard, peintre à Paris, né à Mayenne.

### § Ier. — *Peinture d'histoire et de genre.*

#### *Médaille d'or.*

M. H. Beauvais, peintre à Paris, né à Laval, pour ses dessins représentant la vie de saint Bernard, et ses tableaux.

#### *Médailles d'argent.* — MM

Lucien de Latouche, né à Mayenne, pour ses tableaux.

d'Arcy, de Rennes, pour ses aquarelles et ses tableaux.

Mme d'Amsinck, de Rennes, pour ses tableaux.

M. Monanteuil, peintre au Mans, id.

#### *Mention honorable.*

M. Deutch, de La Flèche (Sarthe), id.

M. Félix Jobbé-Duval, n'appartenant point à l'un des cinq départements associés, ne peut concourir. Le jury exprime le regret de ne pouvoir récompenser ce peintre pour son tableau de l'hiver.

### § II. — *Portrait.*

#### *Médailles d'argent.*

Mme Rose de Léon, de Rennes.

M. Jules Planchet, de Rennes.

#### *Mentions honorables.* — MM.

Mussard, à Rennes.

Briant, peintre à Rennes.

Mlle Estelle de Barescut, peintre à Laval.

( 219 )
*Citation favorable.*

M. Cochon, à Mayenne.

### § III. — *Paysage.*

*Médailles d'argent. — MM.*

Jules d'Evry, à Changé près Laval, pour ses tableaux.
Messager, professeur de dessin à Laval, pour ses tableaux et ses dessins.

*Mention honorable.*

M. Aristide Paillard, à Rennes.
Le jury exprime le regret que M. Edmond Castan, par les mêmes motifs que M. Jobbé-Duval, n'ait pu prendre part aux concours.

### § IV· — *Peinture et dessin d'ornementation. Nature morte. Fleurs, etc.*

*Médaille d'argent.*

Chomereau, professeur de dessin à Laval, pour ses dessins de brevets de la Société, des chars de la cavalcade de charité, etc.

*Médaille de bronze.*

M. Lachaise, à La Flèche (Sarthe).

*Mentions honorables.*

Mme Belœuf, de La Flèche (Sarthe), pour ses fleurs.
M. Dugasseau, du Mans, pour sa nature morte.

*Citation favorable.*

M. Sigoigne, peintre décorateur à Laval, pour son vase de fleurs et de fruits.
Le jury regrette que M. Jobbé-Duval (Auguste), qui se trouve dans les mêmes conditions que M. Félix Jobbé-Duval, n'ait pu prendre part au concours.

### 2me CLASSE. — *Sculpture.*

*Médaille d'or.*

M. Barré, de Rennes.

*Médaille d'argent.*

M. Gourdel, de Rennes.

*Mentions honorables.* — MM.

Edouard Leclerc, de Laval, pour ses animaux en plâtre et en terre.

Gourdier, vicaire à Méral, pour un Christ en bois sculpté.

### Sculpture ornementale.
### Médaille d'argent.

M. Deschamps, sculpteur à Laval, pour son autel du XIIIe siècle.

Rappel de la médaille d'argent décernée à M. Chomereau, pour son modèle en cire d'un coffret à bijoux.

### Mentions honorables. — MM.

Gomelet, de Vitré, pour chandelier pascal en bois sculpté.

Groussard, de Montaudin (Mayenne), pour reliquaire en bois sculpté.

### 3me CLASSE. — Architecture.

Le jury regrette qu'aucun plan d'architecture n'ait été soumis à son examen, mais il accorde un *vase de Sèvres*, comme récompense extraordinaire, à M. Renous, architecte à Laval, pour la construction des galeries de l'exposition.

### 4e CLASSE. — Vitraux peints.
### Grande médaille d'argent.

M. Fialeix, du Mans.

### Médaille d'argent.

M. Thierry, d'Angers.

### 5me CLASSE. — Arts céramiques.
### Médaille de bronze.

M. Del Pino, à la Croix de Pierre, près Laval, pour ses vases d'ornement et sa poterie vernie.

Rappel de la médaille de bronze décernée par la 3me section à M. Viot, des Agêts (Mayenne), pour ses vases et ses statues de jardin.

### 6me CLASSE. — Industries se rattachant aux beaux-arts.
### § 1er. — Orfèvrerie.
### Médaille d'argent.

M. Charles Guérin, orfèvre-joaillier à Laval.

### § II. — *Lutherie.*

#### *Grande médaille d'argent.*

MM. Bachmann, facteurs à Angers et à Tours, pour leurs pianos à double table d'harmonie métallique.

#### *Médaille d'argent.*

M. Charles Gand, luthier à Laval, pour son orgue à cinq jeux.

#### *Médaille de bronze.*

MM. Bresseau et Gilet, facteurs à Angers, pour leur piano transpositeur.

#### *Mention honorable.*

M. Bonnel, de Rennes, pour ses instruments à cordes.

### § III. — *Marbrerie.*

#### *Médaille d'or.*

MM. Landeau, Noyer et Cie, de Sablé, pour leur exploitation des marbres de la Mayenne.

#### *Grande médaille d'argent.*

Mme veuve Henry, à Laval, pour sa cheminée en marbre blanc et son exploitation des marbres de la Mayenne.

#### *Médaille d'argent.*

M. Henri Bouhours, marbrier à Laval, pour sa cheminée en marbre de Louverné.

#### *Médaille de bronze.*

M. Poirier-Gandon, marbrier au Mans, pour sa cheminée en marbre blanc.

#### *Mention honorable.*

M. Croissant, marbrier à Laval.

### § IV. — *Encadrements.*

#### *Médaille d'argent.*

M. Ottoz, de Rennes.

#### *Médailles de bronze. — MM.*

Jouannin jeune, à Rennes.
Croissant, } doreurs à Laval.
Pepin, }

Certifié conforme :

Jules LEFIZELIER.

*M. Caillaux, rapporteur de la 3ᵉ section, s'est ensuite levé et a prononcé les paroles suivantes :*

Messieurs ,

« Vous venez d'entendre proclamer les noms des exposants qui, dans chaque section, ont été jugés dignes d'être récompensés ou honorablement mentionnés.

« En terminant son travail, après avoir constaté le succès obtenu malgré les difficultés d'un premier essai, le jury n'a pas voulu se séparer sans offrir ses remerciements vifs et sincères au président et au secrétaire de la Société de l'Industrie. — Il a voulu que ces remerciements soient publics, et il m'a chargé de les exprimer devant vous dans cette séance solennelle.

« Déjà, Messieurs, vous avez su faire la part de chacun dans cette nouvelle entreprise, dont les résultats, si heureux aujourd'hui, seront si féconds dans l'avenir. Vous savez qu'après avoir eu la première idée de cette exposition, M. Chamaret, secrétaire de la Société, en a poursuivi la réalisation avec un zèle infatigable, et que M. Des Cepeaux, président, a fait tous ses efforts pour en assurer le succès, et a puissamment contribué à l'obtenir.

« Remercions-les d'avoir créé un nouveau stimulant pour l'industrie, d'avoir eu l'idée d'honorer solennellement, de récompenser, d'encourager le travail, et d'avoir su la mettre à exécution.

« Les hommes qui, comme eux, sans autre ambition que celle de faire le bien, emploient au service de leur pays leur temps et leur intelligence, méritent l'estime, la reconnaissance de tous. »

---

Des applaudissements reitérés et bien vifs ont accueilli surtout les hommes dont la mise n'indiquait pas une grande aisance de fortune.

L'enthousiasme a éclaté quand on a entendu appeler pour une médaille d'or M. Hippolyte Beauvais.

Nous devons le constater ici, parce que c'est la vérité, la clôture de l'Exposition de l'Industrie de la Mayenne a laissé dans bien des cœurs une tristesse qui prend sa source dans la désunion trop malheureusement réelle entre des hommes qui nous semblaient franchement unis depuis un mois et se donnaient la main de bon cœur dans l'intérêt de notre cité. Les voilà aujourd'hui séparés, grâce à la politique. Hier, les bals, les concerts, la joie publique ; demain, les colères et la bataille dont le peuple paiera tous les frais. Et c'est là ce qu'on appelle du patriotisme !

# ÉPILOGUE.

L'industrie et le commerce ont été, pour plusieurs peuples, l'unique source de leurs richesses, de leur puissance et de leur gloire. « Tyr, a écrit le prophète Ezéchiel, est un vaisseau su - « perbe. Son corps est fait du bois précieux des sapins de Sanir ; « les cèdres du Liban lui ont fourni ses mâts ; ses rames sont « coupées dans les forêts du Basan : l'ivoire des Indes est employé « pour servir de bancs à ses rameurs ; ses voiles sont de fin lin « d'Egypte et tissues en broderies, et son pavillon est d'hyacinthe « et de pourpre. » « Tyr, ajoute Isaïe, est la ville commune « de toutes les nations, et comme le centre de tout le com- « merce. C'est la reine des villes, dont les marchands sont des « princes qui ont pour négociants les personnes les plus illustres. » A qui cette ville doit-elle sa renommée ? à l'industrie, au commerce !

Un jour, un grand conquérant s'arrêta devant elle. Il la jugea digne de la cupidité et de la débauche de ses soldats, et Tyr fut ravagée, détruite ; ses habitants furent dispersés. Une partie d'entr'eux se refugia sur le rivage de l'Afrique. Là, mettant à profit leur science et leur activité commerciales, ces émigrés négociants fondèrent une ville qui devint à son tour célèbre, et vit, dans la suite, se mouvoir dans son sein une population de plus de sept cent mille âmes : c'était Carthage.

L'étendue du commerce de cette ville y accumula d'immenses richesses, dont, hélas ! elle ne sut pas profiter avec sa sagesse accoutumée. Au lieu de marchandises, elle remplit ses vaisseaux d'instruments de guerre, lutta contre Rome et fut vaincue ; mais elle ne succomba qu'à la suite de la décision prise par le Sénat romain qui, pour obtenir sa chute, donna à ses généraux l'ordre de leur enlever ses moyens de commerce.

Sur le même rivage de l'Afrique, la gloire d'une autre ville resplendit de l'éclat de tous les feux du soleil de la vieille terre des Pharaons. On nommait cette ville Alexandrie. Le commerce en fit une reine d'Orient, devant laquelle s'effacèrent Tyr et Carthage.

A l'extrémité du rivage opposé, parmi les brumes dorées où l'astre du jour semblait, pour les Orientaux, s'envelopper, avant

son sommeil , d'une immense couche de parfum , s'élevait une
cité dont Rome avait brigué l'alliance. Quelle était cette ville?
MARSEILLE , Marseille , l'arbitre des peuples qui l'avoisinent , et
que son négoce attirait dans ses murs pour y apprendre les arts et
l'urbanité des mœurs polies de la Grèce.

Suivant plusieurs auteurs , LYON a vu s'assembler dans son sein
jusqu'à soixante nations pour y traiter de leur commerce ; et c'est
le commerce qui a fait de cette vieille cité des Gaules la première
ville de France après la capitale.

VENISE atteignit le comble de la prospérité et de la gloire.
Quelle en fut l'origine et la cause progressive et conservatrice? Son
commerce , qui lui permit d'entreprendre même des conquêtes , et
dont la diminution fut le terme fatal de sa puissance.

C'est par le commerce aussi que GÊNES devint la rivale de Venise
et lui disputa l'empire de la mer.

Sortie du milieu des eaux , LA NATION HOLLANDAISE a été créée
par le commerce, qui a servi de premier et de plus solide fondement à sa puissance.

L'ANGLETERRE a pris pour domaine toutes les mers. Ennemie de
tous les peuples, une haine immense la suit d'un pôle à l'autre.
Mais elle se rit des haines nationales. Son commerce lui ouvre
tous les ports, la conduit sur tous les fleuves, lui fait parcourir tous
les Etats, et, sous l'égide du négoce, elle demeure et demeurera
redoutable aux autres nations, jusqu'au moment où, comme à l'é-
gard de Carthage , on aura réussi à lui enlever les moyens et les
ressources de son commerce.

La France, sous Charles VII, était épuisée par de longues guerres. Le roi, pour faire face aux dangers , eut recours au fils d'un
simple marchand de Bruges, renommé pour ses richesse légitime-
ment acquises. Il l'appela à sa cour, en fit son ministre, et JACQUES
CŒUR trouva des ressources pour rétablir le royaume dans un état
prospère, et conseiller la conquête de la Normandie dont lui seul
fit presque tous les frais.

De nos jours, lorsque la Grèce agita ses chaînes pour en frapper
la tête de ses oppresseurs, n'est-ce pas l'île d'HYDRA , *la plus pauvre en sol, mais la plus florissante en trafic et en richesses
qui créa, à elle seule, et par les dons gratuits de ses citoyens,*
une flotte capable de repousser celle de l'empire ottoman, et qui,
en effet, purgea les mers des vaisseaux ennemis? *(Lamartine.)*

Que dirai-je maintenant de la noble cité dont nous sommes les enfants, de LAVAL! C'était, je l'ai dit ailleurs, une belle perle enchâssée dans la couronne de France. La gloire des armes et du négoce a couvert de lauriers toutes les pages de son histoire.

Fils de pères valeureux qui aimaient leurs princes comme ils en étaient aimés, nous devons à leur mémoire un culte pieux, un culte saint, que réclame de notre reconnaissance et de notre respect ce fier blason des GUY, D'OR A LA CROIX DE GUEULE, CHARGÉE DE CINQ COQUILLES D'ARGENT, CANTONNÉES DE SEIZE AIGLERIONS D'AZUR.

A l'origine de la maison de Laval, ces armoiries se composaient simplement *de quatre aiglerions d'azur sur fond d'or*. Mais, sous le règne de Louis-le-Débonnaire, Lothaire, son fils, roi d'Italie, ayant demandé à son père des secours contre l'empereur d'Orient, avec lequel il était en guerre pour quelques places de la Sclavonie, Guy de Laval fut envoyé à ce prince à la tête d'un corps d'armée, et s'empara, dans une bataille navale, des enseignes de l'empereur de Constantinople. En récompense de cette éclatante action, les armes de Guy furent doublées, les aiglerions portés à huit, et enrichis d'une croix de gueule sur le fond d'or.

Plus tard, les Bretons s'étant soulevés contre la couronne de France, le roi chargea Guy de Laval de les en punir. Notre prince leur livra bataille, tua Homard de Léon leur chef, et apporta, en signe de sujétion, à Louis-le-Débonnaire, les enseignes des huit principaux barons de Bretagne. C'est pour ce suprême fait d'armes que Louis-le-Débonnaire ordonna que les huit aiglerions des armoiries de Laval seraient doublés de nouveau, portés à seize, et que la croix de gueule serait chargée de cinq coquilles d'argent telles que les portaient en leurs armes lesdits barons Bretons.

Le Léopard, que l'on considère plus particulièrement comme les armes de notre ville, est de date moins ancienne. Il remonte à l'époque où Guillaume-le-Conquérant enleva à Hérard la couronne d'Angleterre. Les seigneurs de Laval, avec leurs hommes, l'avaient accompagné dans son expédition. Une bataille sanglante fut livrée le 14 octobre 1066. Vingt mille hommes de l'armée d'Hérard restèrent sur le terrain, et, en reconnaissance des hauts faits de Hamon et de ses frères, Guillaume proposa d'unir sa maison à celle de Laval par Mariage avec Denise de Mortain, sa nièce, fille de Robert, duc de Normandie. L'alliance eut lieu, et, en considération de ce mariage, Guillaume donna à Guy de Laval le tiers de ses armes, le léopard d'or en champ de gueule lampassé d'azur, dont se servirent les seigneurs de Laval jusqu'au temps de Guy VII. Depuis il servit d'armoiries à la ville de Laval.

L'an 1112, Henri 1er, roi d'Angleterre, ravageait la province de l'Anjou. Guy IVe, fils de Guy III et de Denise de Mortain, s'empressa, de concert avec Gaultier de Mayenne, Liziard de Sablé et Robert de Sillé, de porter secours à Foulques et à ses Angevins. Il avait amené, rapportent Bordigué et Hiret dans leurs Antiquités de l'Anjou, bon nombre d'hommes à pied et à cheval. Une bataille fut livrée près la ville de Séez. Guy de Laval conduisait le quatrième corps d'armée. Semblable à un lion se précipitant au milieu d'un troupeau, il fit un immense ravage dans les rangs anglais, et accéléra avec les siens la déroute complète des ennemis.

Au temps des croisades, les Guy de Laval et nos pères s'armèrent pour la défense de la terre sainte contre les Mahométans. Quelques-uns d'eux furent assez heureux pour contempler dans Jérusalem le triomphe de la croix. Au retour de nos croisés, un des fils de la maison de Laval, Guy IV, fils de Guy III et de Denise de Mortain, alla s'agenouiller aux pieds du Souverain-Pontife Pascal II, duquel il obtint que tous les aînés de sa maison, qui seraient seigneurs de Laval, porteraient le nom de Guy, ainsi qu'il est rapporté par Claude Robert *in Galliâ Christianâ*, dans l'éloge de Pierre de Laval, archevêque de Reims.

Le P. de Cueilly ajoute que le pape Urbain II accorda à la maison de Laval, un droit de substitution (à défaut de descendance mâle) pour tous les successeurs en icelle, qui seraient tenus de prendre le nom de Guy et de porter les armes de Laval, et que ce droit fut confirmé par le roi de France. *(Bonrjolly.)*

Les Guy de Laval étaient partout renommés pour leur bravoure et leur loyauté. Dans le poème du P. Lemoyne, jésuite, écrit en l'honneur de la Sainte Couronne recouvrée et du voyage de saint Louis en Palestine, on trouve ces vers (liv. 1er, p. 72) :

> De quatre vaisseaux plats l'oriflamme escortée,
> A force d'avirons, à la rive est portée.
> Angenès et LAVAL font leur premier effort,
> Et suivent les premiers l'étendard sur le bord.
> Après eux, Aprémont, Sainte-Maure et Joinville,
> De leurs bandes suivis, arrivent à la file.

Et au livre 7e, p. 135 :

> Quatrième est LAVAL, dont le cœur, haut et fier,
> S'exprime en son blason, s'élève en son cimier.
> La guerrière lueur que jette sa cuirasse
> Semble se réfléchir au feu de son audace;

Et de Guy, son ayeul, les célèbres combats
Sont en or sur sa tête, en acier sur son bras.
De ces quatre seigneurs l'oriflamme escortée,
Et sur un char de pourpre et de terreur portée,
Marche devant Louis, suivi de maints barons,
Brillants depuis l'armet jusques aux éperons.

Dans la maison de Laval, la fidélité était non moins héréditaire que la valeur.

A cette triste époque de notre histoire où Philippe de Navarre et Géoffroy d'Harcourt, le fameux traître pardonné, reconnaissent le roi d'Angleterre pour roi de France et jurent, en soulevant la Normandie, de le seconder dans la conquête de ce royaume, Jean II convoqua tous les barons, seigneurs, gentilhommes et chevaliers restés fidèles à l'honneur de leur pays. Il leur donne rendez-vous sur les marches de Blois et de Tours. Toute la fleur de la France se rendit à l'appel du roi. Cette armée était impatiente d'en venir aux mains avec l'armée anglaise, dirigée par le prince Noir. La rencontre eut lieu le 19 septembre 1356, et le combat prit le nom de *bataille de Poitiers*. Cette bataille couvrit la France de deuil, car, les troupes du Dauphin s'étant débandées et celles du duc d'Orléans ayant pris lâchement la fuite avec leur chef, il ne resta sur le champ de bataille que la division commandée par le roi. Celui-ci, faisant serrer les rangs, marche aux Anglais. Il se faisait remarquer au milieu des siens par sa haute taille, son air martial et les fleurs de lys d'or semées sur sa cotte d'armes : il était à pied, comme le reste de ses chevaliers, et tenait à la main une hache à deux tranchants, armes des vieux Francs. A ses côtés était son fils, le jeune Philippe, à peine âgé de 14 ans, comme le lionceau auprès du lion.

Les chevaliers français des diverses provinces, rangés avec leurs écuyers autour des bannières de leurs suzerains, combattaient tantôt par pelotons séparés, tantôt mêlés et confondus. Déjà les plus braves avaient été tués ; le bruit diminuait sur le champ de bataille ; les rangs s'éclaircissaient à vue d'œil ; les chevaliers tombaient les uns après les autres comme une forêt dont on coupe les grands arbres. Charny, haussant l'oriflamme, luttait contre une foule d'ennemis qui la lui voulaient arracher. Jean, la tête nue, blessé deux fois au visage, présentait son front à l'ennemi. Etendu aux pieds du roi, Charny serrait dans ses bras, raidis par la mort, l'oriflamme qu'il n'avait pas abandonnée : il n'y avait plus que les fleurs de lys debout sur le champ de bataille : la France toute entière n'était plus que dans son roi. Jean, tenant sa hache des deux mains, défendant sa patrie, son fils, sa couronne et l'oriflamme, immolait quiconque osait l'approcher. Il n'avait autour de lui que quelques chevaliers, abattus et percés de coups, qui se ranimaient dans la poussière à la voix de leur souverain, faisaient un dernier effort et retombaient pour ne plus se relever.

L'histoire a conservé les noms des chevaliers qui environnaient le roi : c'étaient Jacques de Bourbon, Pierre de Bourbon, les deux princes d'Artois, les SIRES DE LAVAL, etc. (CHATEAUBRIAND, *Etudes historiques.*) (Thibaut de Laval, frère de Guy IX, était parmi les morts.)

Nous ne pouvons relater ici tous les faits qui ont trait à la gloire de notre pays. Nous ne devons pas oublier néanmoins cette preuve de reconnaissance, d'attachement et de confiance que nos aïeux témoignèrent à l'illustre maison des Guy en mettant le jeune André de Laval, à peine âgé de 12 ans, à la tête des hommes d'armes de notre ville et de celle de Vitré, pour aller combattre les Anglais qui ravageaient notre pays.

Ce très-jeune André de Laval était bien digne des héros qu'il commandait ; il gagna ses éperons à la bataille de La Gravelle (1424] dont nous donnons ici le récit.

Pendant les beaux jours de l'été, le seigneur de la Pouille, frère de Suffolck, parti de Normandie avec 2,500 combattants, courait les contrée du Maine et de l'Anjou, laissant partout des traces de son passage. Il s'en revenait de Segré avec grand nombre de prisonniers et un butin de dix à douze mille bœufs, vaches et moutons, se dirigeant du côté de La Gravelle. Le jeune André, suivi des seigneurs Ambroise de Loré, Jean de la Haie et Louis de Tromargon, alla à leur poursuite. Les Anglais, les voyant venir avec leurs troupes, se hâtèrent d'entourer leur camp de pieux ferrés, afin qu'ils ne pussent les attaquer de *prime face*. Cette barrière arrêta un moment nos nos gens de guerre ; beaucoup s'y blessèrent grièvement ainsi que les chevaux ; mais enfin elle fut rompue et le front de bataille des ennemis aussitôt entamé et renversé. Quatorze cents Anglais restèrent sur la place ;

« Anglorum pullos contrivit libra Gravella. »

tous les autres furent faits prisonniers, leurs ôtages délivrés, et leur immense butin devint le partage des vainqueurs.

Après la bataille, dit Charles Marest, le comte d'Aumale créa chevalier le jeune André de Laval, et lui ceignit l'épée du connétable Duguesclin, en lui disant : « *Dieu te fasse aussi vaillant « que celui qui la portait.* »

Dans la nuit du 8 au 9 mars 1427, les Anglais, après la prise du Mans, où ils avaient lâchement fait décapiter tous ses défenseurs, vinrent mettre le siége devant Laval, alors protégée par une faible garnison à la tête de laquelle étaient des femmes (1) et deux jeunes orphelins. La ville, toutefois, n'était pas facile à prendre d'assaut, car les guerriers qu'elle renfermait étaient intrépides et avaient à venger sur les Anglais bien des atrocités commises pendant cette guerre et les précédentes. Talbot, un des plus célèbres capitaines de

(1) Ces deux femmes étaient :

Jeanne de Laval, veuve en premières noces du connétable Duguesclin, en secondes noces de Guy XII qui, veuf lui-même en première noces de Louise de Châteaubriant, était décédé le 25 avril 1412, âgé de 80 ans.

De leur mariage étaient nés :

1° Louis de Laval, mort en bas âge.

2° Guy de Laval, comte de Gavres. C'est ce jeune seigneur qui, en jouant à la paume avec des jeunes gentilshommes de son âge, tomba dans le puits du bas de la Grande-Rue ou celui du Val de Maine. Son corps a été déposé dans un tombeau placé sous le grand autel des Cordeliers.

3° Et Anne de Laval, qui épousa, dans la ville de Vitré, le 14 janvier 1404, Jean de Montfort, son cousin au troisième degré.

Par son alliance avec Anne de Laval, Jean de Monfort prit le nom de Guy XIII.

Une trève étant survenue entre les deux couronnes de France et d'Angleterre, ce prince en profita pour aller visiter les saints-lieux. En s'en revenant, il fut atteint à Rhodes d'une maladie contagieuse, fit son testament dans une vigne située près de la ville, le 9 août 1414, le signa avec Jean Ouvrouin, seigneur de Poligné, Bertrand de Parthenay, Alain de la Haye, Jean de Brouassin et autres témoins.

Du mariage de Guy XIII et de Anne de Laval étaient issus :

1° Guy de Laval, seigneur de Gavres, fiancé à Marguerite de Bretagne, fille puinée du duc de Bretagne et de Jeanne de France. Dans le contrat de mariage, rédigé en octobre 1419, il avait été stipulé qu'au cas où Marguerite viendrait à mourir, Guy épouserait Isabeau, fille aînée du duc; comme aussi, en cas de mort de Guy, son frère puiné épouserait Marguerite ou Isabeau. Mais, attendu leur jeune âge, et pour la sûreté du fait, Guy de Laval fut remis entre les mains du duc de Bretagne, pour être élevé à la cour de son beau-père où sa mère l'entretenait noblement; et Marguerite remise au pouvoir des dames de Laval. Cette jeune princesse mourut à Vitré en 1426.

2° André de Laval, seigneur de Lohéac.

3° Louis de Laval, seigneur de Châtillon en Vendelais. Ces deux princes furent, par Louis, faits chevaliers lors de l'institution de l'ordre de Saint-Michel.

4° Jeanne de Laval, qui épousa, en 1424, Louis de Bourbon, comte de Vendôme, frère puiné de Charlotte de Bourbon, reine de Chypre, prince du sang, grand-maître d'hôtel de France. De ce mariage naquit Charles de Bourbon, premier duc de Vendôme, qui épousa Marguerite d'Alençon, d'où sortirent 1° Antoine de Bourbon, second duc de Vendôme, époux de Jeanne d'Albret, reine de Navarre, mère d'Henri IV; 2° et Louis de Bourbon, prince de Condé, tué à la bataille de Jarnac; d'où la branche des Condé.

5° Et Catherine de Laval, dame de Chauvigny et de Châteauroux.

l'armée ennemie, attendit qu'une nuit vint favoriser ses projets. Sa troupe, silencieusement embusquée derrière le vallon de la Perrine, arrive à pas de loup près d'une petite porte située au haut des Éperons (1) et qu'elle savait n'être défendue que par un petit nombre d'hommes, plongés en partie dans le sommeil. Les Anglais l'escaladent sans peine, et, par la rue des chevaux, pénètrent jusqu'au centre de la ville. Ils firent prisonniers le jeune André de Lohéac, seigneur de Laval, « outre, dit l'historien Gilles, qu'ils « amassèrent un grand butin en trésors en en chevaux. »

Le château de Laval, que défendait une garnison, tint encore pendant six jours et ne se rendit que le 15 mars. La capitulation portait que Jean de La Chapelle et Jean Desvaux, chevaliers, capitaines de la garnison et procureurs des dames de Laval, remettraient entre les mains de Talbot l'aîné, *gouverneur de l'Anjou et du maine pour monseigneur de Bedfort, régent du royaume de France*, le château de Laval, l'artillerie et les munitions qu'il renfermait; que les capitaines, gentilshommes et soldats de la garnison auraient la vie sauve, mais ne conserveraient que leurs habits et leurs épées; que les dames de Laval paieraient, pour la rançon d'André de Lohéac, vingt-cinq mille écus, pour celle de la garnison, seize mille. Pour faire face à ces obligations, Jeanne de Laval se vit contrainte de vendre sa terre de Savenières et d'engager une couronne d'or enrichie de pierreries qu'elle ne put, que l'année suivante, retirer des mains du général anglais.

Le 23 juillet, une trève fut conclue entre lord Talbot et les dames de Laval, attendu leur viduité et la minorité de leurs enfants. Le général anglais désirait vivement cette trève, parce que le seigneur de Lohéac, alors à l'abri de ses griffes, se montrait soutenu par Arthur de Bretagne, connétable de France et gouverneur du Maine pour le roi Charles VII.

Le siége d'Orléans occupait alors tous les esprits. Malgré leur détresse, les dames de Laval avisèrent au moyen d'envoyer des secours au roi. Elles levèrent à leurs frais de belles troupes dont elles donnèrent le commandement à Guy de Laval-Montmorency, seigneur de Montjean, leur cousin.

Les capitaines et officiers que ces dames lui adjoignirent et auxquels elles confièrent leurs enfants, le seigneur de Gavres, Guy de

---

(1) Elle se trouvait entre deux tours qui ont été détruites, il y a cinq à six ans, au moment du tracé de la rue qui va de celle des Chevaux à la place de Hercé.

Laval et André de Lohéac, étaient les sieurs de La Jaillès, de La Chapelle , d'Arquenay. de Vassé, Despeaux, Le Cornu , de Montbourchie, de Brée, Desvaux., de Sévigné , de La Fraiselière, de La Boissière , de Quatrebarbes, du Bouchet , de Feschal , du Parc, d'Anthenaise, d'Avangour, de Fontenailles, de Viliers , d'Averton, d'Orange, de La Croix , de Saint-Aignan , Lenfant , etc. Ils rejoignirent le roi en la ville de Selles, dans le Berry.

Le jeune Guy de Laval se montra , au milieu de tous les hommes illustres de cette époque ; digne de son rang et des hauts faits de ses ancêtres.

Dans une lettre que Bourjolly annonce être rapportée en entier dans les Mélanges historiques du P. Labbé , jésuite , ce jeune prince écrivait à sa mère , à la date du 8 juin 1429, « qu'en passant à
« Loches, il était allé saluer Mgr le Dauphin , âgé d'environ 7 ans;
« qu'étant ensuite parvenu à Saint-Aignan , où se trouvait le roi,
« celui-ci, instruit de l'arrivée du seigneur de Laval et de ses
« troupes par le seigneur de Montjean , son oncle , il lui avait fait
« mander d'aller au plus tôt vers lui. Ce qu'ayant fait sans délai,
« le roi lui fit bonne chère , dit quantité de bonnes paroles et con-
« versa avec lui très-agréablement , lui disant qu'il était venu à
« son besoin sans être mandé, ce dont il lui savait le meilleur gré.
« *Le jeune prince ajoute* qu'il apprit par M. de Trèves que de-
« puis sept ans le roi n'avait paru si joyeux , ni fait si bonne chère
« à personne comme à lui et à son frère ; que, le lendemain lundi,
« il était allé à Selles, où le roi fit appeler la Pucelle pour la lui
« faire voir, laquelle lui fit bonne chère ainsi qu'à son frère. Elle
« était , dit-il, armée de toutes pièces, sauf la tête, avec une lance
« à la main. Le duc d'Alençon, continue-t-il, est arrivé avec grosse
« compagnie; il lui a gagné à la paume une haquenée. Son frère
« de Chauvigny lui a écrit pour lui faire savoir qu'il a mandé aux
« nobles de ses terres de le venir trouver pour augmenter sa com-
« pagnie. Son cousin de Rais, Gilles de Laval , doit arriver le mer-
« credi pour joindre ses troupes aux siennes. La Pucelle m'a dit
« en son logis, comme je la suis allé y voir, que trois jours avant
« mon arrivée elle avait envoyé à vous, mon ayeule, un bien petit
« anneau d'or ; mais que cestoit bien petite chose, et qu'elle vous
« eust volontiers envoyé mieux , considéré votre recommandation.
« Cejourd'huy, M. d'Alençon, le bastard d'Orléans, et Gaucourt
« doivent partir de ce lieu de Selles, et aller après la Pucelle ; et
« avez fait bailler je ne scay quelles lettres à mon cousin de La

( 232 )

« Tremoille et sieur de Trèves par occasion, desquelles le roy s'ef-
« force de me vouloir retenir avec lui jusques à ce que la Pucelle
« ait esté devant les places angleiches d'environ Orléans, où l'on
« va mettre le siège, et est desjà l'artillerie parvenuë ; et ne s'es-
« moyd (s'inquiète) point la Pucelle qu'elle ne soit tantost avec
« le roy, disant que, lorsqu'il prendra son chemin à tirer avant
« vers Rheins, que je irois avec lui ; mais jà Dieu ne veuille que je
« ne le face et que je ne aille ; et entretant en dit mon frère ; et
« comme M. d'Alençon ce que abandonné ( je ne veux faire ) ; qui
« serait celui que demeureroit ? — Ce même jour sont arrivés le
« comte de Vendôme, son beau-frère, et MM. de Boussac et La Hire,
« qui s'est approché de *l'ost* ( armée ennemie ), preuve qu'on be-
« sognerait bientôt. Ses troupes sont en bon état, mais il n'y a
« solde à espérer, recommandant en terminant de ne point épar-
« gner sa terre par vente ou par gage ; qu'il avait, pour cette fin,
« laissé son sceau à Laval. »

Peu fidèles à exécuter les conditions de la trève à la suite de laquelle ils avaient quitté la ville de Laval, les Anglais s'en emparè-
rent de nouveau par surprise quelque temps avant la levée du siège
d'Orléans. Ils n'en furent pas long-temps les maîtres. Les seigneurs
du Homme, du Bouchet et Bertrand de la Ferrière réunirent secrètement environ trois cents hommes. Le meunier de Belaillé les aida
activement en cette occasion. Il leur fit passer la rivière pendant la
nuit. Comme son moulin ne pouvait contenir tous ces hommes
d'armes, il en fit cacher une partie dans les broussailles du côteau
situés en face du quai d'Avesnières. A un signal donné, au moment où les Anglais ouvrent les portes, nos braves s'élancent au
pas de course, renversent et foulent aux pieds ceux des Anglais qui
veulent les arrêter, font main-basse sur près de cinq cents d'entre
eux, et, pour purger plus promptement la ville de leur présence,
font sauter le reste par-dessus les murailles.

En commémoration de cette délivrance, arrivée le 25 septembre
1429 (1), jour de la fête de Saint-Firmin, on célébrait autrefois à
Laval, avec la plus grande pompe, la fête de ce saint. On en rappelait le souvenir par une procession solennelle, à laquelle assis-

---

(1) Vers anciens.

> Le vingt-cinquième de septembre,
> L'an mil quatre cent vingt-neuf,
> Fut pris Laval comme remembre
> Sur les Anglais entre huit et neuf.

taient le clergé de chaque paroisse, les religieux des différents ordres, suivis de la population presque entière de la ville.

Comme on vient de le voir, les Anglais, peu de temps avant la levée du siège d'Orléans, s'étaient emparés de nouveau et par surprise de la ville de Laval. Charles VII, à la voix de Jeanne d'Arc, marchait alors vers Reims pour s'y faire sacrer et couronner roi. Toutes les villes de la Champagne, par où devait passer le cortège du roi, étaient encore au pouvoir des ennemis. Mais la Pucelle était suivie du duc d'Alençon, lieutenant-général, de Charles de Bourbon, comte de Clermont, des comtes de Vendôme, de Boulogne, de Dunois, de l'amiral Culant, des maréchaux de Saint-Sévère, de Rais, des seigneurs de LAVAL, de LOHÉAC, de Sully, de CHAUVIGNY, de LA TREMOILLE, de Lahire, de Poton de Xaintrailles, et d'autres capitaines formant une armée de 12,000 hommes, hardis et résolus. Le roi arriva à Reims, et, à son sacre, créa plusieurs chevaliers, entre autres Jean d'Alençon et les seigneurs de Laval et de Lohéac.

Belleforest rapporte, écrit Bourjolly, que ce fut à ce sacre que le roi érigea en comté la seigneurie de Laval. Les lettres patentes de cette érection sont du 17 juillet 1429. Elles furent délivrées en considération des grands services rendus au roi et à l'Etat par les seigneurs de Laval, père et aïeul, qui ont levé des troupes à leurs dépens pour les besoins de la couronne de France, de la perte de plusieurs de leurs villes et châteaux, et de leur ville de Laval encore au pouvoir des Anglais, sans que la fidélité des habitants en fût aucunement ébranlée ; pour quoi le roi, par cette érection, leur octroyait les honneurs et prérogatives des anciens comtes de son royaume, pour jouir d'iceux Guy et ses successeurs comtes de Laval ; dont expédition fut délivrée en présence des princes, des seigneurs et des capitaines assistant à la cérémonie du sacre, et vérification faite ensuite en la cour du parlement, le 17 mai 1431.

ANDRÉ DE LOHÉAC, dont il est ici question, fut un des plus vaillants capitaines de son siècle. Ce fut pour payer sa rançon aux Anglais, après la prise de Laval, que le duc de Bretagne octroya la levée de cinq sous par fouage sur ses vassaux. Jeune, il fut un héros et prit part, sous JEANNE-D'ARC, à tous les sièges et aux plus célèbres combats de cette époque. Vieux, il fut encore un héros, et repoussa, avec JEANNE HACHETTE, le duc de Bourgogne et son armée au siège de Beauvais. Il avait été créé amiral et maréchal de France, et il chassa les Anglais de la Normandie et Dé la Guyenne.

L'histoire de la MAISON DE LA LAVAL est le magnifique résumé de toutes nos gloires nationales. LAVAL, c'est France et Bretagne, Angleterre et Palestine, Touraine, Champagne, Normandie, Guyenne et Picardie, Anjou et Sicile, Reims et Paris, Clisson et Duguesclin, Montfort, Montmorency, Latrémoille, Henri IV et Condé ! Est ce assez de gloire et d'illustration.

Mais, si LAVAL ceignit, avec l'héroïque orgueil d'une mère, le diadème étincelant des feux de la haste et de l'épée que ses enfants lui avaient préparé au milieu des combats, elle se para fièrement aussi le front de l'immortelle couronne de leur industrie qui fit resplendir la gloire de son nom de la France en Amérique, de l'Espagne jusqu'aux Indes.

Nul de nous aujourd'hui n'ignore à qui nous sommes redevables des merveilleuses richesses de notre industrie, dont nous jouissons avec bonheur, sans qu'aucun effort de notre part, néanmoins, vienne racheter à nos propres yeux et aux yeux de la postérité l'ingrat oubli dans lequel nous sommes tombés à l'égard de notre admirable BÉATRIX. En vain, la mémoire de notre bienfaitrice s'adresse-t-elle à notre esprit et à notre cœur, son nom même n'est pas inscrit sur une seule des plaques clouées au coin de la dernière de nos rues. La main éternellement bénie de cette femme a appelé pour des siècles sur notre ville les pluies d'or de l'Industrie ; elle a agrandi le cercle de la destinée de nos ouvriers, créé la classe aujourd'hui princière de nos commerçants, et fait reculer les bornes de notre horizon jusqu'à faire dire que le soleil ne se couchait plus sur les terres remplies de notre renommée industrielle ; et l'ombre de cette femme, sortie d'un caveau ignoré de l'ancienne abbaye de Clermont, se projette, semblable à un reproche, sur notre ville qui l'oublie sans remords, comme si elle n'était pour nous qu'une voyageuse égarée ! ! ;

BÉATRIX DM GAVRES, d'après nos chroniqueurs, devint l'épouse de Guy IX en 1290, en 1298, suivant l'art de vérifier les dates. Ce ne fut, du reste, qu'à cette dernière époque que cette princesse fit venir de Bruges des tisserands pour apprendre à nos pères le tissage de toile.

Cette nouvelle branche d'industrie remplaça dans nos contrées la fabrication des étoffes de laine et de la sergetterie, à laquelle on se livrait parmi nous depuis un temps fort reculé. Elle s'y développa d'une manière rapide, inspira le génie de nos ouvriers qui trouvèrent d'eux-mêmes le secret de blanchir la toile, découverte importante, que favorisèrent les seigneurs de Laval en donnant, pour le blanchissage des toiles, les prairies de leur domaine au-devant du château.

Bientôt le département de la Mayenne ressembla à une vaste manufacture. Hommes, femmes et enfants s'occupèrent à préparer le lin, à le filer et à le convertir en toiles. Des blanchisseries s'élevèrent de toutes parts. Une mer éblouissante de pièces de toile se déroula le long des rives de la Mayenne, sur les prés de Bootz, de la Maillarderie, de Hutin, de Ricordaine, de Peluau, de Longuemouille, du Pigeon, du Panlivard, du Frêne, de la Croix, de la Fournière, de la Chouannière, etc. Mais, parmi ces blanchisseries, la plus belle, la plus importante fut celle de la Mâzure, en la commune de Forcé, à environ 8 kilomètres de Laval. Elle effaça même toutes les autres blanchisseries de la France et de l'étranger. « Ce superbe établissement, dit l'*Annuaire du département de la Mayenne pour l'an XII*, « forme une espèce « de village dont il emploie tous les habitants.

« La nature et l'art semblent s'être réunis à la Mâzure pour y « présenter le spectacle le plus intéressant et le plus pittoresque.

« Une situation charmante, le jeu multiplié des machines, l'ac-« tivité d'une multitude d'ouvriers sans cesse occupés à la manu-« tention des toiles qui couvrent de vastes prairies dont l'œil a « peine à embrasser l'étendue, tout concourt à en former un ta-« bleau plein de mouvement, extrêmement varié et qu'on ne peut « se lasser d'admirer.

« Les moulins à battre les toiles y sont mis en mouvement par « les eaux d'un vaste étang et d'un réservoir créés à cet effet. « C'est à ce réservoir et à cet étang que cet établissement doit la « beauté et l'éclat de son blanc, les eaux s'y conservant toujours « de la plus grande limpidité.

« Les calandres (1) destinées à donner l'apprêt aux toiles, sont « mues par des chevaux et par un mécanisme assez ingénieux à « la Mazure, ainsi que dans toutes les autres blanchisseries. »

La beauté de l'apprêt et l'éclat du blanc de nos toiles les firent rechercher dans le commerce. Par une prédilection toute particu-lière, les négociants de l'intérieur et de l'étranger baptisèrent nos toiles du nom honorifique de LAVAL. Nos anciens dictionnaires du

---

(1) C'est à Tours qu'on a établi la première calandre importée d'Italie en France par un nommé Chomey, pour onder les moires, les tabis et les autres étoffes de soie.

commerce en font foi : on y trouve, à l'article *toiles*, la distinction des diverses sortes de toiles établie de cette manière : TOILES DE LAVAL, *toiles de Frises. toiles de Hollande, toiles batistes, toiles d'Ortie, toiles de Soige, toiles à embourrer, toiles à emballer, toiles de coton, toiles peintes et toiles cirées.*

La toile cirée se fabriquait particulièremeut à Paris et à Rouen.

Les toiles de coton et toiles peintes étaient apportées en France des pays orientaux.

Les toiles d'emballage étaient faites d'étoupes de chanvre et fabriquées en Picardie, surtout aux environ d'Abbeville et d'Amiens.

Les toiles dites de Soige étaient d'une soie très-claire, dont les femmes se faisaient autrefois des mouchoirs de cou.

Les toiles d'Ortie étaient faites de la filasse qui se tire de cette plante (1) ; leur couleur était grisâtre et jaune. Les dames s'en servaient pour leurs cornettes.

Les toiles batistes se fabriquaient à Cambray et dans les environs ; elles se faisaient remarquer par leur finesse.

Les toiles de Hollande étaient plus fines encore que les batistes de Cambray.

Aucune de ces toiles, toutefois, n'a été distinguée dans le commerce par le nom de la ville où elle était fabriquée. Cet honneur fut réservé à la ville de Laval seulement. Pourquoi cette distinction ? Parce que l'ouvrage de nos tisserands attira, par la bonté du tissage, la beauté de l'apprêt et l'éclat du blanc, les regards du monde commercial qui en fut pour ainsi dire ému comme à l'aspect d'une révolution dans l'art de la fabrication.

Les toiles de Laval étaient de trois sortes, *fines, moyennes* et *grosses.* Les pièces mesuraient de cent à cent trente aunes. Dans la suite, on les distingua par la laise : *grande laise ; haute et moyenne laise, basse laise et laisot.*

La renommée de la fabrique de Laval attira bientôt dans cette ville une infinité de commerçants de Nantes, de Bordeaux de Lyon, etc. Les villes de Troyes et de Senlis trouvèrent surtout dans ses produits la source alimentaire de leurs propres richesses,

---

(1) L'ortie qui fournit de la filasse propre à faire de la toile est l'ortie commune ; elle pousse ses tiges à la hauteur de trois pieds, garnies de feuilles opposées régulièrement deux à deux, larges à leur base, finissant en pointes, dentelées et couvertes d'une espèce de duvet très-piquant. Cette sorte d'ortie se *rouit* et se *brise* comme le chanvre, et sa filasse se peigne, se file et se tisse de même.

car les Troyens achetaient nos toiles écrues, les blanchissaient, les coupaient par pièces de quinze à vingt aunes. Ils roulaient les fines en bâton sous enveloppe de papier brun comme les demi-hollandes, pliaient à plat les moins fines enveloppées d'un papier gris appelé papier à patron, et les livraient de nouveau au commerce sous le nom de *toiles de Troie*.

Les commerçants de Senlis réduisaient également les toiles de Laval en pièces de quinze à vingt-six aunes, les pliaient à plat, sans enveloppes, et les exportaient dans des caisses sous le nom ds *toiles de Senlis*.

Et, dès ce temps-là comme aujourd'hui, bon nombre d'habitants de la Mayenne, non confiants en l'industrie locale, achetaient fort cher, sous les noms de toiles de Troie et de Senlis, des toiles fabriquées à leurs portes, par des artisans de leur cité, et qu'ils auraient pu se procurer à moitié prix chez les commerçants de Laval.

D'un autre côté, Cadix, Séville, Madrid (Espagne) recherchaient avec empressement les toiles de Laval. Il en était livré au commerce de ces villes pour environ *quatre cent mille livres ;* mais il en était exporté aux Indes pour *sept cent mille livres ;* en mille ballotins de huit cents à mille varres chacun ; les *galions* en emportaient six cents, et la flotte quatre cents.

En échange des produits de son industrie, la fabrique de Laval vit rouler sur ses comptoirs l'or de l'Espagne, de l'Afrique, des îles et de l'Amérique. On s'en peut faire une idée par ce que Bourjolly rapporte de la magnifique entrée de Guy XVII et de Claude de Foix, sa femme, dans la ville de Laval, en 1341 : « *Une compagnie de lavandiers, vestus de toile blanche, et une compagnies de teinturiers, vestus de taffetas noir*, étaient allées à leur rencontre, précédant les bourgeois et les marchands dont les habits et pourpoints étaient couverts de *ducats à deux têtes et d'écus d'or au soleil ;* car, comme Guillaume Ledoyen l'avait, un demi-siècle auparavant, consigné dans sa chronique en vers,

> . . . . . . Chacun faisait proufit
> Environ ceste toilerie,
> Et qu'ainsi ils gaignaient leur vie ;
> Leurs mestiers laissèrent en effet
> Pour parvenir à plus grand faict :
> Tellement que grands métairies,
> Grands doumaines et clouseries
> Ont acquis en peu de temps.
> Que les ungs ont rentes et cens,
> Debvoirs et autres revenus,
> Qui estaient pouvres et menuz.

La fortune souriant toujours à notre fabrique, il se forma, vers 1601, dans les villes de Laval, de Saint-Malo et de Vitré, une société de commerçants pour l'exploitation des Indes-Orientales. Un Lavallois, du nom de François Pyrard, partit sur un des vaisseaux équipés par cette compagnie. Il a laissé une relation très-curieuse de ses voyages.

Les produits des fabriques de Mayenne et de Château-Gontier étaient considérés comme faisant partie de la fabrique de Laval. Mais, avant leur envoi à l'étranger, les ballots étaient visités par un inspecteur et devaient tous porter les lettres T. L. B. F., *toiles de Laval bien faites*, avec le nom et les armes de la ville d'où ils étaient expédiés. — Mayenne ; *de gueules à six écussons d'or 3, 2, 1*, autrefois *de gueules à l'escarboucle d'or au chef d'argent*. — Château-Gontier : *d'argent à trois chevrons de gueules*.

Les manufactures de Château-Gontier fabriquaient des pièces de toiles de lin écrues, de soixante à quatre-vingt aunes de long sur demi-aune, deux tiers et trois quarts de large, mesure de Paris. Ces sortes de toiles s'employaient pour chemises et autres semblables lingeries, et trouvaient particulièrement leur débit dans le Bordelais et le Limousin. Les marchands de Bordeaux surtout en faisaient un grand trafic.

La ville de Craon était renommée pour son *marché* où se faisait un important négoce de fils de toutes sortes, pour la couture et le tissage.

Cependant le commerce de Laval subit une sorte de discrédit vers les deux tiers du xvii<sup>e</sup> siècle. Il ne le devait qu'à l'inexécution de ses règlements. Pour obvier à sa ruine, le duc de la Trémoille, après s'être concerté avec des marchands tisserands et des ouvriers tissiers, publia. en 1683, un nouveau règlement pour la manufacture des toiles du comté de Laval qui ne fut point exécuté. Eu vain le juge de police du comté-pairie de Laval prit-il toutes les mesures pour faire visiter, marquer et contrôler les toiles avant leur aunage et leur mise dans le commerce, le discrédit en question n'en allait pas moins toujours croissant. Il fallut l'arrivée et la résidence dans nos murs d'un inspecteur particulier pour la fabrication des toiles, envoyé par Louvois, ministre de Louis XIV, pour empêcher sa chute en maintenant rigoureusement l'observance des anciens et nouveaux règlements.

La décadence de nos manufactures provenait de deux causes

principales : la première, de l'inobservance des règlements qui introduisit toutes sortes d'abus, y compris celui de plier les toiles de manière que l'acheteur n'en pouvait distinguer la qualité ; la seconde, de l'apprêt des toiles de première qualité à l'instar de Flandre, de Rouen, de Pontivy, etc., et de l'apprêt des inférieures selon l'apprêt de Laval. Toutes ces causes firent mal augurer de notre savoir faire et croire que nous ne faisions plus que du médiocre. Aussi les commandes se ralentirent-elles ! Cette manie de baptiser le talent de nos ouvriers d'un titre étranger à leurs œuvres nous a toujours été funeste. Nous en avons, depuis des siècles, subi les conséquences malheureuses, sans devenir pour cela plus sages, plus circonspects et plus clairvoyants qu'autrefois.

Outre les blanchisseries pour les toiles, Laval, Mayenne et Château-Gontier avaient des établissements où se blanchissait la cire. Ceux de Château-Gontier, au nombre de trois, étaient surtout renommés pour l'éclat, la blancheur et la qualité de leurs produits.

Jusqu'en 1789, le commerce, dans nos contrées, avait conservé des chances favorables à sa prospérité ; il avait même repris de la faveur à l'étranger depuis 1767, époque où l'établissement de la Mazure commençait à fonder la haute réputation de *son blanc.* Mais la révolution et les guerres civiles qu'elle engendra creusèrent son tombeau.

A la suite des événements de 1800, 1802 et 1804, la situation de notre commerce s'améliora un peu : le jour parut. Laval, Mayenne, Château-Gontier ajoutèrent alors à la fabrication des toiles la fabrication des *mouchoirs*, imitation de ceux du Béarn et de Chollet, dans toutes les laises et dans tous les dessins, ainsi que des *mouchoirs* fond blanc avec bordures en coton rouge ou violet, des toiles de coton (siamoises), imitation de celles de Rouen, blanches ou à dessins de couleur. Vers ce temps furent établis à Laval les quatre premiers métiers à navettes volantes, et un autre à Mayenne, *à l'hospice des enfants de la Patrie.*

Mais l'exportation à l'étranger ne reprenait point son cours. Nos toiles blanches et écrues étaient, à leur entrée en Espagne, frappées d'un droit si onéreux que la consommation en fut singulièrement restreinte. Quand à nos toiles de coton et aux mouchoirs de fil à bordures de coton, ces produits y étaient prohibés, si petites qu'en fussent les raies ou bordures ; les chemises façonnées y éprouvèrent le même sort.

Fatigué de l'alternative de toutes ces crises, le commerce de

Laval jeta un cri ; ses vœux ne furent point exaucés , et les guerres du continent mirent un dernier mais presque insurmontable obstacle au succès de ses généreux efforts.

Cependant des jours plus sereins vinrent luire sur la France ; la paix créa une ère nouvelle au commerce. Les filatures de coton, élevées en 1806 à Fontaine-Daniel près Mayenne , et à Laval en 1812 , 1814 et 1826, renouvelèrent les premiers miracles de l'industrie lavalloise.

Par une conséquence inévitable , et en raison de la faveur toujours croissante de l'industrie cotonnière dans notre pays, les fils du Craonnais perdirent de leur valeur. Nous avons vu s'éteindre sous nos yeux cette classe heureuse de commerçants voyageurs apportant des pochées de fils à tous nos marchés du samedi. Ils arrivaient ceux-ci à pied et coiffés du bonnet de laine rouge , c'étaient des paysans bas-manceaux ou bretons ; ceux-là enfourchant un petit *bidet* de pas relevé , un crochet (petite romaine à peser) dans leur poche , un bonnet blanc sur la tête recouvert d'un tricorne , et la main droite armée d'un baton de chêne à marotte. Les hôtels de *La Fontaine* , de l'*Aigle d'Or* et du *Hussard* (rues des Ursules , Marmoreau et St-Mathurin) retentissaient de leur caquet gai et intarissable. Ils envahissaient la halle aux toiles de leur bonne humeur , commerçaient le cœur dans la main , et remontaient le soir, un peu avant la nuit tombante , leur bidet qui les ramenait, plus ou moins avinés, mais très-souvent endormis , à travers le dédale ténébreux de nos petits chemins , jusqu'à la porte de leur logis , où une soigneuse ménagère les attendait avec quelques paroles de reproche accompagnées toutefois de joyeux sourires à leur gousset.

C'était l'époque où les toiles faisaient place aux siamoises, qui sont tombées à leur tour devant les *coutils-nouveautés* , aujourd'hui la principale industrie de notre ville.

L'industrie de la Mayenne s'occupe actuellement de la fabrication de :

1° Toiles de fil fabriquées dans les cantons de Montsûrs et d'Evron ; leur qualité est remarquable.

2° **Toiles fil et coton**, coutils gris, articles coton bleu dits *lacets* , et calicots fabriqués à Mayenne et dans les environs. Les articles cotons bleu sont de beaucoup supérieurs à ceux de Flers et de Condé.

3° **Coutils-nouveautés** de toutes sortes , fabriqués à Laval pour vêtements d'homme.

La fabrique de Château-Gontier ne s'est jamais relevée. Les pièces de toiles que l'on y fabrique encore se vendent aux marchés de Laval.

Une activité et une habileté incontestables dirigent en ce moment nos manufactures. « Il se fabrique à Laval, rapporte l'*Encyclo-* « *pédie du Commerçant* (1837) deux sortes de coutils ; l'une « nommée grain de Fougères, l'autre russe ou course. La première « se vend particulièrement pour le midi de la France ou l'expor- « tation ; la deuxième, plus forte, plus solide, se consomme dans « le nord de la France. Outre ces deux sortes, Laval fait aussi des « tissus variés, à l'imitation des coutils d'Angleterre.

« On peut évaluer à 30,000 pièces de 50 à 60 aunes la quantité « (des coutils-nouveautés) qui se fabrique dans le département de « la Mayenne, produites par 4,500 tisserands environ, sans « compter les personnes qui peuvent être employées aux diverses « préparations des matières.

« Lille et Roubaix produisent des coutils pur fil, nouveautés « qui ont plus d'analogie avec les mêmes genres anglais que ceux « de Laval ; mais ces deux villes, malgré leur industrie remar- « quable, n'ont encore rien produit en coutil russe et grain de « fougère écru, bas prix, qui puisse rivaliser avec ceux de Laval. »

Depuis l'apparition de l'*Encyclopédie du Commerçant*, la fabrique de Laval s'est enrichie de plusieurs autres genres de fabrication, tels que *piqués unis, rayés, écossais et brochés, batistes satinées à fleurs et feuilles* (articles pour gilets), *coutils tricotés au métier, toiles à paillasses de dessins divers, toiles granitées et mélangées, coutils jouant la draperie de soie, brillantines, lustrines, satins, façonnés Jacquart, flanelles fantaisies, tartans et satins, dont la matière est en laine du pays, de la Bauce et de l'Afrique.*

Enfin, la Mayenne commerce aujourd'hui avec ses lins, ses chanvres, ses laines, ses toiles, ses coutils, ses siamoises, ses cuirs, ses marbres, ses fers, ses ardoises, ses mines, ses papeteries, ses fruits et ses grains.

Avant la révolution, les cinq forges du département exportaient leurs produits aux colonies ; ils étaient ordinairement expédiés en leste. Pendant les guerres, ils alimentèrent les arsenaux de la marine. Elles produisent de nos jours, en *fonte d'affinage, fonte de moulage, fer en barres, socs etc., fers fendus et laminés,* CINQUANTE-CINQ MILLE QUINTAUX MÉTRIQUES.

Les ardoisières de Renazé , de St-Germain-de-Coulamer et de Javron livrent annuellement au commerce VINGT-QUATRE MILLIONS DEUX CENT MILLE ardoises.

Les fours à chaux fournissent à l'agriculture DEUX MILLIONS CINQ CENT MILLE hectolitres de chaux , et TROIS CENT CINQUANTE MILLE hectolitres de cendres de chaux.

C'est donc , comme nous l'avons dit au commencement de cet article , l'industrie et le commerce qui font la prospérité et la gloire des familles , des cités et des peuples. Mais , reconnaissons-le , l'industrie et le commerce ont pour source unique et alimentaire l'AGRICULTURE. Elle leur fournit les matières premières et les consommateurs, car , a dit Buffon , *à côté d'un pain il naît un homme.*

« Que des améliorations , écrivait dernièrement dans le journal
« *La Presse* M. Eugène Cramouzaud, permettent de doubler les
« produits agricoles , et rien n'est plus facile , comme le pensent
« MM. Walowski , Mathieu Dombasle, Jacques de Valterre , et les
« VINGT-SEPT MILLIONS de cultivateurs qui n'ont aujourd'hui que
« 100 fr. pour suffire à tous leurs besoins , en auront 200 , et ils
« pourront faire entrer dans leur consommation pour DEUX MIL-
« LIARDS SEPT CENT MILLIONS de produits de tous genres , et l'in-
« dustrie devra fabriquer bien près du double des produits qu'elle
« crée aujourd'hui , et une ère de prospérité inouïe s'ouvrira
« devant elle.

« C'est là , nous en avons la conviction profonde, c'est dans un
« grand essor donné à notre agriculture , c'est dans l'amélioration
« des classes pauvres qui en résultera que l'industrie française
« doit chercher son avenir et sa fortune. S'il se rendaient bien
« compte de la masse de consommateurs que la prospérité de
« l'agriculture ferait venir sur les marchés , s'ils comprenaient
« que le rôle de l'industrie c'est la transformation des produits na-
« turels, c'est la création d'objets qui ne peuvent entrer dans la
« consommation régulière qu'alors que la population jouit d'un
« bien-être qui lui a permis d'avoir du pain et un abri , les indus-
« triels de la France n'auraient pas un instant de repos , pas un
« moment de calme que l'avenir et la prospérité de notre agricul-
« ture ne leur parussent assurés ; car l'industrie aurait , à partir
« de ce jour, 27 millions de consommateurs de plus à satisfaire.
« Qu'ils se rappellent bien cette dernière page de *l'histoire de*
« *l'économie politique* de M. Blanqui :

*N'y a-t-il pas sujet de réfléchir sur un système de production qui nous force de rechercher des consommateurs aux extrémités du monde, quand, à nos portes, au sein de notre patrie, nous avons des travailleurs qui manquent de tout. Nous ne pouvons vendre nos toiles, et plus de dix millions de nos concitoyens n'ont pas de linge ! Nous demandons des primes à l'exportation des sucres, et il y a des vieillards et des enfants qui n'ont jamais connu, qui ne connaîtront jamais peut-être cette denrée !*

« A l'œuvre donc, Messieurs les industriels, à l'œuvre, pour
« créer, non pas des produits, MAIS DES CONSOMMATEURS. Qu'à
« partir de ce jour vos pensées, vos capitaux, votre activité tout
« entière s'appliquent à débarrasser l'agriculture des risques qui
« l'entravent ; que sa prospérité soit l'objet de vos préoccupations
« les plus vives, car SA PROSPÉRITÉ C'EST LA VOTRE.

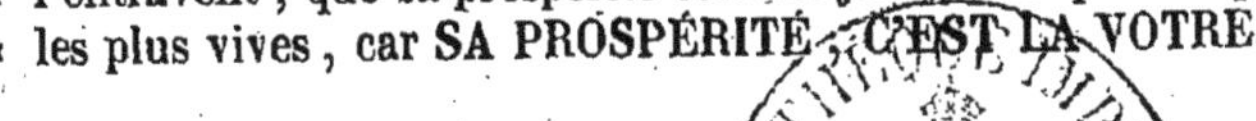

**FIN.**

EXPOSITION
DES
Produits de l'Industrie
A LAVAL.